国家社会科学基金重点项目
"我国产业链现代化测度及优化升级研究"（项目编号：21ATJ005）成果

中国产业链现代化：
测度、监测和优化的统计研究

■ 张虎　张毅　高子桓　著

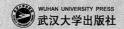
WUHAN UNIVERSITY PRESS
武汉大学出版社

图书在版编目(CIP)数据

中国产业链现代化：测度、监测和优化的统计研究 / 张虎, 张毅, 高子桓著. -- 武汉 ：武汉大学出版社，2024.12. -- ISBN 978-7-307-24878-6

Ⅰ. F269.23

中国国家版本馆 CIP 数据核字第 2024QG2677 号

责任编辑:陈　帆　　　责任校对:汪欣怡　　　版式设计:马　佳

出版发行：**武汉大学出版社**　（430072　武昌　珞珈山）

（电子邮箱：cbs22@ whu.edu.cn　网址：www.wdp.com.cn）

印刷:武汉邮科印务有限公司

开本:720×1000　1/16　印张:17.75　字数:267 千字　插页:2

版次:2024 年 12 月第 1 版　　　2024 年 12 月第 1 次印刷

ISBN 978-7-307-24878-6　　　定价:88.00 元

作者简介

————— ❦ —————

张虎，经济学博士，二级教授，博士生导师。现任中南财经政法大学大数据研究院院长，国务院政府特殊津贴专家，国家社会科学基金重大项目首席专家。兼任全国应用统计专业学位研究生教育指导委员会委员，中国数量经济学会副理事长，全国工业统计学教学研究会副理事长，中国现场统计研究会经济与金融统计分会理事长，中国现场统计研究会区块链分会理事长，中国现场统计研究会资源与环境统计分会副理事长，中国现场统计研究会多元分析应用专业委员会副理事长，中国统计学会常务理事，中国现场统计研究会常务理事，湖北省统计学会副会长，湖北省现场统计研究会副理事长，湖北省数量经济学会副理事长，"院士专家企业行"专家，中共武汉市委讲师团理论宣讲专家，国家社会科学基金项目统计学科评审专家。担任《数量经济技术经济研究》《数理统计与管理》《统计与信息论坛》《统计与决策》《数量经济研究》《统计学报》《统计理论与实践》等杂志编委会委员。

研究领域为数理统计方法在经济中的应用、金融统计与金融计量、风险管理、证券投资分析等。主持国家社会科学基金项目3项，其他省部级科研项目以及横向课题80余项。在《中国科学》《统计研究》《数量经济技术经济研究》等刊物发表学术论文70余篇。出版《中国制造业与服务业协调发展的统计测度研究》《湖北省民营经济发展调研报告（2019）》等专著6部。获得国家级教学成果二等奖、湖北省高等学校教学成果特等奖、高等学校人文社会科学研究优秀成果奖、第十二届湖北省社会科学优秀成果二等奖、武汉市第十七次社会科学优秀成果二等奖、中国知网高被引学者TOP1%等荣誉。多份咨询报告被相关部门采纳，获多位中央有关部门领导和省部级领导签批。

张毅，中南财经政法大学统计与数学学院博士研究生。参与国家社会科学基金重点项目1项、其他省部级和横向项目多项。相关成果发表在《统计研究》《数理统计与管理》《经济管理》《统计与信息论坛》等期刊上。

高子桓，中南财经政法大学统计与数学学院博士研究生。曾获中国数量经济学会第十三届优秀科研成果二等奖。主持中国商业统计学会年度课题2项，作为主要参与人参与国家社会科学基金项目3项、其他省部级和横向项目10余项。在《统计研究》《数量经济技术经济研究》《数理统计与管理》等期刊发表论文6篇。

序

　　2019 年 8 月，习近平总书记首次提出产业链现代化的概念，自此，产业链现代化逐渐成为社会各界关注和研究的重点。2021 年 3 月，《中华人民共和国国民经济和社会发展第十四个五年规划和 2035 年远景目标纲要》明确指出要通过提升产业链现代化水平，推动制造业高质量发展。毫无疑问，产业链现代化是当前和今后一定时期内我国经济发展中的重大战略任务，这是经济发展和转型升级的必然结果，也是大国参与国际竞争的内生选择。

　　虽然我国制造业取得了巨大进步，但大而不强、全而不优的局面并未得到根本性的改变。在全球制造业四级梯队格局中，我国处于第三梯队，实现制造强国目标至少还需 30 年。当前我国制造业发展面临着一系列的问题。一是工业基础能力较为薄弱，在关键基础材料、先进基础工艺、核心基础零部件和产业技术基础方面竞争力不够；二是核心技术存在短板，受制于人的局面在短时间内难以突破，"卡脖子"问题突出，产业链不安全不可控；三是产业附加值较低，盈利能力不强，大部分产业处于全球价值链的中低端环节。近年来，以美国为代表的单边主义在国际社会大行其道，"逆全球化"的风潮兴起，全球产业链大有本地化的趋势，2020 年新冠疫情的大暴发和 2022 年的俄乌军事冲突更是加速了这一进程。当今世界正处于百年未有之大变局，全球产业链正在加速调整和重塑，中国产业链面临着"不稳、不强、不安全"的三重风险。在这样的国际和国内局势下，提升产业链现代化水平是保障中国经济健康发展的重要举措，是加快构建以国内大循环为主体、国内国际双循环相互促进的新发展格局的必然要求。

　　产业链现代化的概念提出后，虽然已有部分学者对我国产业链现代化的问题展开研究，但其内涵和特征仍需要进一步探讨和厘清，且目前相关研究都停留在理论层面，缺乏对产业链现代化水平的测度和相关实证研究，我国产业链现代化水平的测度尚处于空白。要打好产业链现代化的攻坚战，需要对产业链现代化的内涵有清晰的界定，需要对产业链现代化水平有全面的认识，并以此找到制约我国产业链现代化的短板，精准发力，加快推进我国制造业高质量发展。为此，本书紧紧围绕"打好产业链现代化攻坚战，提升产业链现代化水平"这一现实命题展开统计研究，试图回答如下问题：

（1）产业链现代化的内涵和特征是什么？

（2）产业链现代化的目标提出后，产业链政策主要关注什么方面？是否存在不足之处和改进空间？

（3）产业链现代化的统计模型如何构造？产业链现代化水平如何？

（4）产业链现代化的发展差异如何？产业链现代化系统在发展过程中是否存在异常？

（5）如何提升产业链现代化水平？数字经济能否推动中国产业链走向现代化？

本书是以产业经济学和统计学为指导，以产业分工理论、产业关联理论、产业集聚理论和高质量发展理论为基础，基于政策文本数据、省级经济面板数据，利用文本分析、综合评价分析、机器学习算法和计量模型等多种方法对我国产业现代化进行测度、监测和优化的研究。第一，本书通过对现有文献的收集、整理和归纳，搭建产业链现代化的理论体系，科学界定我国产业链现代化的内涵和特征。第二，基于产业链政策文本数据，利用文本挖掘技术和 PMC-AE 的方法对产业链现代化目标下的我国产业链政策进行量化研究，厘清我国产业链政策的关注热点和存在的问题。第三，搭建产业链现代化的评价指标体系，利用综合评价的方法测算我国产业链现代化水平。第四，从空间视角和结构视角分析我国产业链现代化的发展差异，利用 QAP 回归分析差异的形成机理，并进一步采用自编码器对我国产业链现代化进行异常监测。第五，使用随机森林模型探究我国产业链现代化的优化路径，并进一步采用多种计量模型实证分析数字经济对产业链现代化的影响机制和影响效应。第六，基于本书的研究结论与学者们的相关研究成果给出提升我国产业链现代化水平的政策建议。

本书主要的研究结论如下：

（1）产业链、供应链和价值链三者密不可分，三者在相互融合中不断向前发展，要正确把握产业链现代化的内涵，不仅需要对产业链、供应链和价值链等相关链的概念有一个清晰的认识，还需要充分领悟国家重大战略政策中的相关谋划。产业链现代化是一个综合复杂的系统工程，具体而言，产业链现代化就是借助新一轮的科技变革和产业革命，掌握关键技术，推动产业基础高级化，增强产业链控制力，提升产业高质量发展水平。产业链现代化主要包括六个特征：产业链发展基础更优、产业链数字化水平更高、产业链创新能力更强、产业链韧性更好、产业链协同更高效和产业链更加可持续。

（2）产业链现代化的概念提出后，各地纷纷出台了相应的产业链政策来鼓励、支持和引导产业链现代化的建设。由于各地产业链发展状况不同，所以各地产业链政策关注的内容存在一定的差异，不同时期和不同区域的政策主题存在较大异质性。另外，我国宏观经济政策的制定愈加科学，政府在制定产业链政策时考虑维度比较丰富，政策覆盖领域较为全面，但也存在一些不足之处需要加以改进。

（3）随着产业链现代化建设的不断推进，我国产业链现代化水平不断提高，整体上处于快速上升期，但现阶段我国产业链现代化尚处于较低水平。东部发达省市凭借其领先的经济发展水平、完备的产业发展基础和丰富的要素资源在产业链现代化攻坚战中占得先机，中西部地区仍在承接与消化东部地区的产业转移，产业链现代化尚处于起步阶段，我国的产业链现代化水平呈现明显的区域差异。

（4）产业链现代化的驱动要素包括社会需求、科技创新、制度安排和资源禀赋四个部分。其中，社会需求是产业链现代化的市场导向，科技创新是产业链现代化的核心驱动力，制度安排是产业链现代化的体制保障，资源禀赋是产业链现代化的物质基础。不同要素对产业链现代化水平的影响具有显著差异，不同要素对产业链现代化的边际贡献也处于不同的阶段，因此不同地区产业链现代化进入最优区间的路径不尽相同，各地应根据当地实际情况，因地制宜提升产业链现代化水平。

（5）我国已迈入数字经济时代，数字经济的发展能够对推动产业链走向现代化起显著作用。数字经济可以通过三个渠道作用于产业链现代化，分别是直接影响、间接影响和空间效应。首先，数字经济作为新阶段我国经济社会发展的新动能，有助于增强产业链韧性、促进产业链协同、推动产业链绿色发展，提升产业链现代化水平；其次，以数字技术为核心的数字经济可以通过推动科技创新、改善人力资本等方式间接影响产业链现代化；最后，数字经济天然的开放、共享和高渗透性的特点可以对产业链现代化的发展产生空间溢出效应。

本书的创新之处在于：

第一，本书深化了产业链现代化理论与机制研究，具有一定的理论创新。现有文献关于产业链的理论研究主要集中在产业链内涵、产业链形成机制、产业链类型和产业链优化整合等方面，关于产业链现代化的理论研究主要围绕产业链现代化内涵和优化路径展开。由于缺乏对产业链概念的清晰界定，部分学者对产业链、供应链和价值链的理解有误，同时学者们对产业链现代化范畴的理解较为混杂，学术界针对产业链现代化的内涵和特征尚未形成一致的认识，产业链现代化的理论体系尚未建立。为此，本书首先通过对现有文献的收集、整理和归纳，在辨析产业链及其相关链概念的基础上，科学界定产业链现代化的内涵，明确产业链现代化的特征，研究结论可以为后续其他学者的相关研究提供一定的借鉴；其次，从产业分工理论、产业关联理论、产业集聚理论和高质量发展理论视角探究产业链现代化的内在机理，丰富了产业链现代化的理论体系。

第二，本书从政策视角对产业链现代化的现状进行剖析，研究视角上具有一定的创新性。在中国特色社会主义体制中，政策能够在多大程度上影响产业链的建设和发展？现有研究缺乏从政策视角研究产业链问题。现阶段我国产业链政策关注哪些内容？存在什么不足？如何进一步优化政策内容保障产业链稳定和安全？这些问题都需要展开更加深入的研究和讨论。为此，本书通过收集产业链现代化目标提出后我国政府出台的产业链政策文本，利用语义分析、LDA 主题模型和聚类分析探究我国产业链政策关注的主题，并进一步利用 PMC-AE 模型对产业链现代化目标下的我国产业链政策进行量化研究，挖掘我国产业链政策存在的问题并探究改善路径。

第三，本书丰富了产业链现代化的实证研究，有助于全面认识我国产业链现代化。目前学者们针对产业链现代化的相关研究主要集中于理论层面，研究手段较为单一，由于产业链现代化水平的测度尚未完成，无法准确衡量我国各地区产业链现代化水平，缺乏对产业链现代化的全面认识，难以从数据层面认识我国产业链现代化的优势和短板。为此，本书在科学界定产业链现代化内涵和特征的基础上，从产业链基础、产业链数字化、产业链创新、产业链韧性、产业链协同和产业链可持续六个维度测度我国产业链现代化水平，构建我国产业链现代化的动态监测指数，并开展指数的动态分布和发展差异问题的研究。此外，学者们关于产业链现代化的优化路径研究缺乏有效的实证检验，相关研究结论缺乏有效的数据支撑，说服力不够强。为此，本书利用随机森林算法探索提升我国产业链现代化水平的优化路径，并进一步采用多种计量模型实证探究数字经济发展对产业链现代化的影响机制。

本书在写作过程中，得到了一些教授、博士和长期从事相关研究工作的教师的帮助，在此深表谢意。由于本书是第一部比较系统地研究我国产业链现代化测度及优化升级的专著，其中错误和不当之处望专家和读者批评指正。

目　　录

导论 ……………………………………………………………… 1

　一、研究的背景和意义 ………………………………………… 3

　二、国内外研究现状 …………………………………………… 9

　三、研究思路与主要内容 ……………………………………… 22

　四、创新之处 …………………………………………………… 30

第一章　产业链现代化的理论基础 ……………………………… 33

　第一节　产业链及相关链的概念 ……………………………… 35

　　一、产业链 …………………………………………………… 35

　　二、供应链 …………………………………………………… 37

　　三、价值链 …………………………………………………… 39

　　四、产业链、供应链和价值链的概念辨析 ………………… 41

　第二节　产业链现代化的概念界定 …………………………… 44

　　一、产业链现代化的内涵 …………………………………… 44

　　二、产业链现代化的特征 …………………………………… 46

　第三节　产业链现代化的内在机理 …………………………… 49

　　一、产业分工理论 …………………………………………… 49

　　二、产业关联理论 …………………………………………… 51

　　三、产业集聚理论 …………………………………………… 53

　　四、高质量发展理论 ………………………………………… 55

五、产业链现代化的理论体系 ·················· 56

第二章　产业链政策的量化评价研究 ·················· 59

第一节　研究方法与数据来源 ·················· 61

一、研究方法 ·················· 62

二、数据来源 ·················· 64

第二节　产业链政策数量及政策工具分析 ·················· 65

一、政策数量分析 ·················· 65

二、政策工具分析 ·················· 66

第三节　产业链政策内容挖掘 ·················· 68

一、政策词频分析 ·················· 68

二、政策语义分析 ·················· 71

三、政策主题分析及异质性考察 ·················· 75

第四节　产业链政策的量化评价 ·················· 79

一、样本政策的选取 ·················· 79

二、PMC-AE 指标体系的构建 ·················· 80

三、PMC-AE 指数计算 ·················· 84

四、PMC 曲面分析 ·················· 85

第三章　产业链现代化的测度研究 ·················· 89

第一节　产业链现代化的评价指标体系 ·················· 91

一、指标体系构建的基本原则 ·················· 91

二、产业链现代化评价指标体系的构建 ·················· 93

三、数据来源和处理 ·················· 97

四、测算方法 ·················· 100

第二节　产业链现代化的典型事实 ·················· 104

一、全国产业链现代化水平分析 ·················· 104

二、三大区域产业链现代化水平分析 ……………………………… 107

三、各省产业链现代化水平分析 …………………………………… 109

第三节　产业链现代化的时空演变特征 ………………………… 116

一、时空演变的研究方法 …………………………………………… 116

二、产业链现代化水平的 Kernel 密度估计 ……………………… 118

三、产业链现代化水平的 Markov 链分析 ……………………… 121

第四章　产业链现代化的监测研究 …………………………… 125

第一节　产业链现代化的差异分析 ……………………………… 127

一、差异分析的研究方法 …………………………………………… 127

二、产业链现代化的空间差异 ……………………………………… 132

三、产业链现代化的结构差异 ……………………………………… 136

四、产业链现代化差异的形成机理 ………………………………… 141

第二节　产业链现代化的协调发展 ……………………………… 150

一、协调发展的研究方法 …………………………………………… 150

二、产业链现代化的协调发展分析 ………………………………… 152

第三节　产业链现代化的异常识别 ……………………………… 158

一、异常识别的研究方法 …………………………………………… 158

二、产业链现代化的局部异常识别 ………………………………… 163

三、产业链现代化的整体异常识别 ………………………………… 167

第五章　产业链现代化的优化研究 …………………………… 173

第一节　随机森林模型的原理 …………………………………… 175

一、特征的重要性 …………………………………………………… 178

二、特征的偏效应 …………………………………………………… 180

第二节　产业链现代化的投入要素分析 ………………………… 180

一、投入要素的识别 ………………………………………………… 180

　　二、模型参数的设置 ……………………………………… 183

　　三、投入要素的重要性 …………………………………… 187

　第三节　产业链现代化的优化路径分析 ………………… 191

　　一、消费的偏效应 ………………………………………… 192

　　二、研发经费投入的偏效应 ……………………………… 194

　　三、市场化程度的偏效应 ………………………………… 195

　　四、数字普惠金融的偏效应 ……………………………… 197

第六章　进一步研究：数字经济如何推动产业链现代化 ………… 201

　第一节　问题提出与研究假说 …………………………… 203

　　一、问题提出 ……………………………………………… 203

　　二、研究假说 ……………………………………………… 206

　第二节　研究设计 ………………………………………… 210

　　一、模型设定 ……………………………………………… 210

　　二、变量选择与数据说明 ………………………………… 213

　第三节　实证结果与分析 ………………………………… 216

　　一、基准回归结果 ………………………………………… 216

　　二、稳健性检验 …………………………………………… 218

　　三、中介效应分析 ………………………………………… 221

　　四、空间效应分析 ………………………………………… 225

　　五、因果效应分析 ………………………………………… 229

结论 …………………………………………………………………… 235

　一、研究结论 ……………………………………………… 237

　二、研究启示 ……………………………………………… 243

　三、研究展望 ……………………………………………… 253

参考文献 ……………………………………………………………… 255

导　　论

一、研究的背景和意义

（一）研究背景

2019 年 8 月，习近平总书记在中央财经委员会会议上提出要发挥我国集中力量办大事和超大规模市场这两个优势，打好产业链现代化的攻坚战。这是我国首次提出产业链现代化的概念；2021 年 3 月，"十四五"规划①明确指出要提升产业链现代化水平，推动制造业高质量发展，产业链现代化逐步成为社会各界关注和研究的重点。毫无疑问，产业链现代化是我国产业建设的重中之重，是今后一段时期内我国经济发展的重大战略任务。

改革开放以来，我国经济发展迅猛，在较短时间内完成了发达国家几百年才完成的工业化进程，取得了辉煌而瞩目的历史成就。目前，我国主要工业产品产量在世界排名领先，工业技术、绿色发展水平不断提升，工业国际地位明显提高，国际竞争力显著增强，我国逐步成为全球工业增长不可或缺的重要推动力。加入 WTO 后，我国凭借后发优势和规模优势迅速嵌入全球产业链，从传统的农业大国快速成长为具有一定现代化水平的制造业大国，中国制造畅销全球。目前，我国拥有全世界规模最大、最全的制造业体系和最完备的工业体系。在联合国界定的 16 个制造业行业中，我国有 12 个行业具有最长的产业链，可以说是名副其实的世界工厂。一直以来，我国积极参与发达国家主导的全球产业分工，随着经济全球化的快速推进以及"一带一路"倡议的提出，我国在全球产业链中的地位不断提升。

近年来，以美国为代表的单边主义在国际社会大行其道，在经济下行压力下，贸易保护主义再次出现，"逆全球化"的风潮兴起，世界产业链面临着多样化、分散化、区域化、本土化的发展趋势，全球分工也迎来了新一轮的重大调整，产业链或将面临系统性重构风险。当前，世界经济正在经历百年未有的重大

---

① 《中华人民共和国国民经济和社会发展第十四个五年规划和 2035 年远景目标纲要》。

变局，大国博弈、新冠疫情和俄乌军事冲突等社会不安定和风险因素不断增多，世界主要经济体为了减少各类不确定因素对本国产业链造成的冲击，采取许多保护措施维护产业链的安全稳定，并纷纷强调自主可控能力。随着效率与安全并存逐渐成为全球产业链布局强调的重要原则，世界产业分工的决定性因素也不再唯效益最大化，风险与安全状况被纳入生产函数考虑范畴。基于此，全球产业链成本将不可避免地上升，而当前我国产业深度参与国际大循环，这也必然造成产业链本地化和区域化等产业回流现象引发的负面效应快速传导至我国产业链，限制我国产业链的进一步发展，对我国在全球产业链的地位造成一定威胁，使得我国产业链安全稳定受到极大挑战。另外，我国虽然在全球产业链中扮演着十分重要的角色，但"大而不强、全而不优"等问题依旧未得到根本性的改变，总体仍位于全球价值链（GVC）的中低端。当前，我国产业链发展面临着一系列的问题。

1. 产业链不稳

第一，贸易保护主义、单边主义大行其道。一些国家不断实施贸易保护措施，尤其是发达国家凭借自身经济与技术发展形成的优势，通过制定高标准，形成市场高准入门槛，如技术壁垒、绿色壁垒、贸易壁垒等，制约发展中国家经济发展，从而保护本国工业与市场，这不仅阻碍了经济的正常运转和贸易的自由化，也对全球经济一体化进程造成了显著的负面影响，导致了全球产业链发展的不稳定。第二，产业链本土化和区域化趋势明显。各国通过实施本土化、就近化布局等方式保护本国产业发展，从而使全球产业链出现"高端回流、低端分流"的现象，这种变化一方面降低了受益国家参与防范全球产业链断链风险的意愿，另一方面由此形成的独立区域性市场也将给我国产业链运行带来巨大风险。处于价值链高端环节的国家对于其他国家产业的封锁与打击阻碍了低端国家向高端的发展，而价值链低端国家对于中低端产业的分流追赶，又在很大程度上给我国外向型经济地区的产业链发展带来冲击，来自两类经济体的影响极大加剧了我国产业链竞争压力，大大增加了产业链的不稳定性。第三，新冠疫情的出现与持续叠加的"去中国化"的影响是对我国产业链平稳运行的重大考验。许多国家在疫情冲击中遭受到生产中断、供应链停摆的威胁，一些西方国家趁此机会大肆污蔑中国，借机在核心产业链中剔除中国，并试图借助其技术优势进行"去中国化"的产业链重构，不断在高精尖技术等领域打压中国，这不仅极大破坏了全球产业链布局与秩序，也对我国产业链形成强烈冲击。

2. 产业链不强

我国产业链不强主要表现在产业基础能力薄弱、产业附加值低和产业链控制力不强等方面。一方面，虽然我国制造业体系完备，但发展的质量效应还不够高，产业链数字化水平、协同水平不高，自主创新能力不强；另一方面，我国在关键基础材料、零部件等产业技术基础方面竞争力不够，严重依赖国外，例如在关键材料方面，其中32%仍为空白，52%依赖进口。整体上看，我国产业发展不充分不平衡、产业基础薄弱、要素支撑不足、配置效率不高、产业链的现代化与高质量发展受限，与发达国家在产业基础与产业技术方面差距明显。此外，我国产业附加值较低、盈利能力不强，处于全球价值链的中低端环节的产业占比较大，发达国家仍处于全球价值链最高端，占据大部分高附加值环节。即使在我国最具竞争力的通信及电机设备制造业、纺织产业，产业附加值率很大程度上也低于主要工业化国。另外，我国高端产业发展不足，全球知名品牌较少。例如，我国虽然是 iPhone 最重要的生产地，但承担的基本是代加工的角色，在每台 iPhone 上赚取的利润不足2%。《2020年中国制造强国发展指数报告》显示，我国制造业增加值率一直在20%左右徘徊，与欧美等老牌制造业强国差距明显。我国的产业供给体系位于全球产业链中低端环节，供需无法实现良好互动，在全球价值链中我国产业链实现增值方面优势不足，产业链自主可控水平有待提高。我国产业亟须提高自主研发能力，掌握核心科技，提高劳动生产率，不断向全球价值链中高端攀升。

3. 产业链不安全

一方面，目前国际经济政治等形势变幻莫测，大国博弈不断加剧，以美国为代表的部分发达国家通过限制我国高技术产业发展，极力遏制我国崛起。高科技产业是未来大国博弈的前沿阵地，而我国在某些技术方面对美国的高度依赖成为其利用的主要对象，美国通过"科技脱钩"的手段打击我国创新体系，限制我国科学技术与基础研究的发展，想以此保持在两国竞争中的优势地位。例如，美国极力遏制我国在半导体、5G、超级计算机等高尖端产业领域的发展，持续利用国家力量打压我国的高技术企业，例如对华为等企业"断供"芯片，迫使企业面临生存压力。另一方面，我国核心技术存在短板，产业链纵深不足，受制于人的局面在短时间内难以突破，"卡脖子"问题突出。《科技日报》梳理的"卡脖子"技术清单显示我国在多个领域、多个关键技术上明显落后于发达国家，例如，在半导体领域，我国对美国的专利引用高达 35%；在工业设计软件领域，80% 的规划软件和 50% 的设计软件被国外企业垄断。核心技术受制于人的现状，严重制约着我国产业链自主可控能力的提升，我国部分产业链随时存在"断链"风险。

我国产业链面临着"不稳、不强、不安全"三重风险，解决产业链"不稳、不强、不安全"的问题是提升产业链现代化水平、打好产业链现代化攻坚战的关键。产业链现代化是党中央的重大谋划和战略部署，对我国产业高质量发展具有重大意义。提升产业链现代化水平既是实现经济高质量发展的重要保障，也是加快构建新发展格局的必然要求。产业链现代化水平的高低在一定程度上能够反映出经济体在全球经济运行中担当的角色与占据的地位。提升产业链现代化水平，能够有效促进我国产业向全球价值链核心地位转移，从而加强产业链抵御风险冲击的能力，有力应对全球价值链重构可能带来的一系列不确定影响。无论是从我国产业发展和全球产业链布局变革的角度来看，还是从大国竞争和国家发展崛起的角度来看，提升产业链现代化水平都是我国实现高质量发展的必然要求和内生动力。

近年来，已有部分学者对我国产业链现代化的相关问题展开研究，但产业链现代化的内涵和特征仍需进一步探讨和厘清，且目前相关研究均停留在理论层面，缺乏对产业链现代化的测度、监测和优化等问题的相关实证研究。为此，本书将采用定性分析和定量研究相结合的方法回答如下问题：

（1）产业链现代化的内涵和特征是什么？

（2）产业链现代化的目标提出后，产业链政策主要关注什么方面？是否存在不足之处和改进空间？

（3）产业链现代化的统计模型如何构造？产业链现代化水平如何？

（4）产业链现代化的发展差异如何？产业链现代化系统在发展过程中是否存在异常？

（5）如何提升产业链现代化水平？数字经济能否推动中国产业链走向现代化？

（二）研究意义

现有文献关于产业链内涵、形成机制、产业链类型、产业链整合等产业链基础理论的研究已经较为丰富和完善，关于价值链和产业高质量发展的测度也比较成熟，这为本书奠定了良好的研究基础，但学者们对产业链现代化范畴的理解较为混杂，学术界针对产业链现代化的内涵和特征尚未形成一致的认识，并且我国产业链现代化水平的测度尚处于空白，要打好产业链攻坚战，需要对产业链现代化的内涵有清晰的界定，对我国产业链现代化的水平有全面的认识，并以此找到制约我国产业链现代化的短板，精准发力，加快推进我国制造业高质量发展。

1. 理论意义

（1）丰富产业链现代化的理论研究

产业链是一个中国化的名词，产业链现代化的概念是 2019 年习近平总书记在中央财经委员会第五次会议上提出的。何为产业链现代化？目前不同学者从不同视角作了相关解读，但学术界尚未达成一致意见。产业链现代化问题的研究尚处于起步阶段，现急需学术界向前推进该问题理论研究，建立一个完整的产业链现代化理论，进一步明确产业链现代化的研究内容、研究方向和研究目标。

产业分工是产业链形成的重要原因，产业关联是产业链的实质，是产业链测度的重要理论依据，产业集聚是产业链空间分布的重要表现形式。产业分工理论、产业关联理论和产业集聚理论在各自的发展过程中，与产业链的研究内容相互渗透，并促使产业链的理论研究不断深入和拓展。产业分工理论、产业关联理论和产业集聚理论是产业链基本理论的重要构成和支撑，而高质量发展理论是新时代和新阶段一切经济建设的根本指导思想和内在要求，产业链三大基础理论结合高质量发展理论就构成了产业链现代化的理论体系。可以说，产业链现代化就是要在高质量发展理念的指导下，提高产业链水平。

本书在相关学者的研究基础上，通过厘清产业链、供应链和价值链的关系，正确把握产业链现代化的概念内涵和外延，科学识别我国产业链现代化的特征。本书所作的研究丰富了我国产业链现代化的理论体系，可以为产业链现代化的相关研究提供理论依据。

（2）建立产业链现代化的测度体系

目前，学者们针对产业链现代化的相关研究主要集中在理论层面，且研究手段较为单一，关于产业链现代化水平的测度尚处于空白，相关研究结论缺乏有效的数据支撑，说服力不够强。本书凝练产业链现代化进程中的核心要素，从产业链基础、产业链数字化、产业链创新、产业链韧性、产业链协同和产业链可持续六个维度构建产业链现代化的评价体系，科学测算我国产业链现代化水平，从空间和结构两个层面分析我国产业链现代化的发展差异与来源，并进一步探索我国产业链现代化的时空演变。本书建立了产业链现代化的测度体系，这对科学评估产业链现代化水平，从而推动高质量发展，构建新发展格局，具有重要促进作用。

2. 现实意义

（1）有助于发掘产业链政策的不足

产业链现代化的概念提出后，我国在中央和省级层面均出台了较多关于产业链现代化建设的政策，这些政策能够在很大程度上影响我国产业链现代化的进程，因此采用政策文本分析的方法对产业链政策进行挖掘及研究具有重要意义。一是可以发现各地区产业链政策的关注重点以及近年来产业发展重点的变化情况；二是对产业链政策进行科学的量化评价可以发现产业链现代化背景下产业链政策存在的缺陷和不足，进而提出有针对性的政策改进和优化建议。

（2）有助于探索产业链现代化的优化路径

目前，学者们关于产业链现代化的优化路径研究缺乏有效的实证检验，相关研究均停留在理论层面。本书分别利用自编码器和随机森林两种算法监测我国产业链现代化系统的异常状态，从实证角度探索提升我国产业链现代化水平的路径，并进一步讨论数字经济如何推动产业链现代化，研究结论更具说服力。另外，在政策建议部分，本书综合各章节的实证研究结论并结合学者们的研究观点，从不同角度给出提升我国产业链现代化水平的政策建议，分别是夯实产业链基础，补齐产业链短板；推动数字化转型，推进产业链升级；突破关键性技术，强化产业链创新；培育特色化企业，增强产业链韧性；实现集群化发展，优化产业链协同；推动绿色化发展，促进产业链低碳化；强化政策性支撑，完善产业链政策。本研究可以为提升产业链现代化水平提供有益的决策参考。

二、国内外研究现状

(一) 产业链理论的相关研究

在研究产业链现代化之前，需要厘清产业链的相关基础理论。回顾已有文献，可以发现学术界关于产业链基础理论的研究主要集中在产业链的内涵、类型、形成机制和优化整合等方面。

1. 产业链内涵的研究

产业链理论渊源可追溯到西方古典经济学家亚当·斯密（Adam Smith）的分工论。在早期，西方经济学家一般认为产业链是企业内部活动；后来，马歇尔（Alfred Marshall）把分工理论扩展到企业之间，可以说，企业之间的分工协作是产业链的真正起源；1958 年，赫希曼（Hirschman）在《经济发展战略》中首次提出了产业链的概念。但随着供应链、价值链等理论的兴起与运用，国外关于产业链的研究逐渐淡化。在我国产业链最早是由傅国华在 20 世纪 90 年代初提出的，虽然这一概念起源于国外，但相关理论实际是在中国得到大量关注和研究的，可以说产业链是一个中国化的词语（魏然，2010）。

早在产业链现代化的概念提出之前，我国学者就围绕产业链的相关问题展开了大量研究，时间主要集中在 2000—2010 年。首先是关于产业链内涵的研究，目前国内学者尚未就产业链的内涵达成一致意见，一般有以下四种观点，分别是过程论、同盟论、价值论和关联论。

第一，过程论。持过程论观点的代表有郁义鸿（2005）和芮明杰等（2006）。郁义鸿（2005）指出产业链是在一种最终产品的生产加工过程中，即从最初的自然资源到最终产品到达消费者手中，所包含的各个环节所构成的整个生产链条，一个产业链也就是一个由多个相互链接的产业所构成的完整的链条。

第二，同盟论。持同盟论观点的代表有蒋国俊和蒋明新（2004）、李心芹等（2004）和刘贵富等（2006）。刘贵富等（2006）认为产业链是在一定地域范围内，同一产业部门或不同产业部门的某一行业中具有竞争力的企业及其相关企业，以产品为纽带按照一定的逻辑关系和时空关系，联结成的具有价值增值功能的链网式企业战略联盟。

第三，价值论。持价值论观点的代表有张铁男等（2005）和黄群慧（2020）。张铁男等（2005）认为产业链是以生产相同或相近产品的企业集合所在产业为单位形成的价值链；黄群慧（2020）认为产业链是价值链的一种延伸，产业链是按照价值链分布的各企业或者实体之间的链条式关联关系和时空分布形态。

第四，关联论。关联论观点是学术界最普遍的一种观点，持该观点的代表有龚勤林（2004）、王云霞等（2006）、吴金明等（2007）和郑大庆等（2011）。龚勤林（2004）和郑大庆等（2011）认为产业链是各个产业之间基于一定的技术经济关联形成的链条式形态；王云霞等（2006）认为产业链是由于企业分工角色不同，在上中下游企业之间形成的经济、技术关联。

2. 产业链形成机制的研究

蒋国俊和蒋明新（2004）较早地对产业链形成机制展开了研究，认为产业链就是企业之间的战略同盟；应对激烈的市场竞争、快速响应市场需求、承担社会压力、加强企业之间竞争与合作四个方面是产业链形成的原因。蒋国俊和蒋明新从"煤、电、冶"产业链的实践中总结出，沟通信任机制、竞争定价机制、利益协调机制是产业链稳定运行与不断壮大的基础与前提。龚勤林（2004）突破了蒋国俊和蒋明新关于产业链形成机制的供需层面的认识，认为区域产业链的形成有三种途径：一是同一区域若干专业化分工属性的产业部门出于拓展市场关联和降低交易费用的考虑而在一定空间联合形成区域产业链；二是不同区域的各层次专业化部门为加强联系，突破边界，形成区域产业链；三是在市场需求下，某一成熟的产业部门衍生出若干与之相关联的产业部门，环环相扣形成产业链。吴金明和邵昶（2006）认为价值链、企业链、供需链和空间链这四个维度在相互对接的均衡过程中形成了产业链，并进一步提出了产业链形成机制的"4+4+4"模式，即四维对接、四维调控和四种模式。其中，四维对接指的是价值链、企业链、供需链和空间链四链之间相互对接；四维调控指的是企业内部调控、行业调控、政府监管以及四链对接机制的调控；四种模式指的是市场交易式、纵向一体化式、准市场式和混合式。吴金明等（2007）认为"龙头"企业、"核心"企业与"关联"企业分别是产业链的"龙头""七寸"和"配套"，三者分别通过"需求拉动""创新驱动"和"传导"三类机制从内部影响产业链的培育，即"龙头"企业拉动需求，决定着产业链的大小；"核心"企业驱动创新，决定着产业链的技术水平与竞争优势；"关联"企业决定着产业链的成本和效率。刘明宇和翁瑾（2007）认为产业链的产生源自分工，随着社会发展，企业内部的生产协作关系逐步转变为企业间的社会分工，产业链由此形成。刘贵富（2009）认为产业链的本质追求是效用最大化和风险最小化，并较为全面地从理论视角和影响因素视角对产业链的形成机制进行了深入探究。其中，产业链形成的理论视角包括交易费用理论、价值链理论、战略联盟理论、战略选择理论、资源依赖理论、企业资源理论、核心能力理论、风险理论、博弈论、生态位理论、企业进化理论、社会关系理论、利益相关者理论和制度理论；产业链形成的影响因素视角包括静态和动态两个视角。

3. 产业链类型的研究

产业链类型划分也是产业链基础理论研究的重要方面，学者们基于不同的研究视角将产业链划分为不同的类型。刘大可（2001）认为企业的自主权并不取决于企业自身的意愿，根据企业在产业链中的相互依赖关系，产业链中的企业与供应商主要存在四种权利关系，分别是供应商垄断型、目标企业垄断型、独立竞争型和相互依赖型，并进一步利用成本—收益模型，研究了不同类型的产业链中企业的控制权。潘成云（2001）认为产业链类型的划分标准并不唯一，从不同的角度出发可以得到不同的划分类型。根据产业链培育过程的不同，可以将产业链划分为技术主导型、生产主导型、经营主导型和综合型四种类型；根据产业链的独立性，可以将产业链划分为依赖型和自主型两种类型；根据产业链的适应性，可以将产业链划分为刚性和柔性两种类型；根据产业链的形成原因，可以将产业链划分为政策型和需求型两种类型。李心芹等（2004）认为产业关联是产业链的本质，而供给与需求的关系则是产业关联的本质，并进一步参考四川"煤—电—冶"产业链的运作模型，从供需角度将产业链划分为资源导向型、产品导向型、市场导向型与需求导向型。和李心芹等（2004）的观点一致，郁义鸿（2005）也认为产业链就是上下游产业之间的一种关联，而根据关联关系的不同可以将产业链划分为纵向关系型产业链和横向关系型产业链。并进一步依据上游产品是否为中间产品将纵向关系型产业链划分为三种类型：产业链类型Ⅰ，上游产品即为最终产品；产业链类型Ⅱ，上游产品为中间产品；产品链类型Ⅲ，上游产品既可以作为中间产品，又可以作为最终产品。刘贵富（2006）在总结前人研究成果的基础上，提出了6种产业链分类方式，分别是根据形成机制分类、根据行业类别分类、根据层次范围分类、根据关联结构分类、根据生态体系分类、根据企业地位分类。从上面的文献梳理可以看出，学者们从不同视角对产业链的类型进行了划分，产业链的分类没有唯一的标准。

4. 产业链整合的研究

国内学者对于产业链的整合做了诸多探索工作，相关研究主要集中在2010年前后。芮明杰和刘明宇（2006）提出了基于演化视角、知识基础观念和顾客价值导向的产业链整合理论，认为产业链上企业的协作可视为某种程度的整合。郑晶和宋建晓（2010）综合运用交易成本、竞争优势和产业链管理理论研究农业合作问题，认为农业产业链的整合可以推动农业产业链各环节的协作，提高产业链交易效率，从而促进要素流动，其进一步将福建和台湾地区看作一个整体，指出漳浦台湾农民创业园是闽台地区农业产业链整合的新模式。曾楚宏和王斌

（2010）通过对产业链整合主体、产业链整合客体、产业链整合目的、产业链整合形式的具体分析，认为产业链上的企业为实现成本最小化和利润最大化，通过调整与上下游企业之间的关系而造成的产业链结构的重构即为产业链整合，产业链整合的最终目标是实现价值创造和产业创新。郑大庆等（2010）提出了产业链整合的"5+4+3"模型，即5个核心（供需链、价值链、技术链、产品链和空间链），4类因素（生产要素、技术创新、产业管制和配套产业发展）和3种方式（横向一体化、纵向一体化和产业融合）。此外，学者们还针对具体的产业链整合展开了研究，如农业产业链（成德宁，2012）、文化创意产业链（邢华，2009）、战略性新兴产业链（袁艳平，2012）等。

（二）产业链测度的相关研究

回顾已有文献，在产业链测度方面，学者们尚未就产业链水平的测度展开直接研究，一般通过间接测度产业价值链水平或者产业高质量发展水平来反映产业链水平。

1. 产业价值链水平测度的研究

一般而言，可以根据链条上产业的区域分布情况将价值链划分为全球价值链（Global Value Chain，GVC）和国内价值链（National Value Chain，NVC）。GVC就是产业链的各环节分布在全球多个国家或地区，一般由跨国公司主导；NVC就是产业链的各环节都分布在国内，一般不涉及跨国公司。GVC和NVC的测算是两套体系，目前学术界关于价值链的测算主要集中在GVC的测度上，对于NVC测算的研究尚不多见。通过梳理相关文献，可以发现，学术界尚未就GVC的测算方法达成一致意见，主要有5种视角，分别是垂直专业化视角、出口技术复杂度视角、上游度视角、增加值贸易视角和生产分解视角。

基于垂直专业化视角的测算。Hummels等（2001）提出了测度GVC的垂直专业化分析框架，并通过构建垂直专业化指数（Vertical Specialization Index，VSI）表示一国参与GVC的程度。Hummels等（2001）通过计算出口产品中的进口中间投入的比重来测度GVC地位的框架被称为HIY框架。VSI存在两点不足之处：一是难以区分不同的生产阶段，二是缺少对 GVC 中国家各部门价值来源的刻画。世界投入产出表的建设极大地推动了国内外学者在 GVC 测度上的研究工作。黄先海和韦畅（2007）测算了我国制造业 1992—2003 年的垂直专业化程度的变化，发现我国制造业垂直专业化程度在观测期内快速上升。盛斌和马涛（2008）测算了 1992—2003 年我国 19 个工业部门的垂直专业化程度，结果显示在观测期内，大部分工业部门的垂直专业化程度在增加。

基于出口技术复杂度视角的测算。Lall 等（2006）首次提出了出口技术复杂度指数（Export Sophistication Index，ESI），即某产品的所有出口国的人均收入的加权平均值，ESI 越高就意味着在国际市场越有竞争力，GVC 地位也越高。后续学者们主要围绕改变人均收入和人均收入权重两个指标对出口技术复杂度进行改进。Hausmann 等（2007）将出口产品的显示性比较优势指数作为人均收入的权重来计算出口技术复杂度，这种关于出口技术复杂度的测算方法得到了学术界的普遍认同和广泛应用。例如，孙灵希和曹琳琳（2016）利用出口复杂度指标测度了 2001—2014 年我国装备制造业的 GVC 地位，结果显示在观测期内我国装备制造业的 GVC 地位不断攀升。

基于上游度视角的测算。Antra 等（2012）首次提出使用上游度指数（Upstream Index，UI）来衡量 GVC 地位，上游度的核心思想是计算一国某部门中间产品成为最终产品所经历的生产阶段数（Fally，2012）。上游度指数越大，GVC 地位越高。上游度的概念提出后，国内外的学者一开始主要利用上游度刻画国家或者产业层面的 GVC 地位（苏庆义和高凌云，2015；王岚和李宏艳，2015；Miller 和 Temurshoev，2017；高翔等，2019）。例如，高翔等（2019）利用上游度指数测算了 2000—2011 年我国制造业及其细分行业的 GVC 地位，结果显示，观测期内，我国制造业及其细分行业在 GVC 中处于上游位置，GVC 地位基本在不断攀升。后续，学者们开始将上游度的思想引入微观层面，使用上游度测算企业在 GVC 中的地位（Ju 和 Yu，2015；Chor 等，2017；唐宜红和张鹏杨，2018）。例如，唐宜红和张鹏杨（2018）借助中国海关数据库、中国工业数据库和 WIOD 投入产出表测算了 2000—2008 年我国企业 GVC 地位的变化情况，结果显示，在观测期内，我国企业的 GVC 地位不断攀升，但不同类型企业 GVC 攀升情况存在明显异质性。

基于贸易增加值视角的测算。Daudin 等（2011）首次提出了贸易增加值（Trade in Value Added，TIVA）法，TIVA 法在 ESI 的基础上通过放松 HIY 框架中的两大假设来测度 GVC 地位。Johnson 和 Noguera（2012）对 TIVA 法进行了拓展，通过构建增加值出口率（Value Added Export Ratio，VAER）指标来测算各国的增加值贸易。Koopman 等（2008，2010，2012，2014）提出了贸易增加值分解框架，在 HIY 框架和 Johnson 和 Noguera（2012）研究的基础上，将垂直专业化、增加值出口和出口增加值等多个指标整合到统一的框架中进行研究，先后提出了测度贸易增加值的 KWW 和 KPWW 方法，这两种测度 GVC 的方法得到了国内外学者的广泛应用。例如，王岚（2014）、刘海云和毛海欧（2015）、陈立敏等（2016）都利用 KWW 和 KPWW 方法探究了我国 GVC 地位的动态演变。

基于生产分解视角的测算。Wang 等（2017a，2017b）提出了测度 GVC 地位的生产分解模型，从生产层面而非之前的出口层面展开 GVC 测度，将国内增加值分解为前向联系和后向联系。该方法既考虑了国内需求环节，又考虑了生产分解环节，有效弥补了 HIY、KWW 和 KPWW 方法的不足之处。张会清和翟孝强（2017）利用 Wang 等（2017a，2017b）提出的生产分解模型，从前向参与和后向参与两个视角测度了 2000—2014 年我国 GVC 地位的动态变化。结果显示，我国制造业在 GVC 中具有强大竞争力，具备"制造强国"的基本特征。魏如青等（2018）利用 2016 年 WIOD 投入产出表并使用 Wang 等（2017a，2017b）提出的生产分解模型测度了 2000—2014 年我国整体和 56 个细分部门的 GVC 地位，结果显示，我国整体和 56 个细分部门的 GVC 地位在观测期内稳步上升。

2. 产业高质量发展水平测度的研究

2017 年 12 月，中央经济工作会议指出我国经济已迈入高质量发展阶段。近些年，学术界针对产业高质量发展展开了广泛而丰富的研究。

关于制造业高质量发展的测度。学术界主要采用两种方式测度制造业高质量发展水平：一是使用单指标测度；二是构建指标体系，使用多指标综合评价。在单指标的测度方面，常见的指标有产业结构高级化、产业结构合理化、增加值率、劳动生产率和全要素生产率等（黄群慧和贺俊，2015）。这些单指标的评价标准较为片面，只能反映制造业某一方面的发展情况，如结构优化、发展效率、产业协同等方面，不能充分体现制造业高质量发展的内涵（史丹和李鹏等，2017）。因此，学者们往往采用多指标综合评价的方式测度制造业高质量发展水平（江小国等，2019；史丹和李鹏等，2019；高运胜和杨阳，2020）。例如，江小国等（2019）构建了包含经济效益、技术创新、绿色发展、质量品牌、两化融合和高端发展六个方面的指标体系，并利用2004—2007年我国31个省市区的数据分析各省制造业高质量发展的动态变化。研究发现，在观测期内，我国制造业高质量发展水平稳步提升，但三大区域发展差异较为明显。随着新发展理念的提出，近年来，部分学者开始围绕"创新、协调、绿色、开放、共享"的新发展理念建立制造业高质量发展评价指标体系。例如，曲立等（2021）依据新发展理念，界定了制造业高质量发展的理论内涵和特征，认为制造业发展面临着贸易保护主义、中美博弈和新冠疫情三重叠加的外部风险，风险控制是制造业高质量发展的重要组成部分，因此进一步基于创新、绿色、开放、共享、高效和风险控制六个维度构建我国区域制造业高质量发展评价指标体系，使用层次分析法对"十二五"和"十三五"时期我国区域高质量发展进行评价，研究发现我国区域制造业高质量发展水平在观测期内呈现正向增长的趋势。

关于农业高质量发展的测度。"三农"问题是社会主义现代化建设的重中之重，习近平总书记指出要把提升农业生产能力摆在新时期更加突出的位置。农业高质量发展是我国高质量发展框架的重要组成部分，是其他一切高质量发展的重要保障。近年来，学术界在农业高质量发展上也作了许多有益探索，学者们主要通过建立指标体系，采用综合评价相关方法测度农业高质量发展水平。一部分学者在界定农业高质量发展的内涵和特征的基础上，展开农业高质量发展水平的测度（辛岭和安晓宁，2019；黄修杰等，2020；王静，2021）。例如，辛岭和安晓宁（2019）认为绿色发展引领、供给提质增效、规模化生产和产业多元融合是农业高质量发展的主要特征，在此基础上，建立农业高质量发展评价指标体系，并通过熵权法研究 2018 年我国各省市农业高质量发展状况。王静（2021）从高品质、高效益、高效率和高素质四个维度理解农业高质量发展，并以此建立农业高质量发展指标体系。还有一部分学者围绕五大新发展理念展开农业高质量发展指标体系的构建与测度（黎新伍和徐书彬，2020；刘涛和杜思梦，2021；刘忠宇和热孜燕·瓦卡斯，2021；姬志恒，2021）。例如，刘忠宇和热孜燕·瓦卡斯（2021）基于新发展理念构建中国农业高质量发展评价指标体系，采用熵权法、线性加权法和聚类分析法，利用 2011—2018 年的省级面板数据研究我国农业高质量发展水平的动态演变。结果显示，在观测期内，我国农业高质量发展水平不断提高，但区域发展不均衡。

（三）产业链现代化的相关研究

产业链现代化是我国特有的提法，一经提出便成为社会各界关注和研究的重点。截至目前，我国学术界围绕产业链现代化问题作了一些理论上的探索，相关研究主要集中在产业链现代化内涵界定和优化路径上。

1. 产业链现代化的内涵研究

产业链现代化的概念是习近平总书记 2019 年 8 月在中央财经委员会第五次会议上提出的。究竟何为产业链现代化？产业链现代化具有哪些特征？目前学术界已有一定的研究成果。盛朝迅（2019）较早地对产业链现代化进行了理论研究，认为产业链水平代表着产业链综合控制、优化竞争的总体水平，而产业链水平的现代化就意味着产业链的现代化，具体而言包括八个方面的现代化，分别是创新能力、引领能力、基础能力、协同能力、控制力、盈利能力、要素支撑能力和绿色发展能力的现代化。刘志彪（2019）基于产业经济学理论从四个维度对产业链现代化的内涵作了理论界定。一是研发和技术创新能力强，核心关键技术自主可控，创新能力处于全球领先水平；二是产业链上的企业具有较强韧性，深度分工协作，灵活抗击外部风险；三是支柱产业处于 GVC 中高端环节，本国公司是 GVC "链主"，具备较强价值创新能力；四是要素高效协同，技术、金融和人才高度协调，产业链、技术链、人才链和资金链有机链接。罗仲伟和孟艳华

（2020）认为产业链现代化是产业现代化内涵的延伸，产业链现代化的实质是利用先进的科学技术和管理方式优化产业链，推动产业链在世界范围内具备强大的高端链接力、自主可控力和竞争力。现代化的产业链在价值链、企业链、供需链、空间链上分别表现出较强的价值增值、有序分工、安全高效、集聚与扩散协调的特征。黄群慧和倪红福（2020）从价值链的角度出发界定了产业链现代化的内涵，认为产业链、供应链和创新链等概念本质上都是价值链某种角度的延伸。产业链现代化可以理解为一个国家或地区提升产业链水平，强化产业在 GVC 上的增值能力，从而实现 GVC 地位攀升的过程。中国社会科学院工业经济研究所课题组和张其仔（2021）将产业链供应链作为一个整体进行研究，认为产业链供应链是一种社会分工的网络，由主体和结构两类要素构成，其中主体为企业，结构为企业之间的关系，并进一步认为产业链供应链现代化由主体现代化和结构现代化两部分组成。具体而言，主体现代化包括四个方面，即更强的创新能力、更高的附加值、更加数字化、更加可持续；结构现代化包括三个方面，即更加安全、更加公平、更加协调。宋华和杨雨东（2022）同样将产业链和供应链作为一个整体考虑，在辨析产业链供应链概念的基础上，从网络结构、运营流程和价值要素三个方面出发界定产业链供应链现代化的内涵，认为产业链供应链现代化就是通过不断优化产业链供应链的网络结构、运营流程和价值要素，使其达到先进状态的过程。

2. 产业链现代化的优化路径研究

习近平总书记提出要打好产业链现代化攻坚战，那么如何打好产业链现代化攻坚战？从哪些方面着手提升产业链现代化水平？国内学者们作了一些有益的探索，现阶段学术界关于产业链现代化优化提升路径的研究尚处于理论探索阶段。盛朝迅（2019）通过分析我国产业链现代化面临的挑战，在借鉴美国、日本、德国和英国的先进国际经验后，认为应该从六大方面推动我国产业链现代化的建设，分别是：实施产业基础再造工程、加大产业链核心环节扶持、加快培育产业生态主导企业、鼓励企业专业化发展、加大行业协会中间组织和机构建设、继续深化拓展国际合作，其进一步认为在新发展格局下，应通过推进固链、补链、优链和强链工作保障我国产业链安全稳定（盛朝迅，2021）。刘志彪（2019）认为打好产业链现代化的攻坚战需要在产业关联关系、产业组织关系和产业结构关系方面分别取得突破，具体而言，要在产业链上培育"隐形冠军"，要在 GVC 上游培育更多的"链主"，要推动技术、金融和人才等要素的协调发展。苗圩（2020）认为产业链供应链是我国经济循环通畅的关键因素，打好产业链供应链现代化攻坚战具有重要的战略意义和现实意义，提升产业链供应链现代化水平需要保持制造业比重基本稳定，锻造产业链长板，提高产品和服务质量，补齐产业链短板和大力培育"链主"企业。李雪和刘传江（2020）指出新冠疫情对全球产业链造成了深远影响，我国产业链面临着短期、中期和长期的三重风险，其认为绿色创新产业链是产业链现代化的大方向，提升产业链现代化水平需要大力发展数字化、智能化和绿色化，统一创新发展和绿色发展间关系，从而通过发展绿色创新泛产业链推动产业链的升级，实现产业链现代化。黄群慧和倪红福（2020）从战略层面出发，提出了通过提升 GVC 地位实现产业链现代化的三条路径：一是生产者路径，通过加大研发投入，提升超大型企业对 GVC 的治理能力；二是购买者路径，通过塑造国际品牌主导 GVC 的治理；三是"隐形冠军"路径，通过培育大量"隐形冠军"加强在 GVC 关键环节的控制力。中国社会科学院工业经济研究所课题组和张其仔（2021）认为可以通过突破终端需求、要素供给、区域产业布局和全球产业分工体系四个层面的约束提升产业链供应链现代化水平。任保平和豆渊博（2021）认为以信息技术为核心、数字经济为依托的新经济可以提升我国产业发展水平，推动我国产业结构升级，从而提升我国产业链现代化水平。王静（2021）构建了协同驱动的产业链供应链现代化水平模型，并利用 BP 神经网络采用数值模拟的方式探究了产业链供应链的共融路径，认为通过提高对外开放水平、大力发展数字经济、优化投入结构、完善产业链供应链金融等方式可以促进我国产业链供应链现代化水平的提升。杨丹辉等（2021）认为数字化为全产业链的整体跃升提供了新路径，以人工智能和云计算为代表的新一代信息技术在产业链各环节的应用有助于破解产业链对接难题，提升全产业链的运行效率。突破数字化技术的瓶颈、推广行业数字化解决方案、推广链式数字化改造模式，可以提升产业链现代化水平。张其仔（2022）在对我国产业链供应链现代化的新进展和新挑战进行梳理后，认为推动产业链供应链与创新链融合、国际与国内产业链供应链融合、国际与国内产业链供应链治理体系融合是推动我国产业链供应链现代化的新路径。

（四）研究评述

产业链的概念起源于国外，但相关研究都不够深入，且研究时间跨度较长，国外学者的研究重点主要集中在价值链和供应链方面，可以说，产业链在中国得到了大量研究和应用，是一个中国化的名词。国内关于产业链理论的研究大体可以分为四个阶段。第一阶段：1990—2000 年是产业链理论研究的初期，学者们主要是围绕农业产业链开展相关研究，后开始拓展到工业。第二阶段：2000—2012 年是我国产业链研究的快速发展时期，这一时期涌现出了大量的相关研究，学术界、工业界和政府均从不同角度出发研究产业链的相关问题，产业链的研究范围遍布所有产业，产业链理论快速发展，并且得到了一定的实践运用。2013—2018 年是产业链研究的停滞期，经过上一时期的快速发展，这一时期我国产业链的相关研究开始减少。第四阶段：2019 年至今，随着习近平总书记在中央经济工作会议上提出产业链现代化的概念，我国各界针对产业链的研究又逐渐丰富起来，相关研究主要集中在产业链现代化的内涵、提升路径和政策保障等方面。

1. 关于产业链基础理论的研究

学者们针对产业链理论的研究取得了丰硕的成果，学术贡献主要集中在产业链内涵、产业链形成机制、产业链类型和产业链优化整合等方面。但仍存在如下问题：第一，对产业链相关术语的使用比较混乱，不够规范。由于缺乏对产业链概念的清晰界定，部分学者对产业链、供应链和价值链的理解有误，出现术语乱用的现象，甚至有学者将三者等同为一个概念。第二，缺乏对产业链的识别和演化的相关研究。现有研究基本是围绕产业链的内涵、类型、形成机制和优化整合展开的，关于产业链的识别、产业链的演化和特征的相关研究尚不多见。第三，在中国特色社会主义体制中，政策能够在多大程度上影响产业链的建设和发展，现有研究缺乏从政策视角探讨产业链问题，现阶段我国产业链政策关注哪些内容？存在什么不足？如何进一步优化政策内容保障产业链稳定和安全？这些问题都需要展开更加深入的研究和讨论。

2. 关于产业链测度的研究

目前国内外学者尚未对产业链水平直接展开测度，一般通过间接测度产业价值链水平或者产业高质量发展水平来反映产业链水平。产业价值链测算方面，学者们针对价值链的测算主要集中在对 GVC 地位的研究上，相关研究广泛丰富，并不断完善。在产业高质量发展的测度方面，随着高质量发展概念的提出，学术界针对产业高质量发展展开了较为丰富的研究，由于单指标的评价标准较为片面，只能反映高质量发展某一方面的情况，如结构优化、发展效率、产业协同等，不能充分体现高质量发展的内涵，因此学者们主要依托综合评价理论，通过构建高质量发展指标体系展开评价，指标体系主要围绕着创新、协调、绿色、开放和共享的新发展理论进行构建，评价方法覆盖主观赋权法和客观赋权法，以客观赋权法居多。可以看出，目前产业高质量发展的综合评价较为成熟和完善，综合评价的思路得到了学术界的广泛认同和运用，这为本书测算我国产业链现代化水平奠定了良好的研究基础。第一，产业链现代化是一个综合复杂的系统，单个指标难以较准确地刻画产业链现代化水平，因此需要通过构建多指标的评价体系综合测度产业链现代化水平。此外，客观赋权法主要以数据结构为指标赋权，能够避免主观赋权法中人为因素对结果的干扰，因此，本书将采用客观赋权法为指标设定权重。第二，创新、协调、绿色、开放和共享的新发展理念是新时期我国一切经济建设的指导思想，产业链现代化的综合评价指标体系也应在新发展理念的基础上展开讨论与设计。

3. 关于产业链现代化的研究

目前学术界针对产业链现代化的相关研究尚处于初级阶段，研究成果尚不多见，相关研究主要围绕产业链现代化内涵和优化路径展开。从 2019 年至今，我国学术界对产业链现代化的理论研究作了一些有益的探索，但相关研究仍存在如下不足之处：第一，学者们对产业链现代化范畴的理解较为混杂，学术界针对产业链现代化的内涵和特征尚未形成一致的认识。比如一部分学者认为产业链现代化就是构建现代化的产业体系；还有学者认为产业链现代化就是价值链的现代化，即提高我国产业的 GVC 地位。产业链现代化的理论无论在我国学术界、工业界还是政府界均处于研究的初期，其理论体系尚未建立。第二，目前学者们针对产业链现代化的相关研究主要集中在理论层面，相关研究结论缺乏有效的数据支撑。且研究方法较为单一，缺乏基于数据视角的深入分析，研究结论说服力不够强。第三，产业链现代化水平的测度尚未完成。无法准确衡量我国各地区产业链现代化水平，缺乏对产业链现代化的全面认识，难以从数据层面认识我国产业链现代化的优势和短板。此外，产业链现代化的优化路径研究缺乏有效的实证检验，无法提供充分的决策参考。

三、研究思路与主要内容

(一) 研究思路

产业链现代化是"十四五"时期的重要经济任务，对于构建新发展格局具有重要战略意义和现实意义。本书紧紧围绕"打好产业链现代化攻坚战，提升产业链现代化水平"这一现实命题展开统计研究。本书试图回答如下问题：

(1) 产业链现代化的内涵和特征是什么？(2) 产业链现代化的目标提出后，产业链政策主要关注什么方面？是否存在不足之处和改进空间？(3) 产业链现代化的统计模型如何构造？产业链现代化水平如何？(4) 产业链现代化的发展差异如何？产业链现代化系统在发展过程中是否存在异常？(5) 如何提升产业链现代化水平？数字经济能否推动中国产业链走向现代化？

本书基于政策文本数据、省级经济面板数据，利用理论分析、文本分析、综合评价分析、机器学习算法和计量模型等多种方法对我国产业链现代化进行测度、监测和优化的研究。第一，本书通过对现有文献的收集、整理和归纳，搭建产业链现代化的理论体系，科学界定我国产业链现代化的内涵和特征。第二，基于产业链政策文本数据，利用文本挖掘技术和 PMC-AE 方法对产业链现代化目标下的我国产业链政策进行量化研究，厘清我国产业链政策的关注热点和存在的问题。第三，搭建产业链现代化的评价指标体系，利用综合评价的方法测算我国产业链现代化水平。第四，从空间视角和结构视角分析我国产业链现代化的发展差异，利用 QAP 回归分析差异的形成机理，并进一步采用自编码器对我国产业链现代化进行异常监测。第五，使用随机森林模型探究我国产业链现代化的优化路径，并进一步采用多种计量模型实证分析数字经济对产业链现代化的影响机制和影响效应。第六，基于本书的研究结论与学者们的相关研究成果给出提升我国产业链现代化水平的政策建议。

本书研究的难点在于：第一，科学界定产业链现代化的内涵和特征，建立产业链现代化的理论体系；第二，搭建产业链现代化的评价指标体系，合理测度产业链现代化水平；第三，从多个视角监测我国产业链现代化水平，对产业链现代化的优化路径展开实证研究。

本书按照提出问题—分析问题—解决问题的结构开展全书研究，具体研究技术路线图如图 0-1 所示。

（二）主要内容

本书主要对我国产业链现代化的内涵、测度、监测和优化等问题展开研究，全书分三个部分展开：第一部分是理论分析，第二部分是实证分析，第三部分是结论与建议。

本书各章节的内容安排如下：

导论部分主要介绍本书的研究背景及研究意义，通过对国内外相关研究成果的梳理和总结，确定本书的研究思路、研究内容、研究方法和创新之处。

第一章为产业链现代化的理论基础。产业链现代化的相关研究无论在我国学术界、工业界还是政府界均处于研究的初期，研究成果尚不多见，产业链现代化的理论体系尚未建立。为此，厘清产业链现代化的相关概念，掌握产业链现代化发展的机制能够为后文产业链现代化的相关实证分析提供强有力的理论支撑。基于此，首先，本章通过对产业链现有文献的收集、整理和归纳，辨析产业链及相

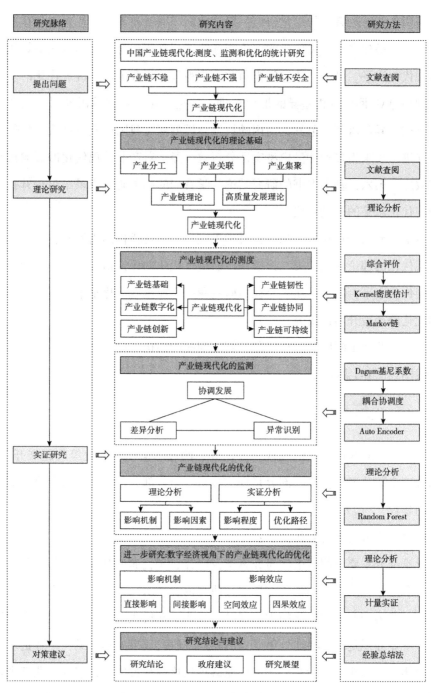

图 0-1　研究框架图

关链的概念、区别和联系；其次，在相关学者研究的基础上，明确产业链现代化的内涵和特征；最后，从产业分工、产业关联、产业集聚和高质量发展四大理论视角出发探究产业链现代化的内在机理。

第二章为产业链政策的量化评价研究。在我国的经济体制下，产业政策是政府进行宏观经济调整的有力工具，因此，产业链现代化的建设离不开国家政策的支持。产业链现代化的概念提出后，我国在中央和省级层面均出台了较多关于产业链现代化建设的政策，这些政策能够在很大程度上影响我国产业链现代化的进程。本章以产业链现代化目标提出后的产业链政策为研究对象。首先，使用政策工具对产业链政策进行分析；其次，通过词频统计、共词分析和聚类分析等文本挖掘方法对政策文本进行剖析；再次，将政策文本按照是否为专项政策、政策发布地区和政策发布年份进行划分，并通过 LDA 主题模型对政策文本进行主题异质性分析，探究各个时间段和各个地区产业链政策的关注重点；最后，根据政策文本挖掘结果，搭建基于 PMC-AE 指数的产业链政策评估指标体系，使用 PMC-AE 指数模型计算 PMC-AE 指数并对产业链政策进行量化评价，并通过构建 PMC 曲面提供政策优化路径和有针对性的政策改进建议。

第三章为产业链现代化水平的测度研究。我国产业链现代化处于怎样的发展水平？优势和短板分别是什么？不同地区发展趋势如何？产业链现代化时空演变特征如何？为了探究中国产业链现代化水平的具体情况，本章基于 2011—2019 年 30 个省市区的样本数据，首先，从产业链基础、产业链数字化、产业链创新、产业链韧性、产业链协同、产业链可持续六个维度出发构建产业链现代化水平评价指标体系；其次，使用熵权法进行综合评价，并利用熵权-TOPSIS 法和逐层纵横向拉开档次法验证评价结果的稳健性；再次，从全国、分区域、分省市三个角度刻画产业链现代化总指数和分指数的横纵演变规律；最后，借助 Kernel 密度估计和 Markov 链的方法刻画中国产业链现代化的时空演变特征。

第四章为产业链现代化水平的监测研究。我国 30 个省市区的产业链现代化的发展差异如何？产业链现代化六大子系统的协调发展情况如何？产业链现代化系统是否存在异常？为了回答这些问题，本章在第三章测度的产业链现代化水平的基础上，首先，采用 Dagum 基尼系数及其分解的方法分析产业链现代化水平的空间差异，利用方差分解的方法分析产业链现代化的结构差异，使用 QAP 相关分析和回归分析探究产业链现代化差异的形成机理；其次，采用耦合协调度模型研究我国产业链现代化系统的协调发展情况；最后，利用自编码技术和异常点识别准则对产业链现代化系统各指标的异常情况进行无监督学习，从单个指标的局部异常和地区产业链现代化发展的整体异常两个维度对我国产业链现代化进行异常监测和异常根因分析。

第五章为产业链现代化的优化研究。本章将进一步利用机器学习模型探索我国产业链现代化水平的优化路径。首先，从社会需求、科技创新、制度安排和资源禀赋四个方面寻找产业链现代化的投入要素；其次，利用随机森林模型识别各要素对产业链现代化的贡献率和重要程度，找出对产业链现代化发展影响较大的要素；最后，利用偏效应模型揭示不同投入要素对产业链现代化的边际效应，探究各地区如何依据自身状况找到产业链现代化发展的最优路径。

第六章为数字经济能否推动产业链现代化的研究。数字经济对国民经济的重要性与日俱增，产业链现代化是我国经济建设的战略任务，那么数字经济的发展能否带动产业链现代化？数字经济如何赋能产业链现代化建设？为了回答这一现实命题，首先，本章从理论层面梳理了数字经济发展对中国产业链现代化的内在影响机制；其次，利用 2011—2019 年的省级面板数据，科学测度数字经济发展水平；最后，综合运用面板固定效应模型、中介效应模型、门槛效应模型、空间计量模型和双重差分模型等多种计量模型实证检验数字经济发展对产业链现代化的直接影响、间接影响、空间效应和因果效应，完善相关实证研究。

最后为结论。首先，对全书的研究结论进行总结；其次，依据研究结论和学者们的研究成果提出"打好产业链现代化攻坚战，提升我国产业链现代化水平"的政策建议；最后，指出本书研究的不足之处和对未来的展望。

（三）主要观点

本书以产业经济学和统计学为指导，以产业分工理论、产业关联理论、产业聚集理论和高质量发展理论为基础，基于政策文本数据、省级经济面板数据，利用文本分析、综合评价分析、机器学习算法和计量模型等多种方法对我国产业链现代化进行测度、监测和优化的研究。

本书的主要观点如下：

（1）产业链、供应链和价值链三者密不可分，三者在相互融合中不断向前发展，要正确把握产业链现代化的内涵，需要对产业链、供应链和价值链等相关链的概念有一个清晰的认识，还需要充分领悟国家重大战略政策中的相关谋划。产业链现代化是一个综合复杂的系统，具体而言，产业链现代化就是借助新一轮的科技变革和产业革命，掌握关键技术，推动产业基础高级化，增强产业链控制力，提升产业高质量发展水平。产业链现代化主要包括六个特征：产业链发展基础更优、产业链数字化水平更高、产业链创新能力更强、产业链韧性更好、产业链协同更高效和产业链更加可持续。

（2）产业链现代化的概念提出后，各地纷纷出台了相应的产业链政策来鼓励、支持和引导产业链现代化的建设。由于各地产业链发展情况不同，产业链政策关注的内容存在一定的差异，不同时期和不同区域的政策主题存在较大异质性。另外，我国宏观政策的制定越来越科学，政府在制定产业链政策时考虑维度比较丰富、政策覆盖领域较为全面，但也存在一些不足之处需要加以改进。

（3）随着产业链现代化建设的不断推进，我国产业链现代化水平不断提高，但现阶段我国产业链现代化仍处于较低水平，整体上处于快速上升期。东部发达省市凭借其领先的经济发展水平、完备的产业发展基础和丰富的要素资源，在产业链现代化攻坚战中占得先机，中西部地区仍在承接与消化东部地区的产业转移，产业链现代化尚处于起步阶段，我国的产业链现代化水平呈现明显的区域差异。

（4）产业链现代化的驱动要素包括社会需求、科技创新、制度安排和资源禀赋四个部分。其中：社会需求是产业链现代化的市场导向，科技创新是产业链现代化的核心驱动力，制度安排是产业链现代化的体制保障，资源禀赋是产业链现代化的物质基础。不同要素对产业链现代化水平的影响具有显著差异，不同要素对产业链现代化的边际贡献也处于不同的阶段，因此不同地区产业链现代化进入最优区间的路径不尽相同，各地应根据当地实际情况，因地制宜提升产业链现代化水平。

（5）我国已迈入数字经济时代，数字经济的发展能够显著推动产业链走向现代化。数字经济可以通过三个渠道作用于产业链现代化，分别是直接影响、间接影响和空间效应。首先，数字经济作为新阶段我国经济社会发展的新动能，有助于增强产业链韧性，促进产业链协同，推动产业链绿色发展，提升产业链现代化水平；其次，以数字技术为核心的数字经济可以通过推动科技创新、改善人力资本等方式间接影响产业链现代化；最后，数字经济天然的开放、共享和高渗透性的特点可以对产业链现代化的发展产生空间溢出效应。

（四）研究方法

本书采用理论分析、描述性分析、实证分析相结合的方法来展开研究。具体如下：

（1）理论分析方法。查找相关研究文献和书籍，通过对文献和书籍的整理归纳，科学界定我国产业链现代化的内涵和特征；从产业分工、产业关联、产业集聚和高质量发展四大理论视角探究产业链现代化的内在机理。

（2）网络爬虫技术。本书从政策文本视角对我国产业链现代化进行研究，由于产业链政策在不同的地区是由不同的政府部门发布的，人工收集整理较为困难，本书通过网络爬虫的方式获取了中国省级层面出台的数字经济政策文件，爬虫关键词为"产业链现代化"和"意见""措施""通知""规划""方案"的组合，爬虫网站为国务院和31个省市区政府门户。

（3）自然语言处理技术（NLP）。收集到产业链政策后，需要采用NLP相关的技术方法对政策文本进行挖掘。第一，构建产业链现代化分词词典，对产业链政策文本进行分词，并进行词频统计，了解产业链政策内容；第二，通过共词网络和文本聚类的方法挖掘产业链政策的关注热点；第三，利用LDA主题模型对政策文本进行主题异质性分析，探究各个时间段和各个地区产业链政策的关注重点。

（4）PMC 政策量化方法。基于 PMC 指数的政策评价方法相较于传统的政策工具方法，考虑的因素更全面，更适合对政策进行量化研究。本书将在文本挖掘的基础上，基于 PMC 指数研究框架搭建产业链政策评价指标体系，借助 PMC 指数计算方式和神经网络中的自编码器构建 PMC-AE 指数对产业链政策进行量化研究。

（5）统计指数分析方法。利用产业链现代化的内涵和特征构建产业链现代化评价指标体系，利用综合评价方法对指标赋权构造产业链现代化指数，利用耦合协调度模型分析我国产业链现代化系统的协调发展情况，利用 Dagum 基尼系数及其分解的方法分析我国产业链现代化的区域差异，利用方差分解的方法分析我国产业链的空间差异，利用 QAP 回归分析我国产业链现代化的形成机理，利用 Kernel 密度估计和空间 Markov 链分析我国产业链现代化的时空演变。

（6）机器学习方法。本书分别利用自编码器和随机森林两种算法监测我国产业链现代化系统的异常状态，探索提升我国产业链现代化水平的优化路径。自编码器可以对正常的样本数据进行很好地还原，而对异常样本数据则难以实现很好地还原，从而导致异常样本出现解码后的数据和原始数据误差较大的现象，因此，可以利用自编码器的这个特点对我国产业链现代化系统进行异常监测，找到各地区产业链现代化系统存在异常的地方。随机森林模型能够输出特征的重要性，可以识别产业链现代化系统较为重要的影响因素，另外，随机森林偏效应图可以准确反映产业链现代化各要素是否处于或者偏离最优的发展区间，可以为各地产业链现代化水平的提升指明路径。

（7）计量实证方法。本书采用多种计量模型实证研究数字经济的发展对产业链现代化的作用机制。首先，采用面板固定效应模型和面板分位数模型分析数字经济发展对产业链现代化的直接影响；其次，采用中介效应模型和门槛效应模型分析数字经济发展对产业链现代化的间接影响和非线性效应；再次，采用空间杜宾模型检验数字经济发展对产业链现代化是否存在空间溢出效应；最后，进一步采用双重差分模型，构建准自然试验探究数字经济发展对产业链现代化的因果效应。

四、创新之处

第一，本书深化了产业链现代化理论与机制研究，理论上具有一定创新。现有文献关于产业链的理论研究主要集中在产业链内涵、产业链形成机制、产业链类型和产业链优化整合等方面，关于产业链现代化的理论研究主要围绕产业链现代化内涵和优化路径展开。由于缺乏对产业链概念的清晰界定，部分学者对产业链、供应链和价值链的理解有误，同时学者们对产业链现代化范畴的理解较为混杂，学术界针对产业链现代化的内涵和特征尚未形成一致的认识，产业链现代化的理论体系尚未建立。为此，本书首先通过对现有文献的收集、整理和归纳，在辨析产业链及相关链概念的基础上，科学界定产业链现代化的内涵，明确产业链现代化的特征，得出的研究结论可以为后续其他学者的相关研究提供一定的借鉴；其次，从产业分工理论、产业关联理论、产业集聚理论和高质量发展理论视角探究产业链现代化的内在机理，丰富了产业链现代化的理论体系。具体体现在本书第一章。

第二，本书从政策视角对产业链现代化的现状进行剖析，研究视角上具有一定的创新性。在中国特色社会主义的体制中，政策能够在很大程度上影响产业链的建设和发展，现有研究缺乏从政策视角研究产业链问题。现阶段我国产业链政策关注哪些内容？存在什么不足？如何进一步优化政策内容保障产业链的稳定和安全？这些问题都需要展开更加深入的研究和讨论。为此，本书通过收集产业链现代化目标提出后我国政府出台的产业链政策文本，利用语义分析、LDA 主题模型和聚类分析探究我国产业链政策的关注主题，并进一步利用 PMC-AE 模型对产业链现代化目标下的我国产业链政策进行量化研究，挖掘我国产业链政策存在的问题，探究我国产业链政策的改善路径。具体体现在本书第二章。

第三，本书丰富了产业链现代化的实证研究，有助于全面认识我国产业链现代化。目前，学者们针对产业链现代化的相关研究主要集中在理论层面，研究手段较为单一，由于产业链现代水平的测度尚未完成，无法准确衡量我国各地区产业链现代化水平，缺乏对产业链现代化的全面认识，难以从数据层面认识我国产业链现代化的优势和短板。为此，本书在科学界定产业链现代化内涵和特征的基础上，从产业链基础、产业链数字化、产业链创新、产业链韧性、产业链协同和产业链可持续六个维度测度我国产业链现代化水平，构建我国产业链现代化的动态监测指数，并开展指数的动态分布和发展差异问题的研究。此外，学者们对产业链现代化的优化路径研究缺乏有效的实证检验，相关研究结论缺乏有效的数据支撑，研究结论的说服力不够强。为此，本书利用随机森林算法探索提升我国产业链现代化水平的优化路径，并进一步采用多种计量模型实证探究数字经济发展对产业链现代化的影响机制。具体体现在本书第三、四、五、六章。

第一章
产业链现代化的理论基础

我国产业链面临着"不稳、不强、不安全"的局面，产业链现代化是我国"十四五"时期的重大战略任务，是一场"攻坚战"，但产业链现代化的相关研究无论在我国学术界、工业界还是政府界均处于研究的初期，研究成果尚不多见，产业链现代化的理论体系尚未建立。为此，厘清产业链现代化的相关概念，掌握产业链现代化的发展机制，能够为后文产业链现代化的相关实证分析提供强有力的理论支撑。基于此，首先，本章通过对现有文献的收集、整理和归纳，辨析产业链及相关链的概念和联系；其次，在相关学者研究的基础上，明确产业链现代化的内涵和特征；最后，从产业分工、产业关联、产业集聚和高质量发展四大理论视角探究产业链现代化的内在机理。

第一节 产业链及相关链的概念

一、产业链

产业链（Industrial Chain）的理论渊源最早可以追溯到亚当·斯密（Adam Smith）的产业分工论和马歇尔（Alfred Marshall）的企业协作论。1958 年，赫希曼（Hirschman）在《经济发展战略》一书中首次论述了产业链的概念，但是随着波特（Porter）在 1985 年提出的价值链概念和随之产生的供应链概念的兴起，国外关于产业链的研究逐渐淡化。"产业链"一词在我国最早是由傅国华于 20 世纪 90 年代初提出的，在我国的研究最早都是聚焦在农业产业链的研究方面，后续逐渐拓展到其他更为广泛的产业领域，如服务业和制造业，研究成果也逐渐丰富。虽然起源于国外，但产业链相关理论实际是在中国得到大量关注和研究的，因此可以说产业链是一个中国化的词语（魏然，2010）。

要理解产业链，首先要理解产业的含义。产业是一个较为宏观抽象的经济学概念，一般而言，产业是指提供相似商品或者服务的企业的集合，国家统计局 2017 年版国民经济行业分类认为产业就是从事相同性质的经济活动的单位的集合。为了更好地对产业活动进行统计和管理，需要对产业进行分类。最常见的分类方式是三次产业分类法，即将产业划分为第一、二、三产业，这种分类方式易于理解，在产业经济中被广泛使用，但三次产业的分类方式过于粗糙，不利于对经济活动进行细致的统计和研究，为此，需要制定更为精细的产业分类。联合国制定的《全部经济活动的国际产业分类标准》（ISIC）将产业划分为门类、大类、中类和小类，门类下包括大类，大类下包括中类，中类下包括小类。ISIC 是各国制定本国产业分类标准的依据，我国 2017 年版国民经济行业分类就是改编自 ISIC Rev. 4。随着经济水平不断提高，新业态不断涌现，产业分类也需要及时调整和更新。一般而言，产业链中的产业基本是指国民经济行业分类中的产业。

从前文的文献梳理可以看出，对于何为产业链？学术界虽然尚未形成一致意见，但学者们普遍达成了如下共识：第一，一条产业链中包含多个产业、多个企业；第二，产业链是一种上下游的链式关系；第三，产业链是给用户提供产品或者服务的一系列交易活动；第四，产业链是价值增值的过程。通过总结相关学者的研究，本书认为产业链是指相同或者不同产业中的企业围绕着同一产品或服务，依靠技术和经济关联所形成的一种链式网络结构。

显然，和产业的概念一样，产业链也是一种较为宏观的经济学概念。第一，产业链具有结构性。产业链包括"链"和"节点"，"链"指的是围绕着同一产品或者服务的技术经济，"节点"就是企业，产业链就是通过技术经济将不同的企业联系起来的一种结构。另外，产业链一般而言都存在"链主"企业，"链主"企业主导着整条产业链的形成和发展，"链主"企业在产业链上拥有最大的话语权，是产业链的核心环节，其他企业都是为"链主"企业提供服务。第二，产业链是不同产业之间所形成的一种关联关系。一条产业链包含多个产业，不同产业之间依靠技术、经济紧密关联，产业链上的这种产业关联关系错综复杂，往往是一种网络结构，既有产业上游和下游的纵向关系，也有同一产业中相互竞争的企业所形成的横向关系，这种关联关系既不是线性关系，也不是简单的因果关系。第三，产业链体现了经济运行的时空性，时间性指的是产业链的上下游有明显的时间顺序，上游的输出是下游的输入，例如在动漫产业链中，总是先有内容生产，才会有内容传播（图1-1）。产业链的空间性是指产业链的各个节点往往分布在不同的区域，尤其是在经济高度全球化的今天，一个区域可能只承担产业链上的某个环节。第四，产业链是一个复杂系统。产业链是以产品或者服务为对象、以企业为节点的复杂经济系统。产业链系统作为一个整体，能够最大化地整合社会资源，形成 1+1>2 的效应，产业链中的企业互利共生，合作贯穿产业链各个环节，实现价值最大化是产业链的目标，产业链中企业的发展与产业链整体的发展息息相关，往往"一荣俱荣，一损俱损"（刘贵富，2007）。

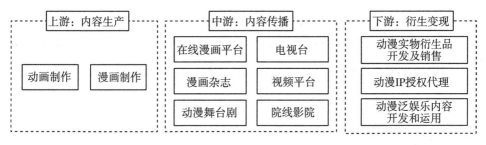

图 1-1　动漫产业链

二、供应链

供应链（Supply Chain）是一种微观意义上的管理学概念，和产业链这一概念一样，供应链也起源于国外，最早可以追溯到 20 世纪 60 年代。Forrester（1961）最早对供应链上企业的关系展开研究，一般认为，Forrester 是供应链之父。供应链大概是在 20 世纪 80 年代后开始逐渐受到关注。随着经济全球化和生产力的发展，市场需求日益丰富，企业竞争加剧，依靠单个企业独立解决物流、资金流、信息流和产品流已经变得困难，而为了满足市场需求，企业只有与某个产品市场的有关供应商、生产商、运输商和销售商分工合作，才能提高生产流通全流程的效率，快速响应市场需求，取得竞争优势。即"纵向一体化"向"横向一体化"的改变是供应链概念的来源，从供应商到销售商形成了一条"链"，

"链"上相邻节点的企业之间表现出一种需求与供应的关系，当"链"上所有节点的企业连接起来便形成了供应链。

供应链的概念提出后，国内外学者展开了大量研究工作，关于供应链的内涵研究大多集中在 2000 年前后。Stevens（1989）、Lee 等（1992）、Christopher（1998）、马士华等（2000）、邵晓峰等（2001）等学者均从不同的视角对供应链的内涵作出了界定，虽然至今学术界尚未就供应链的概念达成一致意见，但普遍认为：第一，供应链存在核心企业，其他企业围绕核心企业开展生产经营；第二，供应链起始于供应商，终止于消费者，以满足市场需求为最终目的；第三，供应链包括供应商、生产商、运输商和销售商等多个环节，囊括物流、资金流、信息流和产品流。因此，供应链可以看作围绕核心企业，以服务终端消费者为目的，通过产品原材料采购、产品设计生产、产品销售等流程将供应商、制造商和零售商连接起来的复杂网络结构（宋华和杨雨东，2022）（见图 1-2）。

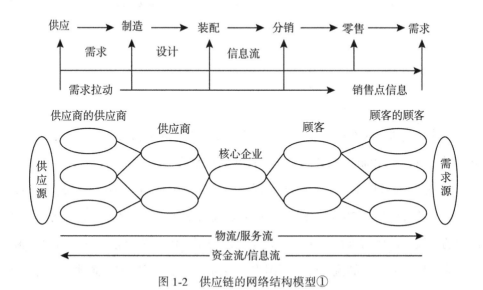

图 1-2　供应链的网络结构模型①

---

① 资料来源：曲盛恩（2006）。

供应链代表着一种生产关系的变革。供应链是一个复杂的链式网络，在经济高度全球化的今天，供应链往往由不同类型、不同区域的众多企业共同组成，产业的生产销售不只发生在一个企业中，而是由上下游多个企业分工协作、共同完成，供应链覆盖供应商、生产商、运输商和销售商。供应链不仅仅是生产力的改变，更是一种生产关系的变革，供应链是一种集合了产品设计、原材料供应、生产制造、仓储运输、订单销售的新型生产方式。

供应链是一个动态系统。市场需求具有多样化和个性化的特点，市场环境复杂多变，市场的不确定性导致企业的经营战略也在不断调整，节点企业在市场的优胜劣汰中不断更新使得供应链具有动态性。另外，在数字经济时代，新技术不断涌现，核心企业的技术革新使得上下游企业也在不断调整，供应链随之动态变化。

供应链是一个利益共同体。在供应链中，参与价值创造的主体是整条供应链中的所有企业，每一个企业都是一个独立的经济实体，虽然供应链上的企业之间存在着一定程度的竞争，但各节点企业的收益是以供应链整体收益为基础的，只有实现了供应链整体的利益最大化，才能实现各节点企业的利益最大化，因此，供应链上的企业需要密切协作、紧密配合。另外，供应链具有交叉性，一个企业可能同时是多条供应链的节点，由于交叉性的存在，供应链的协调管理存在一定的难度，因此衍生出了供应链管理理论。

三、价值链

价值链的研究经历了四个阶段：价值链（ValueChain，VC）、价值增值链（ValueAddedChain，VAC）、全球商品链（Global Commodity Chain，GCC）、全球价值链（Global Value Chain，GVC）。

价值链的研究最早可以追溯到 20 世纪 80 年代，Porter（1985）在《竞争优势》一书中首次提出了价值链的概念，Porter 根据价值创造将企业的生产活动划分为基本活动和支持性活动，前者主要包括生产、销售和售后等，后者主要包括原材料采购、研发设计和人才管理等，这两类活动的相互作用和联系构成了价值链。价值链是不同生产活动创造价值的总和，企业通过对价值链各个环节的管理来提升企业的竞争力，企业之间的竞争主要是企业的价值链之间的竞争。显然，Porter 最开始提出的价值链主要是针对企业内部的。同样在 20 世纪 80 年代，Kogut（1985）首次提出价值增值链的概念，Kogut 认为价值增值链就是企业将不同的生产要素结合起来进行产品的生产、销售，在此过程中实现产品的价值增值。在产品增值的过程中，单个企业可以作为一个环节参与进去，也可以同时参与多个环节。价值增值链是垂直化分工的一种体现，企业可以根据自身的比较优势决定参与价值链的哪些环节。随着经济全球化的不断推进，Gereffi（1999）首次提出了全球商品链的概念。在经济全球化的背景下，某一特定商品会将其不同的生产环节分配到不同的国家，这种将全球化的生产格局中所涉及的不同国家的企业连接起来的网状结构就是全球商品链。Gereffi 认为全球商品链大体可以划分为生产者驱动型和购买者驱动型，其中，生产者驱动型的全球商品链主要是资本或者技术密集型产业，掌握核心技术的跨国公司占据支配地位；购买者驱动型的全球商品链主要是劳动密集型产业，购买者占据支配地位。随着对价值链理解的不断深入，Gereffi（2001）提出了全球价值链的概念。全球价值链是指产品在全球范围内，从开始设计到最终销售的整个生命周期中所创造价值的活动范围。全球价值链主要考察价值在何处，由谁创造和分配的问题。并不是全球价值链的任何一个环节都可以创造价值，只有战略环节才最为重要。全球价值链从价值链的角度分析经济全球化，解释了在经济全球化的背景下，跨国公司为实现价值创造的最大化，如何将不同的生产阶段布局到不同的国家。时至今日，全球价值链得到了学术界的广泛关注和大量研究，相关理论和应用不断取得突破。

价值链主要包括技术、生产和服务三大环节，这三大环节的价值增值能力基本上呈现"微笑曲线"的结构，即技术和服务环节的价值增值能力较高，生产环节的价值能力较低（见图 1-3）。当前我国产业在全球价值链中基本是承担着加工者的角色，价值创造能力较低，即处于全球价值链中的中低端环节。

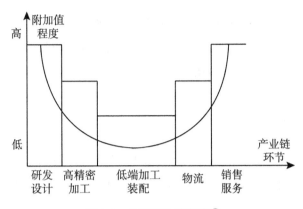

图 1-3 价值链微笑曲线①

四、产业链、供应链和价值链的概念辨析

(一) 产业链与供应链的概念辨析

产业链和供应链都是一种复杂的链式网络结构，两者的目的都是为市场提供有价值的产品或者服务，均以价值创造为核心。由于产业链需要依靠供应链将产品或服务传递到消费者手中，因此，产业链的价值延伸依赖于供应链的价值传递集成与延伸能力（汪彬和阳镇，2022），两者具有天然的联系，供应链就是供需视角的产业链。两者的不同之处主要体现在：第一，产业链是一个宏观层面的经济学概念，供应链则是一个微观层面的管理学概念。产业链的研究对象是宏观层面的产业，而供应链则是从微观视角基于供需角度考察上下游企业的关系。供应链的节点是企业，产业链的节点是产业，但产业本质上是由同种类别的企业所组成的，因此，在某种程度上，供应链深度嵌入产业链，受产业链约束，产业链可以看成微观层面的供应链分门别类的加总（张其仔，2022）。第二，产业链一般

---

① 资料来源：洪银兴和李文辉（2022）。

从总体的角度去作价值分析，供应链一般从个体的角度去作价值分析，因此，产业链反映的是企业更深层的内容，如战略管理，而供应链则反映的是操作层面的具体的业务运作，如库存管理。供应链可以看成产业链的某种表现形式，产业链还存在其他的表现形式，如技术链。

（二）产业链与价值链的概念辨析

价值链认为竞争优势是企业生产活动的核心，具体体现就是为企业创造的价值，价值链的重点是价值的传递与增加，对价值链各环节分析发展的竞争优势，从而进行战略决策，价值链认为企业的发展需要抓住价值链上价值最大的环节。产业链以价值创造为核心，所以产业链的形成过程就是价值链的形成过程，产业链的长度和价值链的长度保持一致，价值链从微观视角体现了产业链的价值增值过程，价值链就是价值增值角度的产业链。两者的不同之处在于：第一，产业链主要体现产业中企业的协作，价值链则主要体现企业内部产品生产各环节的增值活动。第二，产业链受企业进入和退出的影响较大，而价值链一旦确定，则相对较为稳定，即产业链的变动不一定会导致价值链的变动。第三，产业链所创造的价值体系是在不同企业之间完成的，但价值链既可以在一个企业内完成，也可以由多个企业共同完成（吴彦艳，2009）。

（三）产业链、供应链和价值链的融合发展

产业链、供应链和价值链三者密不可分，在数字经济时代，产业链、供应链和价值链存在融合效应，三者在相互融合中不断向前发展（汪彬和阳镇，2022）。价值链主要从价值增值的角度考察不同价值环节的关联关系，而产业链和供应链的核心都是价值创造，产业链可以看成按照价值链分布的产业之间的关联关系，而供应链则是按照价值链分布从供需关系角度描述的企业之间的关系（黄群慧和倪红福，2020）。在经济学角度上，由于价值是一切的核心，所以价值链是产业链和供应链运行的基本要素，价值链决定产业链和供应链。在数字经济时代，产

业链和供应链融合后可以提升服务价值，从而实现价值传递与价值增值的放大效应（汪彬和阳镇，2022）。

产业链在宏观层面整合不同产业和不同区域的分工，可以充分地协调各经济部门利用社会资源为产品或者服务提供要素支持，产业链为供应链和价值链的运行提供了制度保障。供应链是产业链的微观体现，供应链通过对不同产业、区域和国家的企业的整合管理，打造了更加具有竞争力的产业链。随着产业链、供应链和价值链的不断融合，产业链供应链作为价值实现、流程协同和时空分布的统一，涵盖了从原材料供应到产品消费全流程中的各类价值创造主体与活动，形成了基于产业供需网络的生态系统（宋华和杨雨东，2022）。（见图 1-4）因此，也有学者从价值链角度研究产业链供应链现代化的内涵，认为产业链供应链是价值链理论的延伸，提升产业链供应链现代化水平就是强化产业在全球价值链各环节的增值能力，实现在全球价值链地位升级的过程（黄群慧，2020）。

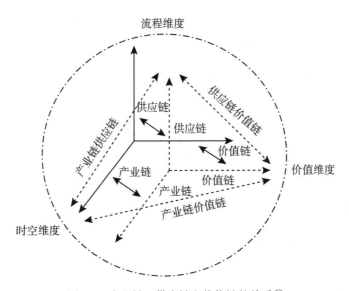

图 1-4 产业链、供应链和价值链的关系①

① 资料来源：宋华和杨雨东（2022）。

第二节　产业链现代化的概念界定

一、产业链现代化的内涵

2019 年 8 月，习近平总书记在中央财经委员会会议上提出要发挥我国集中力量办大事和超大规模市场这两个优势，打好产业链现代化的攻坚战。这是我国首次提出产业链现代化的概念。自此，产业链现代化逐步成为社会各界关注和研究的重点。2019 年 12 月，中央经济工作会议进一步强调要提升产业链现代化水平。2020 年 10 月，党的十九届五中全会提出要把发展经济的着力点放在实体经济上，推进产业链现代化，提高经济质量效益和核心竞争力。2021 年 3 月，"十四五"规划明确指出要提升产业链现代化水平，推动制造业高质量发展。毫无疑问，产业链现代化将是我国经济建设中的重大战略任务，这既是高质量发展的必然要求，也是大国参与国际竞争的内生选择（刘志彪，2019）。

产业链现代化是党中央的重大谋划和战略部署，作为一个全新的研究课题，对于何为产业链现代化，学术界在理论层面开展了较为广泛的研究讨论。盛朝讯（2019）较早对产业链现代化内涵作了界定，指出产业链现代化的实质是产业链总体水平的现代化；刘志彪（2019）从产业经济学的角度分析了产业链现代化的内涵，指出产业链现代化包括关键技术自主可控，产业链具有强大韧性，创造价值能力更强，各要素协同发展；罗仲伟和孟艳华（2020）则认为产业链现代化实质是通过科技创新提高产业的附加值、控制力和竞争力，是产业现代化的延伸；黄群慧和倪红福（2020）从价值链的角度对产业链现代化的内涵作出了说明，认为产业链现代化就是中国实现在全球价值链升级的过程；中国社会科学院工业经济研究所课题组和张其仔（2021）认为产业链由主体要素和结构要素组成，因此产业链现代化不仅包括产业链主体现代化，也包括产业链结构现代化，具体有 7 个维度，即创新能力、价值创造能力、数字化水平、可持续水平、安全性、公平性和协调性的现代化。

可以看出，产业链现代化相关问题的研究尚处于起步阶段，学者们从产业角度、价值链角度、供应链安全等不同角度对产业链现代化的内涵作出了说明，目前学术界尚未就产业链现代化的内涵达成一致意见。

要正确把握产业链现代化的内涵，需要对产业链、价值链和供应链等相关链的概念有一个清晰的认识。供应链是指围绕核心企业，以服务终端消费者为目的，通过产品原材料采购、产品设计生产、产品销售等流程将供应商、制造商和零售商连接起来的复杂网络结构（宋华和杨雨东，2022）；价值链最开始是指公司内部生产、销售、运输和售后等活动所构成的价值创造的行为链条，后面逐渐外延到全球价值链和产业价值链等概念（张辉，2004）；而产业链是指不同行业之间通过技术经济连接起来的网络结构。从一定程度上来说，供应链和价值链形成的过程就是产业链形成的过程，但产业链的分析视角相比供应链和价值链更加宏观，产业链不只是强调企业层面的联系，更多的是反映产业之间的关联关系，强调产业生态的发展，因此产业现代化是产业链现代化的重要组成部分。

要正确把握产业链现代化的内涵，还需要充分领悟国家重大战略政策中的相关谋划。虽然产业链现代化的概念在"十四五"规划中才正式提出，但早在"十一五"规划中就提出要加快产业数字化，发展关键技术；"十二五"规划充分强调了发展高端产业链、产业链高端化发展；"十三五"规划则进一步强调了产业链协同发展、联合攻关的重要性。可以看出，产业链现代化的内涵应从多个角度和维度出发进行界定。

因此，产业链现代化要立足中国经济发展的新阶段必须服务于国家发展战略全局，顺应时代发展需要。一是要服务于经济高质量发展的要求，提高产业链发展基础能力，推动产业发展基础高级化（黄群慧和倪红福，2020）；二是要满足"制造强国"战略的需要，加强科研攻关，突破"卡脖子"问题，掌握核心技术，提高产业链整体创新水平（张其仔，2022）；三是要适应复杂环境的要求，在中美博弈的大背景和新冠疫情的冲击下，提高产业链控制力和稳定性，增强产业链韧性，加强产业链抗击风险能力（刘志彪，2019；李雪和刘传江，2020）；

四是要满足产业链高效运转的需要，联动产业链上下游，加强产业链协同，实现产业整体竞争力的提升（马朝良，2019；罗仲伟和孟艳华，2020）；五是适应科技变革的需要，把握世界科技发展的新趋势和新潮头，提高产业链数字化水平，降低成本，提高产业链运转效率（中国社会科学院工业经济研究所课题组和张其仔，2021）；六是要满足可持续发展的需要，提高产业链绿色发展水平（盛朝讯，2019），推动"碳达峰碳中和"目标的实现。

通过总结相关学者的研究结论后，本书认为产业链现代化是一个综合复杂的系统，具体而言，产业链现代化就是借助新一轮的科技变革和产业革命，掌握关键技术，推动产业基础高级化，增强产业链控制力，提升产业高质量发展水平。产业链现代化主要包括六个特征：产业链发展基础更优，产业链数字化水平更高，产业链创新能力更强，产业链韧性更好，产业链协同更高效和产业链更加可持续。

二、产业链现代化的特征

（一）产业链发展基础更优

产业链是由不同的上下游企业和上下游产业所组成的"链条"，流通和循环是产业链的内在特性，要打造产业链，首先需要保障产业上下游区域的交通流畅。交通运输是生产要素流通的基本载体，立体综合的交通运输网络是产业链平稳运转的保障，是产品供应链通畅的基础。改革开放以来，我国交通基建跑出了中国"加速度"，交通运输总量不断迈向新台阶，为我国产业的快速发展奠定了良好的基础。但随着经济下行，政府受到债务约束，传统基建需要转轨迈向新基建。信息技术和大数据的发展使得数据也成了连接产业链上下游的中介和载体，数据中心、工业互联网等成了产业链发展所需要的新基建，其重要程度甚至超过传统的工业"四基"①。新时期，大力发展新基建是产业链迈向现代化的必然要求。

---

① 《"四基"发展目录》将工业"四基"定义为核心基础零部件（元器件）、关键基础材料、先进基础工艺和产业技术基础。

（二）产业链数字化水平更高

数字经济时代，数字技术不断优化着产业链上下游，为产业发展带来了新机遇。数字技术可以使得产业上游和下游之间的信息变得透明，有利于打破企业间的信息孤岛，减小上下游的沟通成本，促进产业链高效协同，同时借助机器学习等先进算法可以使企业生产、经营和管理更加有效率。另外，利用数字技术，产品生产线可以依据市场发展趋势灵活调整生产，降低库存，实现柔性制造。现阶段，我国大部分制造业的企业还没有实现数字化转型，企业生产效率低下，推动企业"上云用数赋智"①，"以一业带百业"，以企业数字化带动产业数字化，从而实现产业链数字化，对于我国产业结构升级和产业链现代化具有重要的战略意义。

（三）产业链创新能力更强

创新是产业链迈向前沿、立足前沿的动力源，高质量的创新可以扩大产业规模，提升产业附加值，可以避免产业陷入周期性衰弱，形成新的增长曲线。习近平总书记指出要"围绕产业链部署创新链，围绕创新链部署产业链"，可见，高质量发展阶段，我国产业发展已经从要素驱动转变为创新驱动，提高自主创新能力是实现产业链现代化的核心。创新驱动发展战略的深入实施使得我国创新能力有了显著提高，《2020 年世界知识产权指标报告》显示我国专利申请量已经连续9 年位居世界第一，《2021 年全球创新指数报告》显示我国的创新指数在全世界排名第 12 位。但我国高质量发明专利不足，在高端芯片等一些关键领域的"卡脖子"问题十分突出，原创技术和战略高技术供给不足，核心技术仍然受制于人（王一鸣，2020）。在中美大国博弈的背景下，为避免产业链的断链风险，需要增强产业链创新能力，充分发挥集中力量办大事的优势，在关键领域进行科研攻

---

① "上云"是指探索推行普惠型的云服务支持政策；"用数"是指更深层次推进大数据的融合运用；"赋智"是要加大对企业智能化改造的支持力度。

关，保障产业链自主可控。

（四）产业链韧性更好

韧性一般指的是应对冲击的能力和受到冲击后恢复的能力，产业链韧性指的是面对复杂且不确定性的国际形势，产业链抗击外部风险、平稳运转的能力。强大的产业链韧性是产业链现代化的题中之义，产业链韧性包括产业的高端引领力、链条控制力和盈利能力。我国产业发展已经从高速增长转变为高质量增长，必须着力进行产业结构升级。所谓"强链"就是要提升产业的高端引领能力，大力发展高技术产业和先进制造业等高端产业。头部企业是产业链的"链主"，在产业链上具有强大的话语权和控制力，世界上一些重要产业都是由少数跨国公司或寡头垄断企业所把控的（盛朝讯，2019），增强链条控制力就要培育更多的"链主"企业。另外，凭借巨大的人口规模和低廉的劳动力市场，我国制造业虽然发展迅速，但整体盈利水平较低，在 GVC 上处于中低端环节。随着人口红利的消失，我国产业链需要提高盈利能力，创造更高的附加值，提升产业链现代化水平就是实现 GVC 地位升级的过程（黄群慧和倪红福，2020）。

（五）产业链协同更高效

产业链是一个多主体多要素多目标的复杂网络，因此产业链的健康运转离不开主体和要素的高效协同。产业链的主体是企业和产业，所以产业链协同既包括企业之间的协同，也包括产业之间的协同；产业链的畅通同样离不开各要素的协同发展，产业链现代化就是要实现产业经济、科技创新、现代金融和人力资源之间的高度协调（刘志彪，2019）。产业链协同需要将各类资源进行整合，实现优势互补，从而提升产业链组织整体的运作效率。

（六）产业链更加可持续

产业链现代化的一个重要特征就是产业链更加绿色，更加可持续。一直以来，可持续的发展理念在德国制造业产业链的建设中都占据着核心位置，德国政府通过制定一系列的法律规章制度来推进本国产业链绿色化。近年来，绿色生产方式在我国也正在加速形成，但与发达国家相比，我国产业链整体能源利用率偏低，绿色工艺和绿色技术整体上还存在不小差距，要提高产业链现代化水平，需要把绿色设计、绿色采购、绿色制造落实到产业链的每一个环节。推动产业链更加绿色化，不仅是提高产业链竞争力的需要，也是推动碳达峰碳中和目标①如期实现的必然要求。

第三节　产业链现代化的内在机理

一、产业分工理论

随着社会的不断进步、知识体系的日趋完善，生产工艺逐渐复杂化，这导致了分工现象的出现。任何一个产品和服务，从原材料采购、设计生产到销售的全流程都很难完全由某一个企业独立实现，这需要产业链上每一个环节的共同参与，所以产业链实质上是分工经济的一种产业组织形态，也可以说分工经济导致了产业链的出现。从供应商、生产商、运输商到销售商的每一个产业链上的节点都无法脱离产业链所形成的上下游企业之间或者产业之间的分工关系（杨蕙馨等，2007）。

1766年亚当·斯密在《国富论》一书中首次提出了分工的概念，这是产业分工理论的源头。亚当·斯密认为分工是交换导致的必然结果，因为劳动者总是会选择从事自己具有优势的产品的生产，进行物物交换就形成了分工。亚当·斯密认为分工可以促进劳动生产率的提升：一是分工可以使得劳动者长期从事产品的某一个生产环节，从而优化劳动者的劳动技巧；二是分工可以减少劳动者转换

---

① 2020年9月，习近平总书记在第75届联合国大会上提出中国将力争2030年前实现碳达峰、2060年前实现碳中和。

工作情况的发生，从而减少时间的损失；三是分工可以使得一个劳动者完成原本应该由许多人才能完成的工作。亚当·斯密指出产业的发展不能仅仅局限在本地或者邻近地区，而应该拓展更大的市场空间，只有拥有足够大的市场规模才会导致分工的出现，因此，工业化时代的产品都是基于分工的。亚当·斯密认为国与国之间分工的情况同样存在，每个国家依靠各自的要素禀赋进行专业化生产，然后交换，就可以实现各种要素资源在全球范围内效用的最大化。越是产业发达的地区或国家，其产业分工越精细化，而分工能够促进产业进一步繁荣。

分工同样是马克思主义理论的重要组成部分，马克思认为分工是一切特殊的生产活动方式的总体，是生产活动的前提，分工使得每一个生产阶段都会形成一个独立的行业。马克思认为社会的许多方面都被分工影响着，分工不仅会导致私有制的产生和阶级的分化，而且会引起社会形态的变更。分工所引起的劳动生产率的极大提高会促进新的生产力的形成，这种新的生产力并不仅仅是原有生产环节的简单叠加，专业化分工使得新的生产力在数量和质量上都远超原有的生产力形态。

19世纪后期，马歇尔从规模经济角度讨论了分工，马歇尔认为分工和规模报酬递增之间的关系可以从内部经济和外部经济两个方面来展开分析。一般而言，具有分工性质的企业往往都集中在特定的区域，企业通过技术创新等方式可以实现外部经济，促使报酬递增，而企业大规模生产所产生的内部经济也可以促使报酬递增。

1928年，阿林·杨格（Allyn Young）进一步从产业高度研究了分工，认为足够的市场规模使得分工更加深化，同时精细化的分工反过来又会促进市场规模的进一步扩大，因此，分工和市场规模之间形成了一种良性循环。阿林·杨格认为分工会使产品生产的中间厂商更加专业化，从而导致规模经济的出现。

随着市场规模的扩大，单个企业受到自身能力的限制无法完成产品生产的所有环节，分工开始出现，市场交易开始加速，并逐渐形成产业链。产业链的发展导致产业的纵向分工越来越细，企业开始趋向专业化，原本由企业内部承担的一些功能开始剥离，这就导致了外包这一类专业化厂商的大量出现，经过市场交易，又反过来促进产业链的发展，如图 1-5 所示。随着产业分工的深化和演变，企业之间的关系开始转变为一种上下游的关系，这便是产业链，产业链上的企业的发展不仅受自身能力的限制，也受产业链上下游环节的限制。

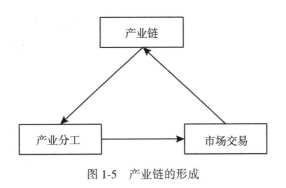

图 1-5　产业链的形成

二、产业关联理论

产业关联研究的是产业之间的技术经济联系，因此，在某种意义上，产业关联是产业链的本质。产业关联理论认为不同的产业在经济活动中有着密切、广泛和复杂的技术经济联系。在产业运行过程中，每一个产业都需要从其他产业获取各类生产要素来满足本产业的生产需要，同时本产业的产出也会作为产品提供给其他产业以满足其的消费需求。因此，不同产业之间就建立了一种供需关系，这种供需关系越密切，产业之间的联系就越密切，各产业也就能不断发展。如果一个产业的产出无法满足其他产业的需要，同时又不需要消耗其他产业的产品，即与其他产业没有形成产业关联，那么这个产业必将丧失生命力。因此，也有学者认为产业之间所形成的供需关系是产业关联关系的本质。

产业之间的关联关系具有复杂性，从不同的角度考察可以得到多类别的产业关联关系。如果将产品作为联系产业的纽带进行分析，产业关联可以划分为前向产业关联（前向效应）和后向产业关联（后向效应），其中，前向产业关联是指通过供给与其他产业形成的关联，后向产业关联是指通过需求与其他产业形成的关联。在图 1-6 所示的产业链中，产业 B 是产业 A 的上游，产业 C 是产业 A 的下游，对产业 A 来说，与产业 B 是后向产业关联，与产业 C 是前向产业关联。产业关联还可以划分为直接产业关联和间接产业关联，其中，直接产业关联是指两产业之间直接发生产品的供给或消耗，间接产业关联是指两产业之间虽然没有直接发生产业的供给或消耗，但通过其他产业产生了关联。此外，如果以要素作为联系产业的纽带进行分析，产业关联还可以划分为生产技术关联、劳动就业关联和投融资关联等。

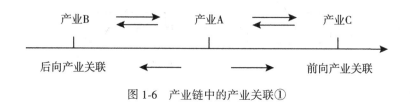

图 1-6 产业链中的产业关联①

在产业关联关系中，投入品和产出品同时包括有形产品和无形产品两种形态，产业之间的技术经济联系既可以用实物刻画，也可以用价值计量。在产业关联的实际测算过程中，由于实物较为复杂，难以保证测算的准确性，常用价值形态测算产业的关联关系。目前，学术界普遍基于投入产出表分析产业的关联关系，因此，产业关联分析也被称为投入产出分析（Input-Output-Analysis，IOA）。（见表 1-1）

表 1-1   **价值型投入产出表的基本结构**

	部门 1	部门 2	……	部门 n	最终使用	总产出
部门 1	z_{11}	z_{12}	…	z_{1n}	y_1	x_1
部门 2	z_{21}	z_{22}	…	z_{2n}	y_2	x_2
……	…	…	…	…	…	…
部门 n	z_{n1}	z_{n2}	…	z_{nn}	y_n	x_n

① 资料来源：曹群和姜振寰（2008）。

续表

	部门 1	部门 2	……	部门 n	最终使用	总产出
雇员报酬	w_1	w_2	$\cdots$	w_n		
生产税净额	t_1	t_2	$\cdots$	t_n		
固定资产折旧	d_1	d_2	$\cdots$	d_n		
总营业盈余	s_1	s_2	$\cdots$	s_n		
增加值合计	v_1	v_2	$\cdots$	v_n		
总投入	x_1	x_2	$\cdots$	x_n		

Wassily Leontief（1936）最早基于投入产出分析研究产业关联关系，后来经过 Ghosh（1981）、Miller 和 Blair（1985）等学者的进一步理论研究和实证分析，产业关联的投入产出分析理论和方法不断拓展，逐渐成熟。目前，学者们大多基于投入产出表，利用直接与间接消耗系数（王然等，2010；陈国亮和陈建君，2012）、感应度和影响力系数（中国投入产出学会课题组等，2006；肖皓和朱俏，2015）、生产阶段数（Dietzenbacher 等，2005；Inomata，2008；Escaith 和 Inamata，2013）等方法分析产业关联关系。刘志彪（2019）认为在产业关联关系上取得突破是实现产业链现代化的重要抓手，产业关联理论为产业链现代化的内涵和特征的界定提供了重要理论支撑。

三、产业集聚理论

产业集聚（Industrial Agglomeration）是指生产某种产品或者服务的企业及其上下游企业在一定的区域或者地理空间内高度集聚的现象。产业集聚是经济活动发展到一定阶段后必然产生的结果。马歇尔（1890）认为外部规模经济的产生导致了企业经营成本的降低，从而引发了产业集聚现象；韦伯（Weber，1909）认为气候和自然资源是企业选址的重要原因，这导致同类型企业在某个区域的集聚；克鲁格曼（Krugman，1991）提出的新经济地理学理论则认为位置、运输成本、规模经济和国际贸易等因素的共同作用导致了产业集聚的出现。总的来说，产业集聚理论的发展大体经历了四个阶段，分别是马歇尔的外部经济理论（1890）、韦伯的区位聚集理论（1909）、波特的企业竞争优势理论（1990）和克鲁格曼的新经济地理学理论（1991）。

马歇尔（1890）是新古典经济学的代表，他认为外部性是导致某些产业在一定的地理区域内形成聚集的原因，具体而言，产业集聚对企业而言有三个好处。一是当企业位置相近时，工人之间相互学习交流促进技术的传递和创新的出现，并进一步推动技术进步。二是集聚区对劳动力的需求迅速增加，形成了劳动力市场，促进了就业，同时大量的工人在区域内聚集会降低企业寻找劳动力的成本。三是产业集聚会带动关联产业的专业化发展，产业链上下游的关联产业通过投入产出的联系会促进技术的传递，从而提高整个产业链上所有企业的专业化效率。

韦伯（1909）在马歇尔外部经济理论的基础上，进一步考虑了成本和空间因素。韦伯认为成本是企业选址考虑的首要因素，企业选址大体历经了三个发展阶段，分别是依据运输成本选址、依据劳动力成本选址和依据产业集聚情况选址。韦伯将产业集聚进一步划分为初级产业集聚和高级产业集聚，其中，初级产业集聚是指企业规模扩大导致的产业集聚，而高级产业集聚是指通过产业关联吸引前后向产业形成的集聚。

波特（1990）提出了产业集聚的"砖石模型"，波特认为产业优势形成了国家竞争优势，产业集群的形成和扩大加强了国家或地区的竞争优势，一个产业集群内存在企业、消费者和政府多个角色，这些角色存在着如同砖石一样复杂多向的关系。波特认为产业集聚能通过促进生产专业化、提高劳动生产率、降低交易成本的方式提高国家或地区的竞争优势。

克鲁格曼（1991）提出的新经济地理学进一步将贸易因素和空间因素引入产业集聚的分析框架中。克鲁格曼通过规模报酬递增、不完全竞争、外部性和生产要素流动等多个方面从经济地理的角度解释了产业空间集聚现象。克鲁格曼通过构建"中心—外围"模型得出市场需求、循环累计因果和外部效应是产业形成集聚的原因。

另外，目前产业集聚水平的测算方法也较为成熟，学术界从不同的角度提出了多种测算产业集聚的方法，主要有行业集中度（以下简称 CR 指数）、赫芬达尔指数（双下简称 H 指数）、赫芬达尔-赫希曼指数（以下简称 HH 指数）、胡佛指数（以下简称 Hoover 指数）、区位熵指数（以下简称 LQ 指数）、空间基尼系数（以下简称 G 指数，Krugman，1991）、地理集中指数（以下简称 EG 指数，Ellison 和 Glaeser，1997）等。

产业集聚理论强调产业在某一区域空间的集聚，产业链的节点是不同的产业和企业，因此可以通过产业链来表达产业集群内部各企业之间的关系。此外，产业链的组成部门往往相对集中，这使得产业链具备产业集群的空间集聚性和专业化的特征，因此，在一定程度上，产业集聚是产业链空间分布的一种重要表现形式。

四、高质量发展理论

高质量发展是我国特有的提法，2012 年，党的十八大报告提出要不断提高经济发展质量和效益；2017 年，党的十九大报告指出我国经济已由高速增长转向高质量发展；2020 年，中央政治局会议明确指出我国已进入高质量发展阶段。可见，"十四五"期间以及未来更长一段时间，高质量发展理念将是我国建设的指导思想，全面推动高质量发展将是我国一切政治、经济、社会、文化和生态建设的主要战略目标。

当前，我国已进入中国特色社会主义新时期，主要社会矛盾已经转变为人民日益增长的美好生活需要和不平衡不充分的发展之间的矛盾，高质量发展理念就是为了解决新的主要社会矛盾，站在新的时代起点上，推动我国社会主义现代化建设的顶层设计。当前，国际形势动荡，中美大国博弈加剧，新冠疫情对全球的影响持续，俄乌军事冲突造成全球能源和粮食危机，世界面临着百年未有之大变局，可以说，实现高质量发展，做好发展过程中"质量"和"数量"的有机统一，是抢占百年未有之大变局战略高点的重要手段，是满足人民对美好生活需要的根本途径（张军扩等，2019）。

习近平总书记指出，高质量发展，就是能够很好满足人民日益增长的美好生活需要的发展，是体现新发展理念的发展，是创新成为第一动力、协调成为内生特点、绿色成为普遍形态、开放成为必由之路、共享成为根本目的的发展。① 创新、协调、绿色、开放和共享既是高质量发展的内在要求，也是判断是否实现了高质量发展的评价标准。实现高质量发展必须坚持质量第一、效益优先，实现质量、效率、动力三大变革，不断提高全要素生产率，着力加快建设实体经济、科技创新、现代金融、人力资源协同发展的产业体系，着力构建市场机制有效、微观主体有活力、宏观调控有度的经济体制，不断增强我国经济创新力和竞争力（余泳泽和胡山，2018）。

高质量发展是一种综合的、全方位的发展。第一，要素配置效率要高，供给、需求和配置实现统一；第二，科技创新水平高，创新要素取代传统要素成为发展的动力源泉；第三，各方面的现代化均衡发展，经济建设、政治建设、文化建设、社会建设、生态文明建设五位一体，协调推进；第四，区域协调发展，南北、东西、城乡不平衡问题得到有效缓解，乡村振兴事业取得突破；第五，成果共享公平，社会各阶级财富差距保持在合理区间内，全体人民共享发展成果，共同富裕目标稳步推进。

当前，我国产业链面临着"不稳、不强、不安全"的发展问题，全球产业链调整是推动百年未有之大变局的深层次因素。"十四五"规划明确指出要提升产业链现代化水平，推动高质量发展，产业链现代化既是实现高质量发展的重要抓手，也是适应高质量发展的要求，构建新发展格局的重要一环。

五、产业链现代化的理论体系

产业分工是产业链形成的重要原因，产业关联是产业链的实质，是产业链测度的重要理论依据，产业集聚是产业链空间分布的重要表现形式。产业分工理论、产业关联理论和产业集聚理论在各自的发展过程中，与产业链的研究内容相互渗透，并促使产业链的理论研究不断深入和拓展。产业分工理论、产业关联理

---

① 习近平：《开创我国高质量发展新局面》，《人民日报》2024 年 6 月 16 日。

论和产业集聚理论是产业链基本理论的重要组成部分和支撑，而高质量发展理论是新时代和新阶段一切经济建设的根本指导思想和内在要求，产业链三大基础理论结合高质量发展理论就构成了产业链现代化的理论体系，可以说，产业链现代化就是要在高质量发展理念的指导下，提高产业链水平（见图1-7）。

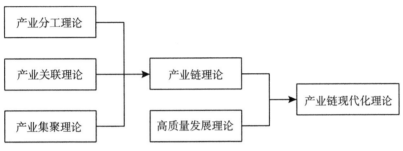

图 1-7　产业链现代化的理论体系

第二章

产业链政策的量化评价研究

在我国的经济体制下，产业政策是政府进行经济宏观调控的有力工具，因此，产业链现代化的建设离不开国家政策。产业链现代化的概念提出后，我国在中央和省级层面均出台了较多关于产业链现代化建设的政策，这些政策能够在很大程度上影响我国产业链现代化的进程，因此采用政策文本分析的方法对产业链政策进行挖掘具有重要意义。一是可以发现各地区产业链政策的关注重点以及近些年来产业发展重点的变化情况；二是对产业链政策进行科学的量化评价可以发现产业链现代化背景下产业链政策存在的缺陷和不足，进而提出有针对性的政策改进和优化建议。为此，本章将产业链现代化目标提出后的 47 项产业链专项政策和 121 项非产业链专项政策作为研究对象。首先，对 168 项政策进行政策工具分析；其次，通过词频统计、共词分析和聚类分析等文本挖掘方法对政策文本进行剖析；再次，将政策文本按照是否为专项政策、政策发布地区和政策发布年份进行划分，并通过 LDA 主题模型对政策文本进行主题异质性分析，探究各个时间段和各个地区产业链政策的关注重点；最后，根据政策文本挖掘结果，搭建基于 PMC 指数的产业链政策评估指标体系，使用 PMC-AE 指数模型计算 PMC-AE 指数并对产业链政策进行量化评价，并通过构建 PMC 曲面给出政策优化路径和有针对性的政策改进建议。

第一节 研究方法与数据来源

当前，对于政策的评价主要分为事前评价和事后评价两类。事前评价是对政策内容的合理性和全面性进行评估，而事后评价则是对政策实施的效果进行评价。本书主要针对政策内容进行事前评价，而政策事前评价又可从政策工具视角和 PMC 指数视角展开。在政策工具视角方面，刘云等（2017）基于该视角，使用文献研究法和内容分析法对我国在"十二五"时期发布的国家创新体系国际化政策进行分析；徐硼和罗帆（2020）采用政策工具方法对我国科技创新政策进行内容分析，研究发现我国科技创新政策在政策工具的运用层面仍以环境型政策为主，应加强供给和需求方面的工具使用；甘宇慧（2021）基于 Howlett 和 Ramesh 政策工具分类方法，对我国科技人才评价政策进行分析，研究发现我国科技人才评价政策工具的使用以政府决策为主，社会力量参与程度较低，政策工具使用量呈递增趋势。

PMC 指数（Policy Modeling Consistency Index）是 Estrada（2011）提出的一种较为科学的政策文本量化评价方法，Estrada 认为在进行政策评估时应尽可能地考虑所有的变量，即二级指标的数量不应该加以限制并且权重相同。PMC 指数在国内外政策量化方面的应用也较为丰富。张永安和郄海拓（2018）采用 PMC 指数模型对 2017 年的十项创新政策进行量化评价；Kuang 等（2020）利用 PMC 指数对中国 8 项耕地保护政策进行量化评价；Li 等（2021）利用 PMC 指数对 2007—2020 年中国猪肉产业政策进行评价；成全等（2021）围绕 2006—2019 年国家出台的原始性创新政策文件，建立 PMC 指数模型与主题模型，研究发现我国发布的原始性创新政策文件类型丰富、内容全面，以创新资源供给型政策为主，但仍存在监督评估等方面的问题。

综上所述，我们可以发现：第一，基于 PMC 指数的政策评价方法较政策工具方法而言，考虑的因素更全面；第二，PMC-AE 方法能够很好地解决原始 PMC 框架中各指标等权的问题；第三，学术界尚未基于政策视角对产业链现代化展开研究。

一、研究方法

（一）语义分析

共词分析法由 Callon 提出，基本原理是通过统计各文本中关键词共同出现的情况来刻画关键词之间的关联程度。关键词的关联情况可构成共词网络，共词网络内各个关键词之间的距离以及相互之间连接的线条数量能够直观体现各个关键词所代表的主题之间的联系情况。共词网络常被用来分析文本的研究主题和关注热点。

关键词的选取主要有两种方法。一是指标筛选法，主要指标有词频数、节点中心性（Choi J，2011）、g 指数（杨爱青等，2012）和词共现强度（李树青和孙颖，2014）等；二是模型筛选法，如词汇链模型（叶春蕾和冷伏海，2013）、K-core分解（Zhu，2013）。在共词信息的处理上，常用的统计学方法有聚类分析、关联规则、因子分析和贝叶斯分类等。一般通过绘制社会网络图来展现共词网络。

（二）LDA 主题分析

Blei（2003）首次提出了潜在狄利克雷分配（Latent Dirichlet Allocation，LDA）模型，LDA 主题模型认为一篇文档的生成先是通过一定的概率选择了某个主题，然后从这个主题中以一定的概率选择了某个词语。LDA 模型目前被广泛地应用于科研文献主题挖掘、政策主题分析和用户评论主体提取（杨慧和杨建林，2016；王婷婷等，2017；梁继文等，2021）。

$$P(w_i \mid d_j) = \sum_{s=1}^{k} \left(P(w_i \mid z = s) \times P(z = s \mid d_j) \right) \tag{2-1}$$

其中，$P(z = s \mid d_j)$ 表示词 w_i 属于主题 s 的概率，$P(w_i \mid z = s)$ 表示主题 s 出现在文档 d_j 中的概率。

（三）PMC-AE 指数模型

PMC-AE 指数模型是由 PMC 指数模型与自编码（AE）技术相融合得到的政策评价分析方法。PMC 指数模型最早是由 Estrada（2010）提出的一种政策量化评估方法。Estrada 认为事物之间互相影响、互利共生，存在着紧密联系，所以在研究过程中不能忽略任何对模型搭建有影响的因素。PMC 指数模型能够较为客观地反映政策的优劣，是当前国内外政策评价的主要方法之一。基于 PMC 指数的政策评估一般分为以下 5 步：第一，构建 PMC 评价指标体系；第二，给每一个二级指标打分，每个指标可以取值 0 或 1；第三，计算各一级指标的得分，即一级指标下的各二级指标的算数平均值；第四，计算 PMC 指数，即各一级指标得分之和；第五，绘制 PMC 曲面图。

自编码（Auto Encoder）是一种数据压缩算法，是一种利用反向传播算法使得输出值等于输入值的神经网络，属于非监督学习。首先将输入的数据压缩到隐藏层，然后再通过解压的方式得到输出层的数据，通过多次循环，使输入层与输出层的差异达到最小，从而得到相应的权重矩阵（见图 2-1）。

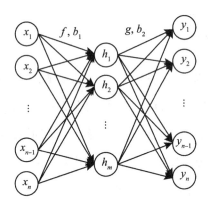

图 2-1　自编码器图示

PMC-AE 指数模型与传统 PMC 指数模型的区别在于 PMC 指数计算的部分，传统 PMC 指数的计算是首先通过线性平均的方法得到各一级指标的得分，然后通过各一级指标求和得到政策总分。而 PMC-AE 指数模型在指数计算方面采用自编码技术，各项政策二级指标通过自编码技术融合得到一级指标得分，各项一级指标再次通过自编码技术融合得到政策总分。

二、数据来源

本书通过网络爬虫和人工搜索相结合的方式获取我国国家级和省级层面出台的产业链政策文件。爬虫关键词为"产业链""供应链""链长制"和"意见""措施""通知""规划""方案"的组合，爬虫网站为国务院和 31 个省市区政府门户网站、北大法宝数据库、锐研数据库和国研网政策数据库。人工对收集到的产业链政策进行筛选和梳理，将产业链政策分为产业链专项政策和产业链非专项政策，将产业链非专项政策中至少包含一段产业链相关内容的政策保留，将仅涉及部分产业链关键词的非专项政策予以剔除。本书进一步对产业链政策进行数据清洗，将获取的政策文件以纯文本形式存储。最终，本书得到我国2019—2021年发布的168项产业链政策，其中包含47项专项政策和121项非专项政策。

第二节　产业链政策数量及政策工具分析

一、政策数量分析

本书研究的对象为47项产业链专项政策和121项非专项政策。其中国家级政策共有11项，均为专项政策，省级政策157项。按照政策发布区域进行划分可以看出，东部地区政策发布数量最多，共发布76项产业链政策，占省级政策的48.4%；中部地区发布41项产业链政策，占省级政策的26.1%；西部地区发布的产业链政策数量为40个，占省级政策的25.5%。东部地区经济水平较为发达，产业链较为完善和成熟，且东部地区对于产业链的发展普遍比较重视，而中部和西部地区的产业发展基础较东部地区有不小差距，中部和西部地区政策发布数量比较接近。

按照政策发布年份进行划分可以看出，2019年发布了产业链政策21项，占全部产业链政策的12.5%；2020年发布了产业链相关政策61项，占全部产业链政策的36.3%；2021年发布了86项产业链政策，占全部产业链政策的51.2%，产业链政策发布数量呈现逐年增加的趋势（见图2-2）。自2019年产业链现代化的目标提出后，不论是国家层面还是省级层面都越来越重视产业链现代化建设，各省均在"十四五"规划中对本地区的产业链现代化的建设作了布局，如支持产业链龙头企业发挥作用、设置产业链链长制等。只有提高产业链现代化水平，才能在经济发展"逆全球化"的情况下，实现我国经济的高质量发展。

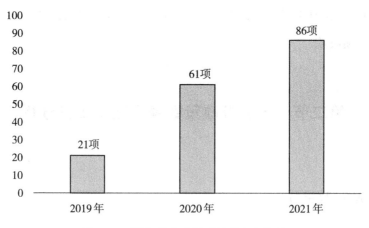

图 2-2　不同年份产业链政策的发布数量

二、政策工具分析

政策工具是指政策发布单位为实现既定目标而运用的政策措施。根据Rothwell 和 Zegveld（1985）的政策工具理论，本书将产业链政策划分为供给型、需求型和环境型。不同类型的政策工具作用不同，其中供给型政策工具表现在政府通过各种形式的支持促进产业链现代化水平的提升，具体细分为基础建设、科技创新、金融支持和资金投入等。需求型政策工具表现在政府着眼于市场需求的培养和刺激，通过扩大内需、刺激需求来促进产业链现代化，具体包括政府采购、用户补贴、示范工程和市场塑造等。环境型政策工具注重对产业链现代化建设环境的优化，从而间接提高产业链现代化水平，具体可分为目标规划、法规管制、产权保护、税收优惠和程序规范等。通过对 168 项产业链政策文本内容进行分析，本书对各项政策的政策工具类别进行分类，结果如表 2-1 所示。

表 2-1　　　　　　　　　　　　政策工具使用情况

工具类型	工具名称	小计
供给型	基础建设	10
	科技创新	14
	金融支持	12
	资金投入	15
需求型	示范工程	8
	市场塑造	7
环境型	程序规范	12
	监管到位	6
	税收优惠	3
	目标规划	81

　　在产业链现代化的三大政策工具中，运用最为广泛的是环境型政策工具，在全部政策中的占比为 60.71%，而其中目标规划类政策工具运用得最多，在环境型政策内的占比为 79.41%，在所有政策内的占比为 48.21%，说明我国产业链政策的制定仍以目标规划为主，这与当前我国产业链现代化建设过程刚起步有关。我国产业链现代化的建设尚处于起步和探索阶段，因此政策的发布以目标规划类为主。供给型政策的占比为 30.35%，其中，资金投入政策工具的占比最大，为 29.41%；其次为科技创新，占比为 27.45%；而专门涉及人才培育的政策工具未被使用。需求型政策工具占比最低，为 8.94%，在需求型政策工具中示范试点工具和市场塑造工具的占比相近，政策采购这种具有直观引导意义的政策工具未被采用。可以发现，当前我国产业链现代化的相关政策以环境型政策为主，且大部分是目标规划类政策，对需求型政策的重视程度不够，特别是政府采购方面的政策。在后续产业链政策的制定过程中应该着重注意补充这一方面的政策。另外，人才培育和知识产权保护的相关政策也需要补充。

第三节　产业链政策内容挖掘

本书收集的产业链政策包含专项政策与非专项政策，这两种不同类别的政策虽然都涵盖推进产业链现代化发展的内容，但关注重点有所差异，因此在后续的词频分析、关键词共词分析和聚类分析中，本书将会从专项政策和全部政策两个视角出发进行分析；对政策文本内容主题进行挖掘时，本书将在上述两个视角的基础上进行地区和年份的异质性分析。

一、政策词频分析

词频分析的关键是词频统计，词频统计需要对文本内容进行分词处理。本书采用 Python 中的 jieba 库对产业链政策文本进行分词。由于产业链领域存在部分与产业链相关的专业词汇，在人工阅读全部 168 篇产业链政策文本后，本书构建了由产业链专业词汇组成的词典作为 jieba 分词词典的补充，词典内容包括"产业集聚""价值链"和"链长制"等词语；在停用词处理上，将哈尔滨工程大学、四川大学和百度的停用词表进行汇总作为本书分词的停用词表；由于"推进""推动""提升"等机关公文常用动词和"特别""非常"等程度副词以及"一批""万吨""亿元"等量词没有明显的政策含义，本书在分析中予以剔除。本书最终得到的产业链政策的关键词表和词云图如表2-2和图2-3所示。

表 2-2　　　　　　　　　　　　产业链专项政策词频统计结果

词汇	词频	词汇	词频	词汇	词频	词汇	词频
产业链	1492	技术	331	制造	213	资源	172
发展	1162	工业	296	政策	208	经济	171

续表

词汇	词频	词汇	词频	词汇	词频	词汇	词频
企业	1036	材料	294	机制	205	市场	170
产业	836	服务	278	基地	205	鼓励	169
建设	737	生产	263	体系	204	水平	167
项目	536	供应链	260	投资	193	优势	166
重点	527	培育	228	中心	178	能力	166
创新	365	核心	227	改革	177	合作	165
产品	356	配套	223	信息化	176	研发	165
农业	341	平台	216	融资	176	物流	157

图 2-3　产业链专项政策词云图

　　根据表 2-2 和图 2-3 可以看出，"产业链"和"发展"是产业链专项政策中的核心词汇。除此之外，产业链专项政策还涉及创新、服务、生产和制造等内容，涵盖农业和工业等层面，企业和市场则是其重点关注对象。政策的重点在于突出产业链发展的重要性，通过对于产业链龙头企业的重点关注以及对中小型企业的融资鼓励，促进产业链现代化在农业和工业等领域迅速发展，从而保障我国经济的高质量发展。

　　全部 168 项产业链政策的词频统计和词云图分别如表 2-3 和图 2-4 所示。

表 2-3　　　　　　　　　　　　产业链全部政策词频统计结果

词汇	词频	词汇	词频	词汇	词频	词汇	词频
发展	9393	工业	2307	领域	1764	能力	1471
建设	7154	体系	2187	改革	1740	市场	1430
企业	7153	平台	2167	鼓励	1738	合作	1418
产业	4984	机制	2111	政策	1620	绿色	1415
创新	4382	金融	2073	制造	1618	智能	1349
服务	3597	科技	2015	生产	1598	国际	1329
重点	3295	培育	1990	中心	1573	责任	1298
产业链	2731	农业	1892	物流	1521	区域	1294
技术	2415	产品	1881	研发	1482	农村	1256
项目	2378	经济	1844	资源	1478	基地	1252

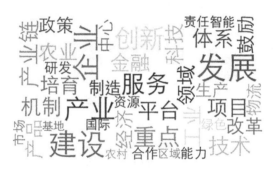

图 2-4　产业链全部政策词云图

根据全部政策的词频统计结果可以发现，由于全部政策中非专项政策占比较大，而产业链建设内容只是非专项政策中的一部分，因此在词频统计的结果中，产业链的词频排名有所下降，但在全部政策中，"发展""创新"和"服务"的词频排名仍在前列，"发展是第一要务，创新是第一动力"的理念在产业链政策文件中得到了显著体现。工业和农业的词频排名也较为靠前，说明我国农业和工业产业链是产业链现代化建设的重点领域。相比专项政策词频统计结果，"企业"这个词汇的排名没有发生变化，说明企业是我国经济发展的支柱，只有"大企业顶天立地，小企业铺天盖地"，才能在经济下行的压力下，保证我国经济持续稳定地发展。

二、政策语义分析

共词分析又称关键词共现分析，它是对文本资料中关键词共同出现的次数进行分析。本书利用 Python 构建产业链政策文本的关键词共词矩阵，其中关键词选取上文词频统计前 40 的词语，并使用 Network 库来实现共现网络的可视化。为进一步探究政策主题之间的关系及特征，将共词矩阵经过 Ochiia 系数处理转化为相关矩阵后，本书使用 Ward 层次聚类分析对关键词进行聚类，依据每个聚类群组包含的关键词信息对政策文本隐含的信息进行挖掘，聚类分析同样采用 Python 来实现。

通过专项政策的共现网络图（见图 2-5）可以看出，产业链专项政策主要围绕产业链、发展、企业和创新展开部署。具体来说，在产业链现代化的目标下，产业链稳定发展是关键，企业是产业链发展的主体，政府需要促进企业信息化建设，金融机构需要更好地为企业提供服务，降低企业的融资贷款难度。另外，市

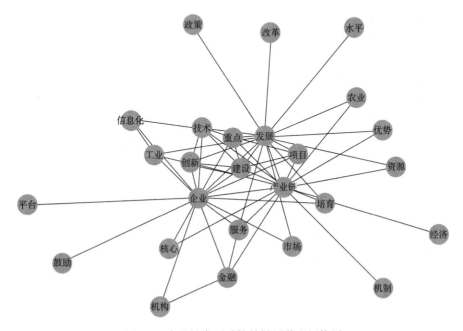

图 2-5　产业链专项政策关键词共现网络图

场是企业发展的载体，政府扩大内需，刺激消费不仅有利于经济的发展，也有利于促进企业的发展。技术创新是产业链和创新链深度融合的重点，是产业链现代化建设的核心。

根据关键词聚类分析的结果（见图 2-6），结合政策文本的内容，产业链专项政策文本关键词可以划分为四大类，分别为产业链要素支撑（包括关键词：经济、金融和发展等）、产业链技术创新（包括关键词：技术、创新和企业等）、产业链数字化（包括关键词：产业链、信息化和市场等）以及产业链政策保障（包括关键词：鼓励和机构等）。

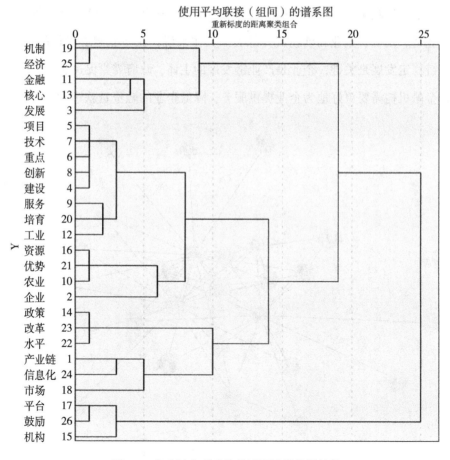

图 2-6　产业链专项政策关键词聚类分析结果

在我国产业链现代化的建设过程中，产业链数字化是重点工作。产业链作为产业之间关联的中间组织，与产业的发展方向息息相关，因此产业链数字化发展极为重要。产业链技术创新是产业链现代化的关键，当前我国核心技术仍然受制于人，需要集中优势资源推动产业链关键的核心技术自主可控，从而打造在全球范围内具有竞争力的产业体系。

为确保产业链现代化建设稳步前进，产业链政策还涉及了产业链要素支撑和产业链政策保障的相关内容。可以看出，我国对产业链现代化建设的政策保障主要体现在金融支撑方面，例如引导金融机构放宽对中小微企业的融资要求，增加对大型企业的中长期投资，保障产业链中企业的发展，促进产业链现代化的建设。

由共现网络图（见图 2-7）可以看出，全部 168 项产业链政策文本的主要关键词是"发展""企业""创新""技术"和"项目"。在全部 168 个政策中，产业链专项政策的占比较少，因此在全部政策的共现网络图中，产业链三个字不再

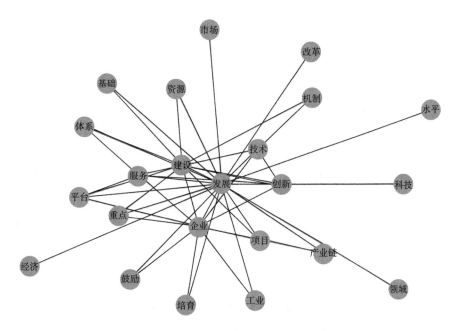

图 2-7　产业链全部政策关键词共现网络图

处于中心位置，而是成为企业与发展之间的联系，提高产业链现代化水平不仅能够保障企业稳定发展，还能促进我国经济高质量增长。技术、创新和发展三个关键词紧密相连，科学技术是第一生产力，创新是引领发展的第一动力。企业仍是承接发展、技术和创新的重要载体，只有政府加大对产业链重点企业的扶持力度，给予中小微企业融资优惠，扩大市场内需以及促进企业创新能力的提升，我国产业才能摆脱处于价值链中低端位置的处境。

由聚类分析的结果（见图 2-8）可以看出，产业链的全部政策文本的关键词可分为四大类，分别为要素市场保障（包括关键词：经济、市场、工业和产

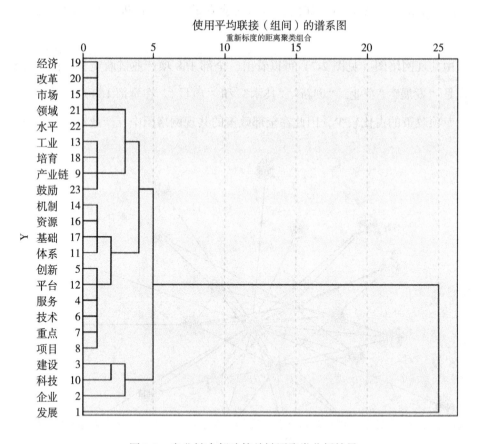

图 2-8　产业链全部政策关键词聚类分析结果

业链)、创新体系建设（包括关键词：创新、体系、服务、项目和技术）、科技型企业扶持（包括关键词：企业、科技与建设）以及单独归为一类的发展。发展是解决我国一切问题的基础与关键，技术创新是经济高质量发展的核心，要素市场保障则是经济高质量发展的重要基础。只有保障市场要素的充分供给，企业才能在市场中享受公平竞争，从而进一步激发全社会的创造力和市场活力。

三、政策主题分析及异质性考察

LDA 主题模型可以进一步挖掘产业链政策的主题。本书按照是否为产业链专项政策、政策发布区域和政策发布年份，对全部 168 项政策进行分类，其中通过是否为产业链专项政策将政策划分为专项政策与全部政策两类，通过政策发布区域将政策划分为东中西三大区域，通过政策发布年份将政策划分为 2019 年、2020 年和 2021 年三类。

本书使用 Python 中 pyLda 库对产业链政策进行 LDA 主题模型的异质性分析，在 LDA 主题模型的构建过程中，使用 TF-IDF（Karen SparckJones，1973）构建词频逆文档矩阵，模型的迭代次数为 100 次。另外，本书依据困惑度（Blei，2006）和一致性得分（Roder，2015），结合政策内容将东部地区的政策主题数设置为 5，其余类别的政策主题数均设置为 3。LDA 模型生成的主题是一系列词语的聚合，主题只与前几个关键词高度相关，为了更好地提炼政策主题，本书在每个主题中只提取 4 个关键词。

专项政策和全部政策异质性分析结果如表 2-4 所示。根据对各主题下关键词含义的理解，本书将产业链专项政策的三个主题分别命名为农业发展、贸易发展和政策保障。其中，农业发展主题中的主要关键词为农业、粮食和渔业，农业发展是产业链建设的重点内容；贸易发展主题中的关键词为自贸、商贸和招商，贸易是促进商品交易和经济发展的重要手段，对于产业链的稳定发展至关重要；政策保障主题中的主要关键词为链长、分工负责和责任，政策保障主题主要强调政府相关部门要通过实施链长制等政策来推进产业链现代化的建设。

表 2-4   不同类型的产业链政策主题

	主题	关 键 词			
专项政策	农业发展	农业	粮食	农产品	渔业
	贸易发展	自贸	商贸	招商	供应链
	政策保障	链长制	分工负责	链主	责任
全部政策	数字创新	数字化	智能化	人工智能	创新
	农业发展	农机	农业	农产品	粮食
	贸易发展	商贸	招商	自贸	内销

本书结合关键词含义将产业链全部政策的三个主题分别命名为数字创新、农业发展和贸易发展。数字创新主题的主要关键词是数字化、智能化和创新。数字产业是近些年来快速成长起来的新兴产业，在数据成为新的生产要素的背景下，我国产业链现代化政策也需要包含提高产业链数字化水平的相关内容。农业发展主题包括的主要关键词为农机、农产品和粮食。农业是我国经济发展的重要基石，全面推进乡村振兴是"十四五"时期的重要工作，因此农业产业链现代化是我国产业链现代化的重要组成部分。贸易发展包括的关键词为商贸、招商和自贸。贸易是产业链上各环节分工合作和商品生产流通的重要保障。

产业链专项政策与全部政策的主题有所差别，但二者的政策内容均强调农业发展和贸易发展，相较而言，产业链专项政策的内容更多的是强调企业在产业链现代化建设中的角色分工以及政府政策保障的重要性，而全部政策则更多的是强调数字经济的发展。

紧接着，本书使用 LDA 主题模型对东部、中部和西部三个地区进行政策主题异质性分析，如表 2-5 所示。

表 2-5　　　　　　　　　　不同地区的产业链政策主题

	主题	关　键　词			
东部	农业现代化	农机	机械化	农业	农村
	政策保障	链长	分工负责	复工	职责
	贸易发展	内销	贸易	出口	中小企业
东部	产业数字化	高新区	智能	数字化	制造
	制造业发展	建筑业	制造业	制造	产业强链
中部	产业创新	人工智能	智能	创新	科技
	农业经济	粮食	农产品	加工	农业
	贸易发展	招商	复工	复产	商贸
西部	政策保障	分工负责	链主	职责	牵头
	数字经济	跨境	电商	贸易	高新区
	重点产业建设	煤电	集成电路	藏羊	新能源

　　根据 LDA 主题模型分析结果，结合关键词的含义和政策内容，本书将东部地区的产业链政策的各主题分别命名为农业现代化（包括农机、机械化等关键词）、政策保障（包括链长、分工负责等关键词）、贸易发展（包括内销、贸易等关键词）、产业数字化（包括智能、数字化等关键词）和制造业发展（包括制造业、产业强链等关键词），将中部地区的产业链政策各主题分别命名为产业创新（包括人工智能、创新等关键词）、农业经济（包括粮食和农产品等关键词）和贸易发展（包括招商、商贸等关键词），将西部地区的产业链政策各主题分别命名为政策保障（包括分工负责、链主等关键词）、数字经济（包括跨境、电商等关键词）和重点产业建设（包括集成电路、新能源等关键词）。

　　可以看出，东部、中部和西部的产业链政策强调的方向有所不同。东部地区的产业链政策强调推进农业现代化生产、龙头企业建设在产业链中的重要性、链长制等产业链现代化政策保障、贸易发展以及产业数字化发展；中部地区的则主要强调产业创新、农业发展和贸易流通等方面；西部地区涉及产业链的政策主要关注本地特色产业发展，企业与政府职责和数字经济发展。东部地区经济发展水平较高,产业链政策关注较多的是农业现代化的推进、制造业的发展、企业数字化转型。此外,东部地区企业实力较强,"链主"型企业和"专精特新"企业较多,需要充分发挥龙头企业的带动作用,推动产业链整体水平的提高,因此东部地区产业链政策对于政策保障的内容也强调的较多。中部地区是重要的粮仓,农业产业链现代化的建设是中部地区产业链现代化的重要组成部分,中部地区产业链政策尤其强调保障农产品的稳定。西部地区产业链政策更多关注本地特色产业的发展,这与西部地区的经济发展水平和地理环境有关,西部地区大多地处内陆,经济发达程度和交通运输能力与东中部地区差距明显,但西部地区的矿产资源和农畜资源极其丰富,这是西部地区产业链发展的重点,西部地区的政策也十分强调链长制等政策保障的重要性。另外,数字产业链的建设也是西部地区产业链政策的重点内容。例如,作为经济欠发达地区,贵州充分利用互联网普惠技术和得天独厚的气候条件,使数字经济的建设走在了全国前列,成为"样板"。

接下来,本书使用 LDA 主题模型对不同年份的产业链政策进行分析,如表2-6 所示。

表 2-6   **不同年份的产业链政策主题**

	主题	关　键　词			
	农业现代化	农业	农机	机械化	装备
2019 年	重点产业建设	不锈钢	材料	煤电	渔业
	产业协同	分工负责	协同	创新	金融服务
	复工复产	复工	复产	自贸	内销
2020 年	农业现代化	农业	农村	机械化	农机
	数字经济	跨境	电商	智能化	开发区
	农业发展	农业	农村	粮食	奖励
2021 年	产业数字化	数字化	智能	高新区	制造
	政策保障	链主	分工负责	职责	链长

本书将 2019 年产业链政策的各主题分别命名为农业现代化（包括农业、农机等关键词）、重点产业发展（包括不锈钢、材料等关键词）和产业协同（包括协同、创新等关键词），将 2020 年产业链政策的各主题分别命名为复工复产（包括复工、复产等关键词）、农业现代化（包括机械化、农机等关键词）和数字经济（包括跨境、电商等关键词），将 2021 年产业链政策的各主题分别命名为农业发展（包括农业、农村等关键词）、产业数字化（包括数字化、智能等关键词）和政策保障（包括链主、职责等关键词）。

产业链政策主题具有明显的时间特征。2019 年发布的政策主要强调农业现代化、产业协同和支持重点产业发展建设等方面；2020 年则主要强调复工复产、农业现代化以及数字经济等方面；而 2021 年发布的政策则转向农业发展、产业数字化发展与政策保障三个方面。农业发展是这几年产业链政策中的共同内容，农业稳定对于产业链的稳定而言意义重大。2019 年产业链建设的重点是产业链上下游的协同分工和协同创新；2020 年，数字经济的重要性进一步突出，产业数字化是产业链建设的重点；2021 年，制造业企业数字化转型被更多地提及。

2021 年，我国全面推进产业链现代化建设，产业链政策保障至关重要，为全方位推进产业链现代化水平的提升，产业链链长制度开始大面积推进，大部分省份都制定了产业链链长制，因此政策保障是 2021 年产业链政策的重要内容。

第四节　产业链政策的量化评价

一、样本政策的选取

为进一步评估产业链政策的优劣性，本书使用 PMC-AE 指数模型对产业链政策文本进行量化评价。在 168 份涉及产业链的政策中，由于产业链的内容仅是产业链非专项政策的一部分，因此本书后续分析的样本政策均在产业链专项政策内进行选取，充分考虑 47 项专项政策的发布时间、政策完整程度、政策发布级别和政策发布区域等因素后，本书选取了 8 项具有代表性的样本政策，其中国家层面政策有 1 项，省级层面政策有 7 项。具体政策信息如表 2-7 所示。

表 2-7　　　　　　　　　　待评估的政策样本信息

政策代码	政策名称	发布部门	发文时间
P1	甘肃省打好产业基础高级化产业链现代化攻坚战 2021 年工作要点	甘肃	2021 年 3 月 25 日
P2	关于坚持三链同构加快推进粮食产业高质量发展的意见	河南	2020 年 6 月 15 日
P3	湖北省制造业产业链链长制实施方案（2021—2023 年）	湖北	2021 年 4 月 30 日
P4	实施产业链链长制工作方案的通知	江西	2020 年 4 月 28 日
P5	关于加快农业全产业链培育发展的指导意见	农业农村部	2021 年 5 月 26 日
P6	提升全省重点产业链发展水平若干政策措施的通知	陕西	2021 年 8 月 30 日
P7	江苏省产业强链三年行动计划（2021—2023 年）的通知	江苏	2020 年 12 月 19 日
P8	浙江省实施制造业产业基础再造和产业链提升工程行动方案（2020—2025 年）	浙江	2020 年 8 月 17 日

二、PMC-AE 指标体系的构建

PMC-AE 指数模型在政策评价方面的优势在于可以从多个角度评估某项政策。结合前文对于产业链政策的文本挖掘结果、产业链政策的具体内容以及 PMC 指数本身的特点，本书构建了基于 PMC-AE 指数的产业链政策评价指标体系。具体构建流程如下：首先，根据 Estrada（2010）的观点，本书共设置 9 个一级指标，分别为政策性质（X_1）、政策时效（X_2）、政策级别（X_3）、政策领域（X_4）、政策客体（X_5）、政策内容（X_6）、政策激励（X_7）、政策评价（X_8）和政策功能（X_9）；其次，通过前文对产业链政策进行文本挖掘得到的关键词、共现网络和主题分布的分析结论，本书对政策领域（X_4）、政策内容（X_6）、政策激励（X_7）和政策功能（X_9）下的二级指标进行设置；再次，通过借鉴赵立祥和汤静（2018）以及王霆和刘玉（2021）的研究，对政策性质（X_1）和政策评价（X_8）进行二级指标的设置；最后，通过对产业链政策内容的分析，确定政策时效（X_2）、政策级别（X_3）和政策客体（X_5）下的二级指标。最终本书构建了包含 9 个一级指标、41 个二级指标的基于 PMC-AE 指数的产业链政策评价指标体系。具体一级指标和二级指标的设置如表 2-8 所示。

表 2-8　　　　　　　　　　产业链政策评价指标体系

一 级 指 标	二 级 指 标
政策性质 （X_1）	预测（X_{11}）
	监管（X_{12}）
	建议（X_{13}）
	引导（X_{14}）
	描述（X_{15}）
政策时效 （X_2）	长期（X_{21}）
	中期（X_{22}）
	短期（X_{23}）
政策级别 （X_3）	国家级（X_{31}）
	省级（X_{32}）
政策领域 （X_4）	经济（X_{41}）
	社会服务（X_{42}）
	技术水平（X_{43}）
	政治（X_{44}）
	环境（X_{45}）

续表

一　级　指　标	二　级　指　标
政策客体 （X_5）	政府（X_{51}）
	企业（X_{52}）
	金融机构（X_{53}）
	科研单位（X_{54}）
	高校（X_{55}）
政策内容 （X_6）	产业链协同创新（X_{61}）
	产业链人才建设（X_{62}）
	产业基础再造（X_{63}）
	数字化产业链（X_{64}）
	绿色产业链（X_{65}）
	产业链开放合作（X_{66}）
	产业链链长制（X_{67}）
	产业链龙头培育（X_{68}）
	产业链供应链稳定（X_{69}）
政策激励 （X_7）	税收优惠（X_{71}）
	金融支持（X_{72}）
	人才激励（X_{73}）
	基础服务（X_{74}）
	财政补贴（X_{75}）
政策评价 （X_8）	依据充分（X_{81}）
	目标明确（X_{82}）
	规划翔实（X_{83}）
政策功能 （X_9）	统筹协调（X_{91}）
	加强监管（X_{92}）
	明确职责（X_{93}）
	市场塑造（X_{94}）

部分二级指标的评级标准如表 2-9 所示。

表 2-9 部分二级指标评价标准

一级指标	二级指标	二级指标评价标准
政策时效	长期	待评价政策是否涉及 3 年及以上的内容，是为 1，否为 0
	中期	待评价政策是否涉及 1—3 年的内容，是为 1，否为 0
	短期	待评价政策是否涉及 1 年以内的内容，是为 1，否为 0
政策领域	经济	待评价政策是否有关经济领域，是为 1，否为 0
	社会服务	待评价政策是否有关社会服务领域，是为 1，否为 0
	技术水平	待评价政策是否有关技术水平领域，是为 1，否为 0
	政治	待评价政策是否有关政治领域，是为 1，否为 0
	环境	待评价政策是否有关环境领域，是为 1，否为 0
政策客体	政府	待评价政策的作用目标是否包括政府，是为 1，否为 0
	企业	待评价政策的作用目标是否包括企业，是为 1，否为 0
	金融机构	待评价政策的作用目标是否包括金融机构，是为 1，否为 0
	科研单位	待评价政策的作用目标是否包括科研单位，是为 1，否为 0
	高校	待评价政策的作用目标是否包括高校，是为 1，否为 0
政策内容	产业链协同创新	待评价政策是否含有产业链协同创新的内容，是为 1，否 0
	产业链人才建设	待评价政策是否含有产业链人才建设的内容，是为 1，否 0
	产业基础再造	待评价政策是否含有产业基础再造的内容，是为 1，否为 0
	数字化产业链	待评价政策是否含有数字化产业链的内容，是为 1，否为 0
	绿色产业链	待评价政策是否含有绿色产业链的内容，是为 1，否为 0
	产业链开放合作	待评价政策是否含有产业链开放合作的内容，是为 1，否 0
	产业链链长制	待评价政策是否含有产业链链长制的内容，是为 1，否为 0
	产业链龙头培育	待评价政策是否含有产业链龙头培育的内容，是为 1，否 0
	产业链供应链稳定	待评价政策是否含有产业链供应链稳定的内容，是为 1，否 0
政策激励	税收优惠	待评价政策是否提供税收优惠，是为 1，否为 0
	金融支持	待评价政策是否提供金融支持，是为 1，否为 0
	人才激励	待评价政策是否含有人才激励的内容，是为 1，否为 0
	基础服务	待评价政策是否含有提供基础服务的内容，是为 1，否为 0
	财政补贴	待评价政策是否提供财政补贴，是为 1，否为 0

三、PMC-AE 指数计算

通过具体的待评价产业链政策，本书对 8 项政策的 41 个二级指标进行二进制打分，之后基于 8 项政策的二级指标得分，使用自编码技术构建三层神经网络模型进行数据融合。数据融合分为两个阶段，首先通过二级指标得分得到各一级指标得分，再通过各一级指标得分得到 PMC-AE 指数。第一阶段的隐藏层和输出层的激活函数分别为 softplus 函数和 sigmoid 函数，损失函数为交叉熵；第二阶段的隐藏层和输出层的激活函数分别为 softplus 函数和 selu 函数，损失函数为均方误差。产业链政策的 PMC-AE 指数结果如表 2-10 所示。

表 2-10　　　　　　　　　　　　产业链政策的 **PMC-AE** 指数

	X_1	X_2	X_3	X_4	X_5	X_6	X_7	X_8	X_9	PMC-AE
P8	4.639	3.179	0.599	6.301	5.991	5.914	1.356	4.883	5.867	12.178
P5	4.324	3.179	4.654	6.223	5.991	4.819	2.301	4.883	1.796	11.458
P3	4.324	0.431	0.599	6.301	8.058	1.862	2.634	4.883	1.796	10.108
P6	2.058	3.179	0.599	5.549	8.058	4.320	1.356	1.004	4.071	9.583
P7	4.324	0.431	0.599	6.301	2.629	5.914	3.208	4.883	1.796	9.048
P2	4.521	3.179	0.599	5.549	2.629	0.366	0.146	4.883	5.867	8.685
P1	4.324	0.525	0.599	6.223	0.975	3.945	2.248	4.883	4.071	8.461
P4	2.058	3.179	0.599	5.549	0.975	6.068	2.248	1.004	4.071	7.233
均值	3.821	2.160	1.106	6.000	4.413	4.151	1.937	3.913	3.667	9.594

由于 PMC-AE 指数模型的政策得分是采用 AE 技术进行数据融合得到的，所以政策最终得分的取值范围不再受限于一级指标的个数，因此传统 PMC 指数模型对政策优劣的划分标准在 PMC-AE 模型中并不适用，但 PMC-AE 得分越高代表该产业链政策评价越高，反之 PMC-AE 指数越小则表明该产业链政策的量化评估等级较低，政策存在较大的改进空间。基于各项政策的具体得分情况，本书将 8

项政策大致分为 3 个等级，其中政策得分在 10 分以上的为优秀级政策，包括浙江（P8）、农业农村部（P5）和湖北（P3）；政策得分在 8~10 分的为良好级政策，包括陕西（P6）、江苏（P7）、河南（P2）和甘肃（P1）；政策得分在 8 分以下的为可接受级政策，包括江西（P4）。

从总体来看，我国产业链政策均得到了较高的评价，体现了各级政府对产业链现代化建设的重视。另外，浙江的产业链政策（P8）得分最高，江西（P4）得分最低。虽然农业农村部（P5）的政策仅针对农业产业链建设，但该项政策包含的内容十分丰富，最终 PMC-AE 指数在八项政策中排名第二，反映出国家十分重视农业产业链现代化建设的问题。此外，东部地区产业链政策平均得分 10.613，高于中部的 8.675 和西部的 9.022。

从各一级指标得分来看，各个政策得分最为接近的是 X_4（政策领域），大部分政策涉及经济与技术水平领域，少部分包含社会服务领域，而对政治和环境领域几乎没有涉及，因此各项政策之间的得分在该一级指标最为接近。各项政策在 X_3（政策级别）、X_5（政策客体）、X_6（政策内容）、X_9（政策功能）指标上的得分差距较大。在 X_3（政策级别）方面，农业农村部（P5）政策为国家级政策，在 PMC-AE 指数融合时，赋予其较大的得分，而其余省级层面政策的得分偏低；在 X_5（政策客体）方面，部分政策涉及了政府、企业、金融机构、科研单位和高校全部政策客体，而一些政策仅涉及政府和企业两个客体，因此政策之间的得分差异较大。在 X_6（政策内容）方面，不同政策的内容差异较大，其中大部分政策均包含产业链协同创新、人才建设和产业基础再造的内容，但也有一部分政策缺少绿色产业链、产业链开放合作和产业链稳定的内容。在 X_9（政策功能）方面，各地在政策中都会体现统筹协调和明确政府职责等政策保障内容，但政策内容中很少体现产业链监管方面的内容，8 项政策中仅有两项政策涉及。

四、PMC 曲面分析

接下来，本书将对几个典型的产业链政策进行具体分析，选取的政策分别为浙江（P8）、农业农村部（P5）、甘肃（P1）和江西（P4）。其中浙江（P8）是得分最高的政策，农业农村部（P5）为国家级政策且得分排名第二，甘肃（P1）

和江西（P4）的政策得分偏低，利用 PMC 曲面对得分偏低的政策进行分析，可以给出这些政策的优化路径，从而为我国产业链现代化政策的制定提供思路和借鉴。

浙江（P8）的 PMC-AE 指数为 12.178，在 8 项政策中排名第一，属于优秀级政策。浙江省早在 2013 年就开展了促进农村中小金融机构更好地服务农业产业链的工作，通过金融支持促进农业产业链的发展。2019 年产业链现代化的目标提出后，浙江积极响应。2020 年 4 月，浙江出台了深化产业链金融服务的政策，更进一步强调提升金融服务，推动产业链现代化建设；2020 年 8 月，浙江出台了促进产业基础再造和提升产业链的专项政策，这是省级层面较早一批出台的产业链现代化专项政策。浙江（P8）的产业链政策以数字安防、集成电路、智能计算等产业链的建设为主要发展目标，通过制造业基础再造、产业链协同创新、全球精准合作补链、工业互联网建链、数字新基建强链等方式开展产业链现代化建设，通过强化人才引领、深化产业链融资畅通、优化要素配置和产业链常态化风险监管等措施保障产业链稳定快速发展。该政策覆盖了产业链现代化的多个方面，因此 PMC-AE 指数最高。

农业农村部（P5）政策的得分为 11.458，在八项政策中排名第二，属于优秀级政策。P5 政策是农业农村部关于农业全产业链发展的政策，也是国家级政策。农业是民生之本，农业产业链是产业链体系的关键环节。2017 年农业部就发布了推动农业产业链创新的相关政策；2021 年农业农村部还连续发布了农业产业链试点工作和典型县建设工作的通知，体现了农业产业链的发展对我国产业链现代化的重要性。农业农村部（P5）的政策坚持以统筹谋划、协同推进、创新驱动、联农带农为基本原则，通过聚焦主导产业、建设原料基地、开展市场营销、推广绿色发展、融合创新链、优化供应链、提升价值链和畅通资金链的方法推动农业全产业链的现代化建设。相比浙江（P8）的政策，农业农村部（P5）政策缺少监管和人才激励方面的内容，但作为针对单个产业的产业链政策，政策内容非常全面。

接下来，本书对八项政策中得分较低的甘肃（P1）和江西（P4）政策进行分析，通过绘制 PMC 曲面图给出具体的政策优化路径。PMC 曲面图有利于直观地显示 PMC 指标体系中各个一级指标的得分情况，可以从多维度视角呈现政策的优点与不足。通过 9 个一级指标构建 3×3 矩阵，PMC 曲面的计算公式如式（2-2）所示：

$$\text{PMC 曲面} = \begin{bmatrix} x_1 & x_2 & x_3 \\ x_4 & x_5 & x_6 \\ x_7 & x_8 & x_9 \end{bmatrix} \tag{2-2}$$

甘肃（P1）的政策 PMC-AE 指数为 8.461，在八项政策中排名第七，属于良好级政策。该项政策是甘肃省制定的 2021 年产业链现代化建设的目标规划类政策。该项政策制定了 2021 年甘肃省产业链发展的年度工作目标，分别为提升产业基础能力、提升产业链现代化水平和完成重大项目投资。由政策具体内容可知，该项政策对于重点产业建设的目标和链长制建设非常明确。通过政策的PMC 曲面图可以看出，该项政策在 X_2（政策时效）、X_5（政策客体）、X_6（政策内容）、X_7（政策激励）方面的得分低于平均分。甘肃（P1）的政策属于年度政策，政策时效 X_2 的得分偏低；在政策客体方面，该政策针对或适用的对象仅限于政府和企业，忽略了金融机构、科研单位和高校在产业链现代化建设中的积极作用；在政策激励方面，仅包含对基础设施建设的激励，缺乏财政补贴、金融支持、人才激励等传统激励措施；在内容方面，该政策考虑到了产业链协同创新、产业基础再造和链长制，但忽略了人才建设、产业链开放合作等内容。可以遵循"制定长远规划—完善政策内容—加强激励"的路径对政策进行优化（见图 2-9）。

江西（P4）的政策 PMC-AE 指数为 7.233，在八项政策中得分最低，属于可接受级政策。该项政策是江西省为应对新冠疫情的不利影响和推动产业链稳步发展而发布的政策。该项政策明确了产业链协同推进、创新提升、融合发展、开放合作和要素保障等十三项重点任务，重点设置产业链链长制。通过政策的 PMC曲面图可以看出，江西（P4）政策在 X_1（政策性质）、X_4（政策领域）、X_5（政策客体）、X_7（政策激励）和 X_8（政策评价）方面的得分较低。在政策性质和政策评价方面，该政策并没有为江西省产业链的发展设定清晰的目标；在政策领域方面，该项政策仅涉足经济和技术水平领域；在政策客体上，该政策忽略了金融机构、科研单位和高校在稳定产业链发展方面的作用；在政策激励上，未考虑金融支持、人才激励和财政补贴等常见政策激励措施。因此可以遵循"明确目标—扩大领域—延伸适用对象—加强激励"的路径对政策进行优化（见图 2-10）。

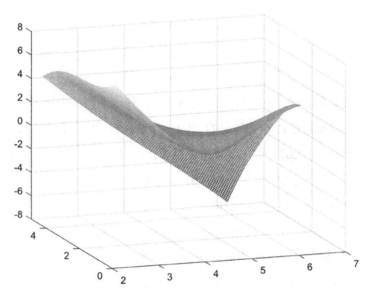

图 2-9 甘肃（P1）产业链政策的 PMC 曲面

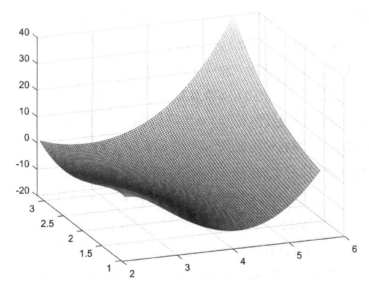

图 2-10 江西（P4）产业链政策的政策 PMC 曲面

第三章
产业链现代化的测度研究

产业链现代化是党中央的重大谋划和战略部署，打好产业链现代化的"攻坚战"，提升产业链现代化水平是保障我国经济健康运行的重要举措和必然要求。改革开放以来，中国迅速嵌入全球产业分工体系，凭借超大规模的市场优势，中国产业链不断趋于完善，但大而不强、全而不优的问题依旧存在。近年来，新冠疫情和中美博弈使得中国产业链不稳定、不安全，因此，对中国产业链现代化水平进行科学测度和全面认识具有重要意义。第二章从政策评估的视角对中国产业链现代化的现状展开了研究。那么，中国产业链现代化处于何种发展水平？优势和短板分别是什么？不同地区发展趋势如何？产业链现代化系统的协调发展情况如何？为了探究中国产业链现代化水平的具体情况，首先，本章基于2011—2019年30个省市区的样本数据，从产业链基础、产业链数字化、产业链创新、产业链韧性、产业链协同、产业链可持续六个维度构建了产业链现代化水平评价指标体系；其次，使用熵权法进行综合评价，并利用熵权-TOPSIS法和逐层纵横向拉开档次法验证评价结果的稳健性；再次，从全国、分区域、分省市三个角度刻画产业链现代化总指数和分指数的横纵演变规律；最后，借助Kernel密度估计和Markov链的方法刻画中国产业链现代化水平的时空演变情况。

第一节　产业链现代化的评价指标体系

一、指标体系构建的基本原则

产业链现代化水平的评价目标是要对什么是产业链现代化和产业现代化水平如何这两个问题作出解答。通过对当前我国各省的产业链现代化水平进行客观评价，不仅要回答出在某一时期内产业链现代化所处的状态，还要探寻形成这种状态的原因是什么。在构建产业链现代化水平指标体系时，应根据产业链现代化的内涵和特征，立足于产业分工理论、产业关联理论、产业集聚理论和高质量发展理论，全面客观地反映我国产业链现代化的状况。根据综合评价理论，产业链现代化水平评价指标体系的构建应该满足如下几个基本原则。

（一）系统性原则

产业链现代化是一个综合复杂的系统，科学测度产业链现代化水平的关键是构建能够合理、全面地反映产业链现代化发展趋势和规律的指标体系。在构建指标体系时，需要综合考虑系统的结构，逐级划分，在深入理解产业链现代化内涵的基础上，尽可能地将能够反映产业链现代化特征的各个因素考虑在内，并选取比较有代表性的指标放入产业链现代化评价指标体系，使得评价结果符合实际情况。在系统性原则的基础上，本书从产业链基础、产业链数字化、产业链创新、产业链韧性、产业链协同和产业链可持续六个维度出发综合衡量产业链现代化水平。

（二）科学性原则

产业链现代化评价指标体系从框架到元素，从每个指标的选取到计算都必须做到科学和合理。必须在深刻理解产业链现代化内涵和特征的基础上，立足产业分工理论、产业关联理论、产业集聚理论和高质量发展理论进行指标体系的构建。另外，科学性原则也意味着在对指标进行赋权时，应该合理设置指标权重，尽可能避免主观判断，因此，本书将采用客观赋权法对我国产业链现代化水平和发展状况进行科学度量和准确刻画。

（三）可比性原则

可比性原则要求产业链现代化水平的总指数、分指数和各基础指标能够进行横向和纵向的比较，其中横向可比指的是不同省份之间的各指标可比，纵向可比指的是不同年份之间的各指标可比。另外，可比性原则还要求各基础指标的口径和计算方式必须标准化和规范化。例如，基础指标原始数据含有价格因素，因此不同年份的数据不能直接比较，需要对原始数据进行价格指数的修正。

（四）可操作性原则

可操作性主要指的是指标体系中各项指标的原始数据是可以获取的，不能存在大面积的数据缺失。当某项指标已经被纳入了产业链现代化评价指标体系，但数据获取存在问题时，应该优先寻找替代指标，若无替代指标，该指标应予以剔除。产业链现代化评价指标体系的原始数据都是宏观经济数据，其一般是由国家统计局或者各地区统计局统计而来，由于各种原因，存在部分指标的数据无法获取或者数据不完整的情形，在实际选择指标的过程中，应尽量选择数据较完整的指标。例如，在产业链韧性维度中，最初被纳入指标体系的是生产性服务业产值、高技术产业产值和战略性新兴产业产值，但由于大部分省市在大部分年份中行业大类的产值数据缺失，因此用主营业务收入和固定资产投资额等指标进行替代。

二、产业链现代化评价指标体系的构建

根据前文界定的产业链现代化的内涵和特征，结合指标体系设计的四大原则，本书从产业链基础、产业链数字化、产业链创新、产业链韧性、产业链协同和产业链可持续六个维度出发进行指标的遴选。

产业链基础主要考察产业链发展的基础条件，既包括传统基建部分，也包括互联网基建部分。传统基建部分的代表是流通能力，流通能力越强，产业链上下游对接就越通畅，具体指标包括公路密度、铁路密度和货物周转量；互联网基建部分的代表是通信支撑能力，信息通信能力越强，产业链上下游之间的数据传输越便捷，具体指标为每万人互联网宽带接入端口数和每万人单位面积长途光链线路长度（史丹和李鹏，2019）。

产业链数字化水平主要考察数字技术在产业链中的应用情况，数字化水平越高，产业链效率越高。本书主要从企业数字化和产业数字化两个维度衡量产业链数字化水平。企业数字化的具体指标为每百人使用计算机台数、每百家企业拥有网站数和有电子商务交易活动的企业占总企业数比重；产业数字化的具体指标包

括电子商务销售额占 GDP 比重、电子信息制造业主营业务收入和电子信息制造业主营业务收入占制造业比重。

产业链创新是产业链现代化的核心，创新水平越高，产业链竞争力越强。本书从创新投入和创新产出两个维度考察产业链创新能力。创新投入方面，主要指标是 R&D 经费内部支出、研发经费投入占 GDP 比重和规模以上工业企业 R&D 人员全时当量；创新产出方面，PCT 国际专利申请量可以较好地反映我国高质量专利的情况，技术市场成交额能够充分反映技术对经济的支撑作用，而规模以上工业企业新产品销售收入占主营业务收入比重可以体现企业创新成果，反映创新对产品结构的调整作用。

产业链韧性主要考察产业抗击风险的能力，包括 3 个维度，即高端引领力、链条控制力和盈利能力。高端引领力主要体现高端产业发展情况和产业升级情况，其中生产性服务业也称知识密集型服务业，能够反映服务业内部结构的优化情况；战略性新兴产业和高技术制造业能够较为充分地代表制造业高端产业的发展。① 产业结构升级是产业高质量发展的必然要求，本书借鉴干春晖等（2011）的研究，用产业结构合理化和产业结构高级化代表产业结构升级的情况。② 链条控制力主要考察产业链的自主控制能力，制造业 500 强企业数量能够体现各地在国内产业链的话语权，跨国公司凭借其积累的技术和市场优势，往往是全球价值链的"链主"（刘志彪，2019）。此外，高价值的品牌也

---

① 关于生产性服务业的分类，本书借鉴陈红霞等（2020）的做法，分为 6 大行业门类，包括批发和零售业，交通运输、仓储和邮政业，信息传输、软件和信息技术服务业，金融业，租赁和商务服务业，科学研究和技术服务业；关于战略性新兴产业的分类，本书借鉴李金华（2017）的研究结论，包括 11 个制造业行业大类；关于高技术制造业的分类，本书参考《高技术产业统计年鉴》的分类标准，分为 6 大行业，包括医药制造业，航空、航天器及设备制造业，电子及通信设备制造业，计算机及办公设备制造业，医疗仪器设备及仪器仪表制造业，信息化学品制造业。

② 产业结构高级化用三产/二产的比重表示，产业结构合理化用泰尔指数表示，计算公式为 $TL = \sum_{i=1}^{n=3} \left(\frac{Y_i}{Y} \right) \ln \left(\frac{Y_i}{L_i} \Big/ \frac{Y}{L} \right)$，其中 Y 为产值，L 为产业就业人员数，i 表示一、二、三产业。

能够在一定程度上左右产业链的发展。盈利能力主要考察产业向价值链中高端迈进的情况，本书具体使用每百元营业收入的成本、每百元资产实现的主营业务收入、规模以上工业企业总资产利润率和规模以上工业企业营业收入利润率来刻画产业链盈利能力。

产业链协同主要考察产业链这个复杂网络内部和外部的协作情况，产业链协作水平越高，产业链运转越有效率。本书主要从 3 个维度来刻画产业链的协同，即金融协同、创新协同和产业协同。金融协同主要体现金融市场对产业发展的支持力度，其可以使产业链韧性更强劲，具体指标是银行业金融机构各项贷款余额；创新协同主要体现产业链主体之间协同创新的情况，具体指标是 R&D 经费外部支出（曹霞等，2020）。产业协同是协同发展的核心，制造业和服务业融合发展可以加快产业升级，对完善我国现代化产业体系、重构全球价值链意义重大（孙正等，2021）。进一步，生产性服务业与制造业空间协同集聚①有利于促进我国全球价值链分工地位的攀升（刘胜等，2020）。

产业链可持续主要考察产业链绿色发展的水平，本书主要从三个维度来衡量产业链可持续水平，即节能生产、污染排放和绿色治理。在碳达峰和碳中和的要求下，提高我国产业链可持续发展水平必须提高能源利用效率，减少工业三废的排放，同时使用绿色设备和绿色工艺，加大对污染物的治理力度。节能生产方面，具体指标是单位地区生产总值能耗、单位工业增加值电耗；污染排放的具体指标是单位工业增加值二氧化硫排放；绿色治理的具体指标是工业一般固定废弃物综合利用率、工业污染治理项目本年完成投资占工业增加值比重。

最终，本书构建了包含 6 个一级指标、15 个二级指标和 41 个三级指标的产业链现代化评价指标体系，如表 3-1 所示。

---

① 本书借鉴张虎等（2017）的做法，采用改进的 EG 指数测度生产性服务业和制造业协同集聚水平。

表 3-1 　　　　　　　　　　　**产业链现代化的评价指标体系**

一级指标	二级指标	三 级 指 标	指标单位	指标方向
产业链基础	流通能力	公路密度	千米/平方千米	正向
		铁路密度	千米/平方千米	正向
		货物周转量	亿吨千米	正向
	通信支撑	每万人互联网宽带接入端口数	个/每万人	正向
		每万人单位面积长途光缆线路长度	千米/（万人×万平方千米）	正向
产业链数字化	企业数字化	每百人使用计算机台数	台	正向
		每百家企业拥有网站数	个	正向
		有电子商务交易活动企业数占总企业数的比重	%	正向
	产业数字化	电子商务销售额占 GDP 比重	%	正向
		电子信息制造业主营业务收入	亿元	正向
		电子信息制造业主营业务收入占制造业比重	%	正向
产业链创新	创新投入	规模以上工业企业 R&D 人员全时当量	人年	正向
		研发经费投入占 GDP 比重	%	正向
		R&D 经费内部支出	万元	正向
	创新产出	PCT 国际专利申请量	件	正向
		技术市场成交额	万元	正向
		规模以上工业企业新产品销售收入占主营业务收入比重	%	正向
产业链韧性	高端引领力	生产性服务业固定资产投资占服务业比重	%	正向
		战略性新型产业主营业务收入	亿元	正向
		战略性新型产业主营业务收入占制造业比重	%	正向
		高技术制造业主营业务收入	亿元	正向
		高技术制造业主营业务收入占制造业比重	%	正向
		产业结构合理化	—	负向
		产业结构高级化	—	正向

续表

一级指标	二级指标	三 级 指 标	指标单位	指标方向
产业链韧性	链条控制力	跨国公司 100 强企业数量	个	正向
		中国制造业 500 强企业数量	个	正向
		中国最具价值品牌数量	个	正向
	盈利能力	每百元营业收入的成本	元	负向
		每百元资产实现的主营业务收入	元	正向
		规模以上工业企业总资产利润率	%	正向
		规模以上工业企业营业收入利润率	%	正向
产业链协同	金融协同	银行业金额机构各项贷款余额	亿元	正向
		银行业金额机构各项贷款余额占 GDP 的比重	%	正向
	创新协同	R&D 经费外部支出	万元	正向
		R&D 经费外部支出占 GDP 比重	%	正向
	产业协同	制造业与生产性服务业协同集聚	—	正向
产业链可持续	节能生产	单位地区生产总值能耗	吨标准煤/万元	负向
		单位工业增加值电耗	千瓦时/万元	负向
	污染排放	单位工业增加值二氧化硫排放	吨/万元	负向
	绿色治理	工业一般固定废弃物综合利用率	%	正向
		工业污染治理项目本年完成投资占工业增加值比重	%	正向

三、数据来源和处理

(一) 数据来源

本书样本来自 2011—2019 年我国 30 个省市区，西藏和港澳台地区由于数据缺失严重予以剔除。公路密度、铁路密度、货物周转量、每万人互联网宽带接入端口数、每万人单位面积长途光缆线路长度、每百人使用计算机台数、每百家企业拥有网站数、有电子商务交易活动的企业占总企业数比重、电子商务销售额、规模以上工业企业 R&D 人员全时当量、产业结构合理化、产业结构高级化、制造业与生产性服务业协同集聚 EG 指数和单位地区生产总值能耗的原始指标数据来自中国国家统计局官网；电子信息制造业主营业务收入、单位工业增加值电耗的原始指标数据来源于国研网；研发经费投入、R&D 经费内部支出、规模以上工业企业新产品销售收入、高技术制造业主营业务收入、每百元营业收入的成本、每百元资产实现的主营业务收入、规模以上工业企业总资产利润率、规模以上工业企业营业收入利润率、银行业金额机构各项贷款余额、R&D 经费外部支出、单位工业增加值二氧化硫排放、工业一般固定废弃物综合利用率和工业污染治理项目本年完成投资占工业增加值比重的原始指标数据来自 EPS 数据库；PCT 国际专利申请量来自国家知识产权局；跨国公司 100 强企业数量和中国制造业 500 强企业数量来自中国企业家联合会；中国最具价值品牌数量来自世界品牌实验室；战略性新型产业主营业务收入来自《中国工业统计年鉴》；生产性服务业固定资产投资来自《中国第三产业统计年鉴》。

(二) 数据缺失的处理

宏观经济统计数据常常存在数据缺失问题，产业链现代化评价指标体系主要存在 3 种类型的数据缺失问题，分别是中间年份数据缺失、首尾年份数据缺失和部分省份数据缺失但全国总量已知。

1. 中间年份数据缺失

在产业链现代化水平评价指标体系中，存在部分省份的部分指标在中间年份数据缺失或者异常的情况，对于这一类问题，本书主要使用线性插值法中的均值插补法来进行缺失或异常数据的处理，即中间年份数据采用前后年份数据的均值来代替，如式（3-1）所示。

$$\text{Index}_{ijt} = \frac{1}{2}(\text{Index}_{ij(t+1)} + \text{Index}_{ij(t-1)}) \tag{3-1}$$

在本书中，该方法主要用于解决如下指标的数据缺失问题：陕西 2012 年和新疆 2013 年的电子信息制造业主营业务收入，2017 年全部省份的战略性新型产业主营业务收入，2018 年全部省份的高技术制造业主营业务收入，2012 年全部省份的跨国公司 100 强企业数量。

2. 首尾年份数据缺失

在产业链现代化水平评价指标体系中，还存在部分指标首尾年份数据缺失的情况，对于这一类问题，本书主要使用 ARIMA 模型进行预测填充。ARIMA 模型是一种经典的时间序列模型，常用于解决经济和金融领域的预测问题（许立平和罗明志，2010；华鹏和赵学民，2010；熊志斌，2011；郑莉等，2013）。ARIMA 模型主要是用变量自身的滞后项去解释该变量，可以根据数据本身的特点确定具体的模型形式，其通用表达式为 ARIMA（p，d，q），其中 p 表示自回归过程阶数，d 表示差分的阶数，q 表示移动平均过程的阶数，如式（3-2）所示。

$$\left(1 - \sum_{i=1}^{p} \phi_i L^i\right)\left(1 - L\right)^d X_t = \left(1 + \sum_{i=1}^{q} \theta_i L^i\right)\varepsilon_t \tag{3-2}$$

在本书中，该方法主要用于解决如下指标的数据缺失问题：2011 年和 2012 年各省份的每百人使用计算机台数、每百家企业拥有网站数和有电子商务交易活动的企业数，2019 年各省份的金融机构各项贷款余额。

3. 部分省份数据缺失但全国总量已知

这一类型的数据缺失出现在 2017 年和 2018 年 PCT 国际专利申请量指标中。其中，2017 年有河南、湖南、广西、海南、重庆、四川、贵州、云南、陕西、甘肃、青海、宁夏、新疆等 23 个省份数据缺失，2018 年有天津、河北、山西、内蒙古、黑龙江、江西等 16 个省份数据缺失。虽然大部分省份该指标数据存在缺失，但全国总量数据可以获取，因此可以利用全国数据减去已知省份的数据得到未知省份数据之和，利用 2019 年的数据可以得到未知省份占比，用 2019 年的比重近似表示 2017 年和 2018 年的比重可以得到 2017 年和 2018 年缺失省份的 PCT 国际专利申请量。计算方式如式（3-3）所示。

$$\text{Index}_{i,t} = \frac{\text{Index}_{i,2019}}{\sum_{i \subset i\text{缺失}} \text{Index}_{i,2019}} \times \sum_{i \subset i\text{缺失}} \text{Index}_{i,t} \tag{3-3}$$

四、测算方法

完成产业链现代化水平评价指标体系的搭建和相关数据收集后，本书进一步测算产业链现代化水平综合指数。指标权重的处理方法有主观赋权法和客观赋权法。主观赋权法就是人工赋予指标权重，常见的方法有专家打分法和层次分析法等；客观赋权法的权重由数据本身确定，无人工干预，常见的方法有熵权法、熵权-TOPSIS 法和纵横向拉开档次法等。其中熵权法凭借原理简单、易于计算的特点广泛应用于经济评价领域（邓慧慧和杨露鑫，2019；张虎和韩爱华，2019；张宏翔和王铭槿，2020；陈明华等，2020），因此本书采用熵权法测算指标权重，计算过程如式（3-4）~式（3-10）所示。为了进一步判断得到的产业链现代化水平指数的可靠性，本书将采用熵权法测算所得的 2019 年各省产业链现代化水平指数的排名与运用熵权-TOPSIS 法、纵横向拉开档次法测算所得的排名进行对比，发现结果并无显著差异，说明采用熵权法测算所得的产业链现代化水平指数是科学有效的。各种评价方法测算所得的 2019 年各省产业链现代化水平指数的排名情况如表 3-2 所示。

表 3-2　　　　　　　产业链现代化水平指数的测算结果对比

省份	熵权法	熵权-TOPSIS 法	纵横向拉开档次法
北京	2	1	1
天津	6	6	6
河北	18	16	13
山西	22	21	22
内蒙古	29	30	29
辽宁	15	12	14
吉林	19	20	19
黑龙江	25	25	28
上海	3	2	2

续表

省份	熵权法	熵权-TOPSIS 法	纵横向拉开档次法
江苏	4	4	5
浙江	5	5	4
安徽	10	9	8
福建	12	11	12
江西	14	17	18
山东	7	7	7
河南	16	15	17
湖北	9	10	10
湖南	13	14	11
广东	1	3	3
广西	23	23	23
海南	20	19	20
重庆	8	8	9
四川	11	13	15
贵州	21	22	24
云南	24	24	27
陕西	17	18	16
甘肃	26	26	26
青海	27	27	25
宁夏	28	28	21
新疆	30	29	30

（一）熵权法

熵的概念最早起源于热力学，熵是系统无序程度的一种度量。在综合评价中，熵权法的基本思路是利用指标的离散程度来确定指标权重。具体到某项指标，其离散程度越大，包含的信息量越多，信息熵越小，在综合评价系统中的权重作用越大，指标权重越大。熵权法的计算过程如式（3-4）~式（3-10）所示。

第一步，对指标进行无量纲化处理：

对于正向指标：

$$x'_{ij} = \frac{x_{ij} - \min\{x_j\}}{\max\{x_j\} - \min\{x_j\}} \tag{3-4}$$

对于负向指标：

$$x'_{ij} = \frac{\max\{x_j\} - x_{ij}}{\max\{x_j\} - \min\{x_j\}} \tag{3-5}$$

第二步，计算对象在指标 j 中的占比：

$$p_{ij} = \frac{x'_{ij}}{\sum_{i=1}^{m} x'_{ij}} \tag{3-6}$$

第三步，计算指标 j 的信息熵：

$$e_j = -\left(\frac{1}{lnm}\right) \sum p_{ij}\ln(p_{ij}) \tag{3-7}$$

第四步，计算指标 j 的冗余度：

$$d_j = 1 - e_j \tag{3-8}$$

第五步，确定指标 j 的权重：

$$w_j = \frac{d_j}{\sum d_j} \tag{3-9}$$

第六步，计算综合指数：

$$I_i = \sum_{j=1}^{m} x'_{ij} \times w_j \tag{3-10}$$

本书通过熵权法利用末级指标的数据确定各子系统的综合指数后，将再次通过熵权法利用各子系统的数据测算产业链现代化水平综合指数。I_i 介于 0~1，I_i 越大，省份 i 的产业链现代化水平越高；反之，省份 i 的产业链现代化水平越低。

（二）熵权-TOPSIS 法

熵权-TOPSIS 法是熵权法和 TOPSIS 法的结合。TOPSIS 法主要用于研究评价对象和理想解的距离，通过计算各方案与正理想解和负理想解的距离，对方案的优劣进行排序（李刚等，2011）。熵权-TOPSIS 法是对传统 TOPSIS 法的改进，其基本思想是先通过熵权法确定指标的权重，然后通过 TOPSIS 法逼近理想解，进而对评价对象进行排序。熵权-TOPSIS 法的计算过程如式（3-11）~式（3-14）所示。

第一步，通过熵权法获取加权矩阵 R：

$$R = (r_{ij})_{n \times m}, \ r_{ij} = w_j \times x'_{ij} \tag{3-11}$$

第二步，确定正负理想解 Q_j^+ 和 Q_j^+：

$$Q_j^+ = \max(r_{i1}, r_{i2}, \cdots r_{im}), \ Q_j^- = \min(r_{i1}, r_{i2}, \cdots r_{im}) \tag{3-12}$$

第三步，确定各评价对象分别与正负理想解的距离 d_j^+ 和 d_j^+：

$$d_i^+ = \sqrt{\sum_{j=1}^m (Q_j^+ - r_{ij})^2}, \ d_i^- = \sqrt{\sum_{j=1}^m (Q_j^- - r_{ij})^2} \tag{3-13}$$

第四步，计算评价对象与理想方法的接近程度 C_i：

$$C_i = \frac{d_i^-}{d_i^+ + d_i^-}, \ C_i \in [0, 1] \tag{3-14}$$

C_i 越大，省份 i 的产业链现代化水平越高；反之，省份 i 的产业链现代化水平越低。

（三）纵横向拉开档次法

纵横向拉开档次法是郭亚军（2002）提出的一种动态综合评价方法。纵横向拉开档次法通过构建时间—省份—指标的三维分析框架，使综合评价指数在时序和空间维度都可比。即同一个省份在不同年份的数据可比，同一年份不同省份的数据也可比。纵横向拉开档次法在经济评价领域得到了广泛应用（屈小娥，2012；沈国兵和张鑫，2015；刘思明等，2019；聂长飞和简新华，2020）。

纵横向拉开档次法的基本思想是使评价对象之间的总差异达到最大，即通过最大化离差平方和求解指标权重。$x_{ij}(t_k)$ 表示第 i 个省份的第 j 个指标在第 t_k 年的原始数据，$x_{ij}^*(t_k)$ 为 $x_{ij}(t_k)$ 经过无量纲化后的数据，$w = (w_1, w_2, \cdots, w_m)^T$ 表示指标权重。

对于时刻 $t_k(k=1, 2, \cdots, N)$，综合指数

$$y_i(t_k) = \sum_{j=1}^{m} w_j x_{ij}^*(t_k)$$

(3-15)

因此，总离差平方和

$$\sigma^2 = \sum_{k=1}^{N} \sum_{i=1}^{n} (y_i(t_k) - \bar{y})^2 = \sum_{k=1}^{N} \sum_{i=1}^{n} (y_i(t_k))^2$$
$$= \sum_{k=1}^{N} [\boldsymbol{w}^T \boldsymbol{H}_k \boldsymbol{w}] = \boldsymbol{w}^T \sum_{k=1}^{N} \boldsymbol{H}_k \boldsymbol{w} = \boldsymbol{w}^T \boldsymbol{H} \boldsymbol{w}$$

(3-16)

其中，$\boldsymbol{H}_k = \boldsymbol{A}_k^T \boldsymbol{A}_k (k=1, 2, \cdots, N)$，

$$\boldsymbol{A}_k = \begin{bmatrix} x_{11}(t_k) & \cdots & x_{1m}(t_k) \\ \vdots & & \vdots \\ x_{n1}(t_k) & \cdots & x_{nm}(t_k) \end{bmatrix}, \ k=1, 2, \cdots, N$$

(3-17)

可以证明，若限定 $\boldsymbol{w}^T \boldsymbol{w} = 1$，当取 $\boldsymbol{w}$ 为矩阵 $\boldsymbol{H}$ 的最大特征值所对应的特征向量时，σ^2 最大。

由于上述条件求解出的指标权重存在负值，而在综合评价领域，一般要求指标权重为正数，因此需要通过降低总离差平方和来实现，可通过求解式（3-18）中的规划问题获取指标权重。

$$\max \boldsymbol{w}^T \boldsymbol{H} \boldsymbol{w} \ \text{s.t.} \ \|\boldsymbol{w}\| = 1 \boldsymbol{w} > 0$$

(3-18)

第二节　产业链现代化的典型事实

一、全国产业链现代化水平分析

（一）总指数变化

"十二五"以来，我国产业链现代化平均水平从 2011 年的 0.3290 提高到 2019 年的 0.4240，增长了 28.90%。除了在 2012 年有所下降外，其他时间都呈现上升态

势，但从绝对值可以看出，我国产业链现代化平均水平不高（见图 3-1）。

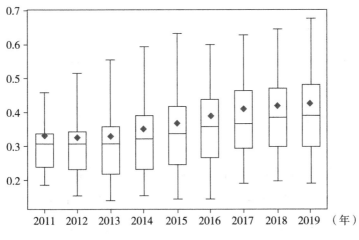

图 3-1　2011—2019 年各省产业链现代化水平箱线图

　　从产业链现代化水平的领先位置来看，北京和广东先后是观测期内我国产业链现代化水平最高的省市，其中 2011—2017 年，北京位列首位，2018 年以后，广东反超北京成为全国产业链现代化水平最高的地区；从产业链现代化水平指数最低值来看，甘肃、宁夏和新疆先后是我国产业链现代化水平最低的地区，新疆从 2013 开始排名一直最低。可以看出，我国产业链现代化领先和落后的地区都较为稳定。

　　当前，我国产业链面临着"不稳、不强、不安全"的三重挑战，一是新冠疫情对全球产业链的重构造成了部分高端产业链回流与"去中国化"，我国产业链不稳；二是美国全面遏制中国崛起，中美科技"脱钩"风险加剧，"卡脖子"问题突出，"断链"风险增加，我国产业链不安全；三是我国工业基础能力薄弱，"链主"企业缺乏，产业附加值偏低，我国产业链不强。虽然我国产业链现代化稳步推进，但问题依旧突出，与发达国家还存在较大差距，因此必须坚决打好产业链现代化攻坚战。

　　从产业链现代化水平的极差来看，在观测期内极差从 2011 年的 0.4620 扩大为 2019 年的 0.6703，除 2018 年略有下降外，其他时间极差都在增加，我国各省份之间的产业链现代化水平差距有扩大趋势。

（二）分指数变化

从各一级指标来看，除了产业链韧性和产业链可持续水平略有下降外，其他一级指标都有不同程度的提高。

产业链发展基础快速上升，从 2011 年的 0.1858 增长到 2019 年的 0.3568，年增长率为 8.50%。产业链基础是产业链现代化发展的支撑，过去十年，我国对传统基建的投资力度和增速均处于世界领先行列，这是我国产业链现代化的重要抓手，极大地推动了我国经济的发展。"十四五"时期，我国要继续加大基础设施尤其是新基建的投入力度，为产业链迈入数字化时代保驾护航。

2011—2019 年，我国产业链数字化水平逐年平稳上升，从 2011 年的 0.2367 增长到 2019 年的 0.3331，增长了 40.69%，年增长率为 4.36%。近些年，我国大力发展数字技术，数字技术在产业链各环节得到应用，加快了产业结构升级，给我国产业链带来了效率的提升。

产业链创新水平从 2011 年的 0.0089 增加到 2019 年的 0.0173，增长了 94.93%，年平均增长率达 8.70%。在产业链现代化的六大维度中，产业链创新水平增长最快。近些年，随着我国深入实施创新驱动发展战略和知识产权强国战略，科技创新水平不断取得突破，但整体水平不高，与发达国家还存在不小差距，要继续在关键领域关键技术上进行科研攻关，科技自立自强才能实现民族自强。

产业链韧性在统计期间处于小幅波动状态，整体上维持不变，总体略有下降，这说明我国产业链韧性不足，新冠疫情对全球产业链都造成了巨大冲击，美国的高科技"断供"造成了我国高端产业链的"卡脖子"现象，我国需要继续提高产业链高端引领力、产业链控制力和产业链盈利能力，提升产业链抗击各类风险的能力。

产业链协同水平逐年稳步提升，从 2011 年的 0.2907 增长到 2019 年的 0.3807，增长了 30.97%，年增长率为 3.43%，这表明产业链内外部的协同水平不断加强。

产业链可持续水平基本保持不变，略有下降，这说明我国产业链在绿色发展的过程中还存在行动不到位、效果不理想等问题。在"碳达峰碳中和"的大背景下，产业链必须是绿色可持续的，我国要进一步加大产业链绿色研发投资，提高治理效率，减少污染排放，提高能源利用效率（杨丹辉等，2021）（见图 3-2）。

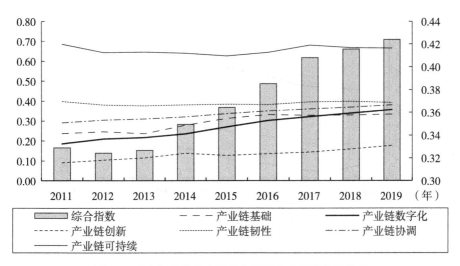

图 3-2　产业链现代化水平综合指数和分指数发展趋势

二、三大区域产业链现代化水平分析

（一）总指数变化

从区域整体的发展来看，2011—2019 年，我国三大区域①的产业链现代化水平都呈现上升趋势。其中东部地区逐年上升，从 2011 年的 0.4465 上升至 2019 年的 0.5872，增长 31.51%；中部地区从 2011 年的 0.2972 上升至 2019 年的

———————

①　根据研究需要，本书东部地区包括北京、天津、河北、辽宁、上海、江苏、浙江、福建、山东、广东、海南 11 个省（市）；中部地区包括山西、吉林、黑龙江、安徽、江西、河南、湖北、湖南 8 个省；西部地区包括内蒙古、广西、重庆、四川、贵州、云南、西藏、陕西、甘肃、青海、宁夏、新疆 12 个省（市、自治区）。

0.3854，增长 29.65%；西部地区从 2011 年的 0.2432 上升至 2019 年的 0.2996，增长 23.18%。可以看出，东部地区的增长速度最快，西部最慢。从区域差异来看，东部地区的产业链现代化水平最高，中西部发展水平较低，与东部差距较大，并且区域差异有扩大的趋势（见图 3-3）。

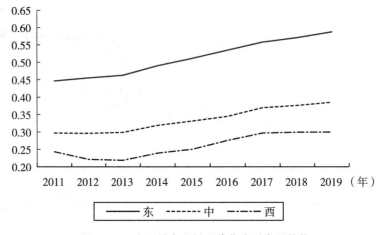

图 3-3　三大区域产业链现代化水平发展趋势

（二）分指数变化

从子系统的发展来看：在产业链发展基础上，东部地区由 2011 年的 0.3050增加到 2019 年的 0.5034，增长 65.05%，中部和西部地区分别增长 98.96% 和170.73%；在产业链数字化上，东部地区由 2011 年的 0.3409 增加到 2019 年的0.4357，增长 27.82%，中部和西部地区分别增长 51.60% 和 53.54%；在产业链创新上，东部地区由 2011 年的 0.1735 增加到 2019 年的 0.3264，增长 88.15%，中部和西部地区分别增长 108.16% 和 102.24%；在产业链韧性上，东部地区由2011 年的 0.4573 增加到 2019 年的 0.4585，增长 0.25%，中部和西部地区分别下降 1.30% 和 3.80%；在产业链协同上，东部地区由 2011 年的 0.3199 增加到2019 年的 0.4725，增长 47.67%，中部和西部地区分别增长 29.25% 和 14.11%；在产业链可持续上，东部地区由 2011 年的 0.7549 减少到 2019 年的 0.7521，下降 0.36%，中部和西部地区分别下降 1.26% 和 8.23%。

由图 3-4 可以看出，在三大区域产业链现代化的六个维度中，产业链可持续发展水平最高，产业链创新发展水平最低，且东部地区产业链现代化的六个维度发展水平均明显优于中西部。

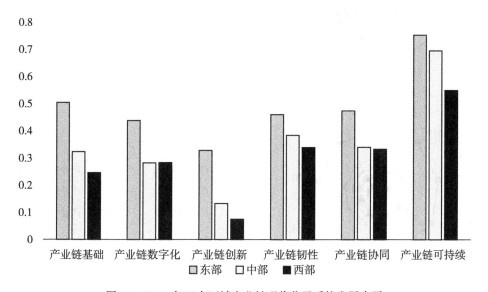

图 3-4　2019 年三大区域产业链现代化子系统发展水平

2011—2019 年，东部地区产业链韧性、产业链协同和产业链可持续发展速度优于中西部，其中产业链协同水平大幅提升；中部地区产业链创新水平增长最快；西部地区产业链基础和产业链数字化增长最快，并且产业链基础提升显著。并且可以看出，东部地区产业链各维度发展水平较高，发展优势较为明显；中西部产业链发展基础薄弱，产业链韧性不足（见图 3-5）。

三、各省产业链现代化水平分析

（一）总指数变化

从数值来看，2019 年全国各省的产业链现代化水平处于 0.1895~0.8598，其

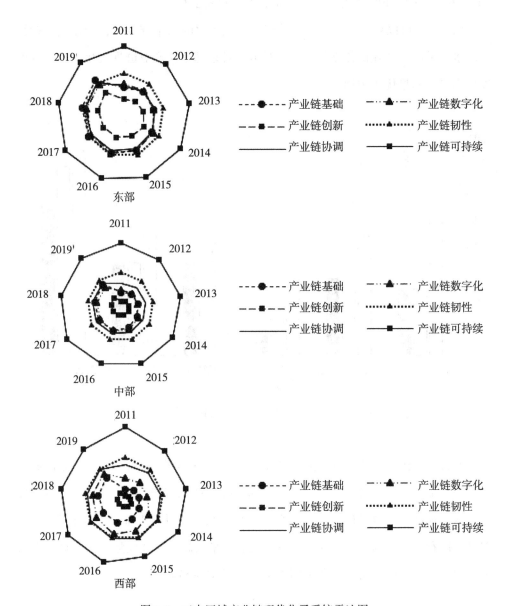

图 3-5 三大区域产业链现代化子系统雷达图

中广东（0.8598）、北京（0.8275）和上海（0.7765）排名前三，宁夏（0.2051）、内蒙古（0.1923）和新疆（0.1895）排名最后，各省产业链现代化发展差异较大（见图 3-6）。从增速来看，2011—2019 年产业链现代化水平增长最快的 3 个省市是贵州、广东和重庆，分别增长了 59.80%、56.20% 和 50.58%；增长最小的 3 个省市区是内蒙古、新疆和青海，分别增长了 -15.07%、-3.93% 和 -1.39%，这也是产业链现代化水平下降的三个地区。

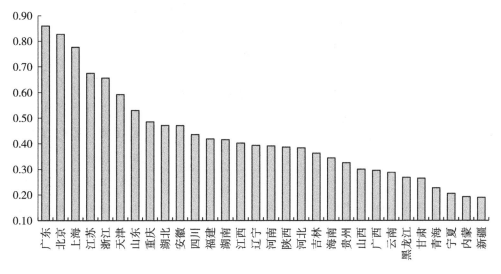

图 3-6　2019 年各省市产业链现代化水平总指数

　　进一步，本书将观测期内位次变化在 0~1 间的波动定义为平稳波动，将位次变化在 2~3 间的波动定义为小幅波动，将位次变化在 3 以上的波动定义为跳跃波动。可以看出，"十二五" 期间，产业链现代化水平平稳波动的省份共有 17 个，小幅波动的省份共有 10 个，有 3 个省份出现了跳跃波动；"十三五" 期间，产业链现代化水平平稳波动的省份共有 20 个，占全部省份的 2/3，小幅波动的省份共有 9 个，只有 1 个省份出现了跳跃波动。相较 "十二五"，"十三五" 期间各省份产业链现代化水平波动更平缓。将观测时间放宽到整个观测期，产业链现代化水平平稳波动、小幅波动和跳跃波动的省份分布则较为平均，分别有 11、12 和 7 个（见表 3-3）。

表 3-3　　　　　　　　　　　　产业链现代化水平的位次变化情况

位次变动	"十二五" 期间	"十三五" 期间	整个观测期
0~1	天津、河北、黑龙江、山西、北京、上海、广东、浙江、山东、安徽、云南、宁夏、江苏、福建、海南、吉林、广西	浙江、宁夏、重庆、江西、辽宁、湖北、陕西、青海、新疆、山东、江苏、吉林、甘肃、湖南、内蒙古、天津、北京、上海、云南、福建	河北、浙江、宁夏、江苏、吉林、山东、福建、北京、上海、云南、广西
2~3	湖南、青海、内蒙古、新疆、重庆、江西、辽宁、湖北、四川、贵州	山西、贵州、河南、河北、广东、四川、安徽、广西、黑龙江	重庆、江西、辽宁、山西省、广东、河南、青海、新疆、天津、安徽、湖南、内蒙古
>3	陕西、河南、甘肃	海南	贵州、四川、湖北、甘肃、黑龙江、海南、陕西

从产业链现代化水平位次变化的绝对值来看，在观测期内，贵州、四川、甘肃和湖北 4 个省的产业链现代化在全国排名中提升最大，分别提升了 6、5、4 和 4 位；陕西、海南、黑龙江的位次下降最大，分别下降了 8、5 和 4 位；此外山东和福建的位次没有发生变化，分别排名第 7 和第 12 位。

进一步，本书利用各指标数据通过 K-Means 算法①对各省的产业链现代化水平进行聚类分析，根据聚类结果，可以将 30 个省市区的产业链现代化水平划分为 3 个层级，分别是高水平地区、中水平地区和低水平地区，如表 3-4 产业链现代化水平的地区分类所示。

——————

① K-Means 算法是一种经典的聚类分析方法，首先给样本设定类别数目，并随机给每个类分配一个质心，通过计算每个对象与质心的距离，给对象分类，不断重复该过程，直到算法收敛。

表 3-4   **产业链现代化水平的地区分类**

	东部地区	中部地区	西部地区
高水平地区	北京、上海、江苏、浙江、广东		
中水平地区	天津、河北、辽宁、福建、山东、海南	吉林、安徽、江西、河南、湖北、湖南	广西、重庆、四川、陕西
低水平地区		山西、黑龙江	内蒙古、贵州、云南、甘肃、青海、宁夏、新疆

产业链现代化高水平地区有 5 个，分别是北京、上海、江苏、浙江和广东，可以看出，产业链现代化高水平地区都在东部区域；产业链现代化中等水平地区有 16 个，占比超过 50%，东部和中部各 6 个，西部 4 个，分别是天津、河北、辽宁、福建、山东、海南、吉林、安徽、江西、河南、湖北、湖南、广西、重庆、四川和陕西；产业链现代化低水平地区有 9 个，其中中部 2 个，西部 7 个，分别是山西、黑龙江、内蒙古、贵州、云南、甘肃、青海、宁夏和新疆。可以看出，东部地区的产业链现代化处于中高水平，中部处于中等水平，西部处于中低水平。

（二）分指数变化

进一步分析各省产业链现代化各子系统的表现，如表 3-5 所示。

表 3-5   **2019 年各省产业链现代化水平**

	产业链现代化水平	产业链基础	产业链数字化	产业链创新	产业链韧性	产业链协同	产业链可持续
北京	0.8275	0.5760	0.7922	0.6313	0.6017	0.5382	0.7413
天津	0.5927	0.6488	0.3531	0.2045	0.4338	0.5171	0.8236

续表

	产业链现代化水平	产业链基础	产业链数字化	产业链创新	产业链韧性	产业链协同	产业链可持续
河北	0.3838	0.3949	0.2707	0.1336	0.3399	0.3867	0.6502
山西	0.3003	0.3453	0.2270	0.0583	0.2898	0.3276	0.6169
内蒙古	0.1923	0.1796	0.2327	0.0366	0.3112	0.2223	0.4324
辽宁	0.3934	0.3939	0.2824	0.1456	0.2958	0.4864	0.6203
吉林	0.3629	0.2790	0.1993	0.0674	0.3920	0.4017	0.6782
黑龙江	0.2675	0.2130	0.2123	0.0526	0.3517	0.2380	0.6180
上海	0.7765	0.8648	0.6171	0.3507	0.5092	0.5354	0.8618
江苏	0.6749	0.4763	0.4411	0.5470	0.5304	0.4839	0.7996
浙江	0.6571	0.4725	0.3713	0.4126	0.4767	0.6346	0.8149
安徽	0.4708	0.4186	0.4075	0.1849	0.3813	0.3523	0.7721
福建	0.4185	0.3631	0.2894	0.1661	0.4138	0.3137	0.7328
江西	0.4025	0.3162	0.3207	0.1131	0.4309	0.3163	0.6915
山东	0.5302	0.4754	0.3485	0.2943	0.4382	0.4063	0.7708
河南	0.3915	0.3790	0.2549	0.1605	0.3919	0.3089	0.6939
湖北	0.4715	0.3551	0.3389	0.2333	0.3949	0.4147	0.7535
湖南	0.4159	0.2681	0.2882	0.1803	0.4243	0.3468	0.7295
广东	0.8598	0.4918	0.6637	0.6946	0.6353	0.6969	0.7585
广西	0.2958	0.2462	0.2157	0.0394	0.3468	0.3071	0.6354
海南	0.3442	0.3800	0.3636	0.0096	0.3684	0.1979	0.6998
重庆	0.4855	0.4291	0.4310	0.1282	0.4415	0.3764	0.7224
四川	0.4359	0.2520	0.3960	0.1931	0.4272	0.4052	0.6364
贵州	0.3259	0.2499	0.2804	0.0453	0.3966	0.3128	0.5989
云南	0.2877	0.1729	0.2728	0.0527	0.3501	0.2852	0.6169
陕西	0.3868	0.2835	0.3298	0.1845	0.3539	0.3708	0.6473
甘肃	0.2644	0.1871	0.2243	0.0545	0.2872	0.3925	0.5338
青海	0.2265	0.1832	0.3116	0.0148	0.2437	0.3731	0.4349
宁夏	0.2051	0.3475	0.2566	0.0531	0.2436	0.3307	0.2989
新疆	0.1895	0.1671	0.1550	0.0091	0.3089	0.2688	0.4741

产业链基础上，2019 年全国 30 个地区产业链发展基础指数均值为 0.3603，高于产业链发展基础指数全国平均水平的地区有 14 个，接近一半，得分最高的 3 个地区分别是上海（0.8648）、天津（0.6488）和北京（0.5760），得分最低的 3 个地区分别是内蒙古（0.1796）、云南（0.1729）和新疆（0.1671），各地产业链发展基础差异巨大。北京和上海作为经济强市，在传统基建、互联网基建和新基建方面投入早，投入大，因此产业链发展基础较好。从增速来看，2011—2019 年，产业链发展基础增速最快的 3 个地区分别是新疆、青海和甘肃，这说明西部落后省份的产业链发展基础正在迅速完善中。

产业链数字化上，2019 年全国 30 个地区产业链数字化指数均值为 0.4279，高于产业链数字化指数全国平均水平的地区有 12 个，得分最高的地区是北京（0.7922），发展速度最快的地区是重庆（152.58%），各地区的产业链数字化水平发展不平衡现象比较明显。北京是全国互联网企业最多的地区，数字化技术水平最高，《2020 中国数字经济发展指数（DEDI）》显示，广东和北京是中国数字经济发展的领头羊，数字经济的发展正推动着北京产业链现代化水平不断提高。

产业链创新上，2019 年全国 30 个地区产业链创新指数均值为 0.1817，高于产业链创新指数全国平均水平的地区有 12 个，但高于 0.3 分的只有 5 个地区，大部分地区的得分都在 0.2 分以下，得分最高的地区是广东（0.6946），得分最低的地区是新疆（0.0091）。可以看出各地区的产业链创新水平的差异尤为明显，大部分地区的产业链创新水平处于较低水平，产业链创新是产业链现代化的核心，各地区要加大科研攻关，科技自立自强才能实现产业链自主可控。

产业链韧性上，2019 年全国 30 个地区产业链韧性指数均值为 0.3937，高于产业链韧性指数全国平均水平的地区有 15 个，占比为 50%，得分最高的地区是广东（0.6353），得分最低的地区是宁夏（0.2436）。可以看出，虽然各地产业链韧性依旧存在差异，但相比于其他子系统，差异较小。广东高度重视提高产业的高端引领水平和产业链的控制力，先后出台多项政策扶持战略性新兴产业和高技术制造业的发展，广东的制造业 500 强、跨国公司 100 强、最具价值品牌 500

强、专精特新和独角兽企业的数量在全国都处于前列；2011—2019 年，产业链韧性提升最快的省份是贵州，贵州凭借独特的气候环境，大力发展大数据产业链，走出了贵州速度，成为西部地区的样板。

产业链协同上，2019 年全国 30 个地区产业链协同指数均值为 0.3849，高于产业链协同指数全国平均水平的地区有 13 个，得分最高的前三个地区是广东（0.6969）、浙江（0.6346）和北京（0.5382），增速最快的前三个地区是福建（157.58%）、广东（106.59%）和江苏（91.04%），可以看出东部地区产业链协同效率更高，尤其是浙江省近年来比较重视产业链协同，专门拨放了专项资金鼓励制造业产业链协同创新。

产业链可持续上，2019 年全国 30 个地区产业链可持续指数均值为 0.6620，产业链可持续指数整体处于较高水平。高于产业链可持续指数全国平均水平的地区有 16 个，占比超过一半，得分最高的前三个地区是上海（0.8618）、天津（0.8236）和浙江（0.8149），得分最低的是宁夏（0.2989），增速最快的是贵州（13.06%）。各地产业链可持续发展水平较为稳定，各地要继续提高工艺技术和工艺水平，加大高清洁能源的生产和使用，减少工业排放，提高产业链绿色可持续发展水平。

第三节　产业链现代化的时空演变特征

一、时空演变的研究方法

本节在前文研究的基础上进一步分析我国产业链现代化的时空演变特征。

（一）Kernel 密度估计

Kernel 密度估计法是一种典型的非参数估计方法，Kernel 估计通过平滑的峰值函数对样本数据进行拟合，进而可以直观描述样本的分布形态。Kernel 密度估计凭借其稳定性高、对模型的依赖性弱的特点，常被应用于空间非均衡分析中。随机变量 X 的概率密度函数可以由式（3-19）表示。

$$f(x) = \frac{1}{Nh} \sum_{i=1}^{N} K\left(\frac{X_i - \overline{X}}{h}\right) \tag{3-19}$$

其中，N 为样本个数，X_i 为观测值，$\overline{X}$ 为平均值，h 为带宽，$K(\cdot)$ 表示 Kernel 函数。常见的核函数有伽马核函数、均匀核函数和高斯核函数等，本书采用高斯核函数估计我国产业链现代化水平的空间分布和动态演进，如式（3-20）所示。

$$k(x) = \frac{1}{\sqrt{2\pi}} \exp\left(-\frac{x^2}{2}\right) \tag{3-20}$$

（二）Markov 链分析

Markov 链是一个随机过程，本书通过构造马尔可夫链转移概率矩阵来刻画我国产业链现代化水平的转移情况，如式（3-21）所示。

$$\begin{aligned} P\{X(t) = j \mid X_{t-1} = i_{t-1}, \ X_{t-2} = i_{t-2}, \ \cdots, \ X_0 = i_0\} \\ = P\{X(t) = j \mid X_{t-1} = i_{t-1}\} = P_{ij} \end{aligned} \tag{3-21}$$

其中，n_i 表示 t 期的产业链现代化水平为状态 i 的省份数量，n_{ij} 表示产业链现代化水平由 t 期的状态 i 转移到 $t+1$ 期的状态 j 的省份数量。转移概率 p_{ij} 表示特定省份的产业链现代化水平由 t 期的状态 i 转移到 $t+1$ 期的状态 j 的概率，则 $p_{ij} = n_{ij} / n_i$。若将产业链现代化水平划分为 D 种类型，则通过 Markov 链可以构造出 $D \times D$ 维的转移概率矩阵 P，进而判断中国产业链现代化水平的动态转移情况。

$$P = (p_{ij})_{D \times D} \tag{3-22}$$

某地区的产业链现代化水平的演变并非独立的，而是与该地区的地理区位和经济区位紧密相关，并受其他地区产业链现代化水平的影响。空间 Markov 链通过在传统 Markov 链的基础上引入空间滞后项构建了 D 个 $D \times D$ 维的条件 Markov 链转移概率矩阵。对于第 K 个矩阵，$p_{ij|k}$ 表示当空间滞后类型为 K 时，特定省份的产业链现代化水平由 t 期的状态 i 转移到 $t+1$ 期的状态 j 的概率。

二、产业链现代化水平的 Kernel 密度估计

(一)全国层面的 Kernel 密度估计

图 3-7 显示的是 2011—2019 年我国 30 个省市区产业链现代化水平的 Kernel 密度估计图。从 Kernel 密度估计函数的中心位置来看，观测期内，Kernel 密度估计函数中心逐渐向右偏移，表明我国产业链现代化水平在不断提高；从峰值和宽度来看，2015 年较 2011 年峰值明显降低，宽度明显增加，2019 年较 2015 年峰值稍微下降，宽度稍微增加，这表明在观测期内我国产业链现代化水平的区域差异在不断扩大；另外，在不同的观测时间节点上，Kernel 密度估计函数均呈现不同程度的右拖尾现象，并且分布延展性在不断拓宽，这表明在观测期内，我国产业链现代化水平较高的省份与全国平均水平的差距进一步拉大，这意味着北京、广东等地区的产业链现代化水平与宁夏、西藏等地区的差距扩大了；从波峰数目来看，2011 年只有一个波峰，没有极化现象；2019 年，Kernel 密度估计函数明显增加了一个侧峰，表明全国产业链现代化水平存在极化现象。

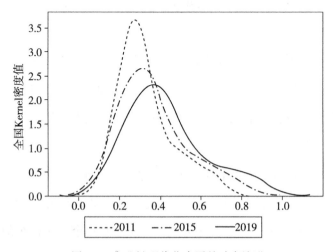

图 3-7 产业链现代化水平的动态演进

（二）东部地区的 Kernel 密度估计

图 3-8 显示的是 2011—2019 年我国东部地区产业链现代化水平的 Kernel 密度估计。第一，Kernel 密度估计函数的中心在观测期内逐渐向右偏，表明东部各省的产业链现代化水平在观测期内不断提高；第二，从 2011 年到 2019 年，Kernel 密度估计函数的峰值逐渐下滑，同时宽度在不断增加，这表明在观测期内东部各地区的产业链现代化水平的差距在扩大；第三，2011 年和 2015 年，Kernel 密度估计函数的拖尾现象不明显，但 2019 年出现了较明显的右拖尾，这表明在观测期内东部较发达地区的产业链现代化水平与东部平均水平的绝对差异在扩大；第四，从 2001 年到 2019 年，Kernel 密度估计函数均存在一个主峰、一个侧峰，这表明东部地区的产业链现代化水平一直都存在极化现象。

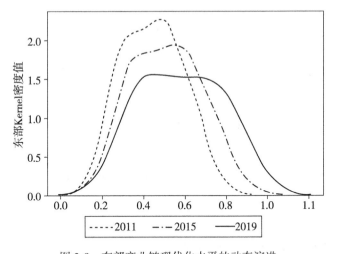

图 3-8 东部产业链现代化水平的动态演进

（三）中部地区的 Kernel 密度估计

图 3-9 显示的是 2011—2019 年我国中部地区产业链现代化水平的 Kernel 密度估计。第一，Kernel 密度估计函数的中心在观测期内逐渐向右偏，表明中部各

省的产业链现代化水平在观测期内不断提高；第二，Kernel 密度估计函数的峰值先明显下降，再轻微下降，宽度先明显增加，后轻微增加，这表明在观测期内中部地区产业链现代化水平的绝对差异在逐年扩大，但后期扩大的速度在放缓；第三，2011 年 Kernel 密度估计函数没有拖尾现象，2015 年出现轻微的左拖尾，2019 年左拖尾现象进一步加剧，延展性向左拓宽，这表明在观测期内吉林、黑龙江等省份与其他省份的绝对差异进一步扩大；第四，观测期内，Kernel 密度估计函数波峰数量没有变化，且均未出现侧峰，这意味着中部地区产业链现代化水平没有出现极化现象。

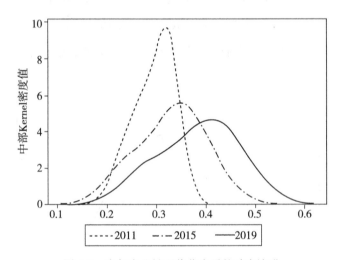

图 3-9　中部产业链现代化水平的动态演进

（四）西部地区的 Kernel 密度估计

图 3-10 显示的是 2011—2019 年我国西部地区产业链现代化水平的 Kernel 密度估计。第一，Kernel 密度估计函数的中心呈现"先左移后右移"的趋势，这表明西部地区的产业链现代化水平"先下降后上升"；第二，Kernel 密度估计函数的峰值明显下降，宽度明显增加，这表明西部地区各省份的产业链现代化水平的绝对差异在不断扩大；第三，2019 年较 2011 年，Kernel 密度估计函数的右拖尾

现象明显加剧，这表明四川、重庆等西部发达省份的产业链现代化水平与西部平均水平的绝对差异进一步扩大；第四，2011 年 Kernel 密度估计函数有一个侧峰，表明 2011 年存在极化现象，2015 年和 2019 年侧峰消失，表明西部地区产业链现代化水平极化现象消失。

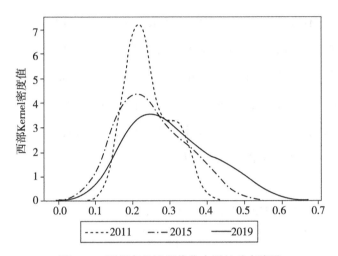

图 3-10　西部产业链现代化水平的动态演进

三、产业链现代化水平的 Markov 链分析

（一）传统 Markov 链分析

本书采用三分位法①将我国产业链现代化水平划分为高、中、低 3 个等级。表 3-6 为我国产业链现代化水平马尔可夫链转移概率矩阵。对角线数值反映了随时间变化，区域内的产业链现代化水平仍处于原始水平的概率，非对角线数值反映了产业链现代化水平在不同等级之间转化的概率。在产业链现代化水平传统 Markov 链转移概率矩阵中，对角线数值远远大于非对角线数值，说明我国产业链

---

① 通过最大值、最小值、1/3 分位数和 2/3 分位数将我国产业链现代化水平划分为低中高 3 个等级，区间范围分别为 [0.1410, 0.2929]、(0.2929, 0.3794]、(0.3794, 0.8186]。

现代化水平具有俱乐部收敛特点，发生跨状态转移可能性小，处于不同等级地区的产业链现代化的水平稳定性很强，不易发生改变。

从对角线数值来看，高、中、低水平地区保持不变的概率分别为 0.9865、0.8452、0.9146，表明产业链现代化高水平和低水平地区都具有较强的俱乐部收敛，相较而言，产业链现代化中水平地区呈较弱的俱乐部收敛。从非对角线数值来看，产业链现代化高水平地区向中、低水平地区转移的概率分别为 0.0135 和 0，说明产业链现代化高水平地区基本不可能出现发展倒退现象；中水平地区向高、低水平转移的概率分别为 0.1190 和 0.0357，说明中水平地区存在一定的发展为高水平地区的可能性，但发展为低水平地区的可能性极低；低水平地区向高、中水平地区转移的概率分别为 0 和 0.0854，说明现阶段产业链现代化从低水平地区向高水平地区演变的可能性不大。

表 3-6　　　　　产业链现代化水平的传统 Markov 链转移概率矩阵

模型	类型	高	中	低
传统 Markov	高	0.9865	0.0135	0
	中	0.1190	0.8452	0.0357
	低	0	0.0854	0.9146

（二）空间 Markov 链分析

表 3-7 为我国产业链现代化水平空间马尔可夫链转移概率矩阵。相较于传统 Markov 链，空间 Markov 链可以很好地考察地区间的空间关系对不同等级地区产业链现代化水平状态转移的影响，本书采用地理邻近矩阵构造空间权重矩阵。由表 3-7 可以看出，产业链现代化水平状态的转移在空间上不是独立的，而是与相邻省份的产业链现代化水平存在较强相关性，且相邻省份的产业链现代化水平对本省份产业链现代化水平向上转移或向下转移的影响存在非对称性。

当相邻地区是高水平地区时，高水平地区不发生转移，相比于传统马尔可夫链的稳定性更强，低水平地区有 0.1429 的概率向上转移，这说明高水平地区的空间溢出效应会在一定程度上促进周边低水平地区产业链现代化水平的提高。当相邻地区是中水平地区时，低水平地区不发生转移的概率为 0.9500，高于传统马尔可夫链的转移概率，可能主要是由于产业链现代化中水平地区正处于快速发展阶段，在一定程度上抢占了邻近低水平地区的资源，使得低水平地区不易发生状态的转移；而中水平地区不发生转移的概率为 0.7931，相比于其他对角线数值较小，中水平地区集聚促进了同水平地区向上转移的概率增大。当相邻地区是低水平地区时，高、中、低水平地区稳定概率分别为 1、0.9000、0.8929，中水平地区向上转移的概率低于传统马尔可夫链转移概率，这说明当相邻地区产业链现代化水平较低时，可能会出现低水平陷阱，从而在一定程度上抑制地区产业链现代化水平的发展。

表 3-7　　　　　　　产业链现代化水平的空间 Markov 链转移概率矩阵

模型	相邻地区水平	类型	高	中	低
空间 Markov	高	高	1	0	0
		中	0.1200	0.8400	0.0400
		低	0	0.1429	0.8571
	中	高	0.9524	0.0476	0
		中	0.1724	0.7931	0.0345
		低	0	0.0500	0.9500
	低	高	1	0	0
		中	0.0667	0.9000	0.0333
		低	0	0.10714	0.8929

对于高水平地区，其产业链现代化水平发生转移的可能性极小，当相邻地区产业链现代化处于高水平或低水平时，高水平地区状态向另外两个水平发生转移的概率为 0；当相邻地区处于中等水平时，高水平地区向下转移的概率为

0.0476，跨状态转移到低水平地区的概率为 0，说明高水平地区发展处于非常稳定的状态，几乎不受相邻地区发展水平的影响。对于中水平地区，当相邻地区是低水平地区时，其发展水平保持原状态的概率为 0.9000，发展维持稳定的概率最高；当相邻地区同为中水平地区时，向上转移的概率达到最大；当相邻地区为高水平地区时，相较于相邻为低水平地区，发生向上转移的概率有所增加，相较于相邻中水平地区，发生向上转移的概率有所减小，即高水平地区对中水平地区同时产生了辐射效应和虹吸效应。对于低水平地区，当相邻地区为高水平地区时，发生向上转移的概率最大，说明高水平地区对低水平地区发展的促进作用明显。

第四章
产业链现代化的监测研究

第三章借助综合评价理论，通过建立产业链现代化评价指标体系科学测度了2011—2019 年我国 30 个省市区的产业链现代化水平。那么我国 30 个省市区的产业链现代化的发展差异如何？产业链现代化六大子系统的协调发展情况如何？产业链现代化系统是否存在异常？为此，本章在第三章测度的产业链现代化水平的基础上，首先，采用 Dagum 基尼系数及分解的方法分析产业链现代化水平的空间差异，利用方差分解的方法分析产业链现代化的结构差异，并使用 QAP 相关分析和回归分析探究产业链现代化差异的形成机理；其次，采用耦合协调度模型研究我国产业链现代化系统的协调发展情况；最后，利用自编码技术和异常点识别准则对产业链现代化系统各指标的异常情况进行无监督学习，从单个指标的局部异常和地区产业链现代化发展的整体异常两个维度对我国产业链现代化进行异常监测和异常根因分析。

第一节　产业链现代化的差异分析

一、差异分析的研究方法

第三章直观地描述了产业链现代化水平在全国、三大区域和各省份的发展状况，为了进一步探究我国产业链现代化水平的发展差异，本章将分别采用 Dagum 基尼系数和方差分解的方法从空间视角和结构视角对我国产业链现代化的差异进行分析，并使用 QAP 相关分析和回归分析探究产业链现代化差异的形成机理。

（一）Dagum 基尼系数及分解

Dagum 基尼系数及分解的方法被广泛地应用于区域差异的测算中（刘忠宇和热孜燕·瓦卡斯，2021；赵磊和方成，2019），相比于传统基尼系数和泰尔指数等方法，Dagum 基尼系数及分解的方法不仅充分考虑了子群的分布状态，还可以进一步对地区差异进行分解，如式（4-1）所示。

$$G = \frac{\sum_{j=1}^{k}\sum_{h=1}^{k}\sum_{i=1}^{n_j}\sum_{r=1}^{n_h}|y_{ji}-y_{hr}|}{2\,n^2\,\bar{y}} \qquad (4\text{-}1)$$

其中, G 表示基尼系数, n 表示省份的数量, k 表示子区域的数量, n_j 和 n_k 分别表示区域 j 和区域 h 内的省份数, y_{ji} 和 y_{hr} 分别表示区域 j 中的省份 i 和区域 h 中的省份 r 的产业链现代化水平, $\bar{y}$ 表示产业链现代化水平的全国平均值。总体基尼系数可以分解成区域内 (G_w)、区域间 (G_{nb}) 和超变密度 (G_t) 三部分, 即 $G = G_w + G_{nb} + G_t$。具体分解方式如式(4-2)~式(4-9)所示。其中 $p_j = n_j/n$, $s_j = n_j\,\bar{y}_j/n\bar{y}$, F_j 是区域 j 产业链现代化水平的累计概率密度函数, d_{jh} 表示区域间产业链现代化水平的差值, p_{jh} 表示超变一阶矩。

$$G_{jj} = \frac{\sum_{i=1}^{n_j}\sum_{r=1}^{n_j}|y_{ji}-y_{jr}|}{2\,n_j^2\,\bar{y}_j} \qquad (4\text{-}2)$$

$$G_w = \sum_{j=1}^{k} G_{jj}\,p_j\,s_j \qquad (4\text{-}3)$$

$$G_{jh} = \frac{\sum_{i=1}^{n_j}\sum_{r=1}^{n_h}|y_{ji}-y_{hr}|}{n_j\,n_h(\bar{y}_i+\bar{y}_h)} \qquad (4\text{-}4)$$

$$G_{nb} = \sum_{j=2}^{k}\sum_{h=1}^{j-1} G_{jh}(p_j\,s_h+p_h\,s_j)\,D_{jh} \qquad (4\text{-}5)$$

$$G_t = \sum_{j=2}^{k}\sum_{h=1}^{j-1} G_{jh}(p_j\,s_h+p_h\,s_j)(1-D_{jh}) \qquad (4\text{-}6)$$

$$D_{jh} = \frac{d_{jh}-p_{jh}}{d_{jh}+p_{jh}} \qquad (4\text{-}7)$$

$$d_{jh} = \int_0^{\infty} d\,F_j(y)\int_0^{y}(y-x)\,d\,F_h(x) \qquad (4\text{-}8)$$

$$p_{jh} = \int_0^{\infty} d\,F_h(y)\int_0^{y}(y-x)\,d\,F_j(x) \qquad (4\text{-}9)$$

(二) 方差分解

产业链现代化水平 (Y) 由产业链基础 ($X1$)、产业链数字化 ($X2$)、产业链创新（$X3$）、产业链韧性（$X4$）、产业链协同（$X5$）和产业链可持续（$X6$）六大维度组成，即 $Y = X1 + X2 + X3 + X4 + X5 + X6$。因此，产业链现代化水平的发展差异就来源于这六大维度的发展差异，方差分解的方法可以揭示这六大维度的差异在多大程度上导致了产业链现代化水平的差异，方差分解的过程如式(4-10)~式（4-11）所示。

$$
\begin{aligned}
\operatorname{var}(Y) &= \operatorname{cov}(Y, \ Y) \\
&= \operatorname{cov}(Y, \ X1 + X2 + X3 + X4 + X5 + X6) \\
&= \operatorname{cov}(Y, \ X1) + \operatorname{cov}(Y, \ X2) + \operatorname{cov}(Y, \ X3) \\
&\quad + \operatorname{cov}(Y, \ X4) + \operatorname{cov}(Y, \ X5) + \operatorname{cov}(Y, \ X6)
\end{aligned}
\tag{4-10}
$$

两边同时除以 $\operatorname{var}(Y)$，

$$
\begin{aligned}
1 &= \frac{\operatorname{cov}(Y, \ X1)}{\operatorname{vay}(Y)} + \frac{\operatorname{cov}(Y, \ X2)}{\operatorname{vay}(Y)} + \frac{\operatorname{cov}(Y, \ X3)}{\operatorname{vay}(Y)} \\
&\quad + \frac{\operatorname{cov}(Y, \ X4)}{\operatorname{vay}(Y)} + \frac{\operatorname{cov}(Y, \ X5)}{\operatorname{vay}(Y)} + \frac{\operatorname{cov}(Y, \ X6)}{\operatorname{vay}(Y)}
\end{aligned}
\tag{4-11}
$$

其中，cov 和 var 分别为变量的协方差和方差。式(4-10)~式(4-11)将产业链现代化的差异分解为产业链基础（$X1$）、产业链数字化（$X2$）、产业链创新（$X3$）、产业链韧性（$X4$）、产业链协同（$X5$）和产业链可持续（$X6$）的差异，某一个维度所占比重越大，其所造成的产业链现代化发展差异越大（陈明华等，2020）。

（三）QAP 分析

Dagum 基尼系数和方差分解的方法可以用来分析产业链现代化的空间差异和结构差异，但无法对造成产业链现代化发展差异的原因进行剖析。因此，本书将基于关系数据的视角考察我国产业链现代化差异的各影响因素之影响程度，从而揭示我国产业链现代化发展差异的形成机理。

Scott（2017）认为，关系数据可以用于表示两个行动者之间的关系，如果将省份比作行动者，那么两个省份之间的产业链现代化差异可以被认为是一种关系，因此，产业链现代化的差异问题可以基于关系数据的视角进行研究（李华和董艳玲，2020；刘华军等，2018）。一般而言，关系数据之间常常存在高度相关（李敬等，2014），由于多重共线性问题的存在，继续使用传统的统计模型进行关系数据的参数估计会导致参数估计值的标准差变大，参数估计值有误，从而导致显著性检验失去意义（Stanton 和 Mann，2014；Zagenczyk 等，2015）。另外，在设计计量模型时常常会遗漏某些变量，遗漏变量导致的内生性问题广泛存在于传统的统计模型中。

QAP（QuadraticAssignmentProcedure）是一种非参数检验方法，通过随机置换的方式可以很好地解决关系数据中的多重共线性和自相关等问题（Barnett，2011）。Krackhardt（1988）首次将 QAP 的方法应用于多变量回归中，并进一步使用蒙特卡洛模拟验证了 QAP 方法在关系数据研究方面的有效性。QAP 分析可分为 QAP 相关分析和 QAP 回归分析，QAP 相关分析用来考察两个变量之间的相关关系，QAP 回归分析用来考察一个因变量和多个自变量之间的回归关系。QAP 分析主要由三个步骤组成：第一，构造两两差异矩阵，将差异矩阵拉长成"长向量"，并对因变量和自变量进行相关分析或 OLS 回归分析得到原始相关系数或基础回归系数；第二，将因变量的差异矩阵的任意两行和对应的两列同时进行置换，拉长成"长向量"，并计算置换后的因变量和自变量之间的相关系数或 OLS 回归系数，重复该过程多次；第三步，比较随机置换因变量差异矩阵后的相关系数或 OLS 回归系数与原始相关系数或回归系数的大小，统计置换后的系数大于或等于基础系数的比例，即为参数显著性水平。具体过程如下：

1. 模型设定

本书以产业链现代化的差异为因变量，以产业链基础、产业链数字化、产业链创新、产业链韧性、产业链协同和产业链可持续的差异为自变量，探究我国产业链现代化的差异的形成机理。具体的关系数据计量模型如式（4-12）所示。

$$Y = \beta_0 + \beta_1 X_1 + \beta_2 X_2 + \beta_3 X_3 + \beta_4 X_4 + \beta_5 X_5 + \beta_6 X_6 + \varepsilon \qquad (4-12)$$

其中，β_0 为截距项，$\beta_1 \sim \beta_6$ 为待估计的参数，$X_1 \sim X_6$ 分别为产业链基础、产业链数字化、产业链创新、产业链韧性、产业链协同和产业链可持续的差异矩阵，Y 为产业链现代化水平的差异矩阵，矩阵形式如式（4-13）式（4-14）所示。$y_{i,j}$ 表示省份 i 和省份 j 之间产业链现代化水平的差距，即 $y_{i,j} = y_i - y_j$；$x_{i,j}$ 表示省份 i 和省份 j 之间的产业链现代化水平六大维度中任意一个维度的差距，即 $x_{i,j} = x_i - x_j$。可以看出，由于观测值是同一个指标两个省份的数据相减，所以差异矩阵的主对角线元素均为 0。

$$Y = \begin{pmatrix} 0 & y_{1,2} & \cdots & y_{1,n-1} & y_{1,n} \\ y_{2,1} & 0 & \cdots & y_{2,n-1} & y_{2,n} \\ \vdots & \vdots & \ddots & \vdots & \vdots \\ y_{n-1,1} & y_{n-1,2} & \cdots & 0 & y_{n-1,n} \\ y_{n,1} & y_{n,2} & \cdots & y_{n,n-1} & 0 \end{pmatrix} \tag{4-13}$$

$$X = \begin{pmatrix} 0 & x_{1,2} & \cdots & x_{1,n-1} & x_{1,n} \\ x_{2,1} & 0 & \cdots & x_{2,n-1} & x_{2,n} \\ \vdots & \vdots & \ddots & \vdots & \vdots \\ x_{n-1,1} & x_{n-1,2} & \cdots & 0 & x_{n-1,n} \\ x_{n,1} & x_{n,2} & \cdots & x_{n,n-1} & 0 \end{pmatrix} \tag{4-14}$$

2. QAP 分析

首先将差异矩阵剔除对角线上的 0 值后拉长成"长向量"，即将 30×30 维的矩阵转化为 30×29 维的向量，如式（4-15）所示。对"长向量"Y 和"长向量"X 进行相关分析或回归分析，得到原始的相关系数或回归系数。然后将矩阵 Y 的任意两列和对应的两行进行置换得到置换后的矩阵 Y'，如若对矩阵 Y 的第 2 行和第 20 行进行置换，为了不破坏数据，也需要同时对矩阵 Y 的第 2 列和第 20 列进行置换。同样，也需要将置换后的矩阵 Y' 拉长成"长向量"Y'。最后将置换后的"长向量"Y' 和未置换的"长向量"X 进行相关分析或回归分析，得到置换后的相关系数和回归系数。重复多次随机置换，保留每一次置换后得到的相关或回归系数，可以利用系数的分布来检验参数的显著性。

$$Y = \begin{pmatrix} y_{1,2} \\ y_{1,3} \\ \vdots \\ y_{n,n-1} \end{pmatrix}, \quad X = \begin{pmatrix} x_{1,2} \\ x_{1,3} \\ \vdots \\ x_{n,n-1} \end{pmatrix} \qquad (4\text{-}15)$$

假设总共进行了 M_{total} 次置换，其中有 M_{large} 次置换得到的相关或回归系数大于或等于基础回归系数，有 M_{small} 次置换得到的相关或回归系数小于或等于基础回归系数，则可以得到两个比例 P_{large} 和 P_{small}，其中 $P_{large} = \dfrac{M_{large}}{M_{total}}$，$P_{small} = \dfrac{M_{small}}{M_{total}}$，这两个比例可以认为是假设检验的 P 值。当相关系数或回归系数为正数时，P 值为 P_{large}；当相关系数或回归系数为负数时，P 值为 P_{small}。

参考相关文献，本书所涉及的 QAP 分析的置换次数统一设置成 5000 次。

二、产业链现代化的空间差异

利用 Dagum 基尼系数及分解的方法对我国产业链现代化的空间差异的分解结果如表 4-1 所示。

表 4-1 产业链现代化水平的区域差异及其贡献率

年份	总体	地区内基尼系数			地区间基尼系数			贡献率（%）		
		东部	中部	西部	东—中	东—西	中—西	地区内	地区间	超变密度
2011	0.196	0.162	0.064	0.115	0.215	0.301	0.129	22.733	72.325	4.942
2012	0.225	0.172	0.072	0.148	0.226	0.350	0.170	22.365	73.870	3.765
2013	0.234	0.166	0.083	0.170	0.231	0.363	0.189	22.190	73.317	4.492
2014	0.230	0.167	0.090	0.167	0.230	0.351	0.183	22.723	71.859	5.418
2015	0.230	0.163	0.098	0.174	0.230	0.349	0.182	22.959	71.689	5.352
2016	0.218	0.159	0.096	0.160	0.231	0.326	0.161	23.233	70.795	5.973
2017	0.207	0.164	0.086	0.132	0.220	0.312	0.147	23.298	71.018	5.684

续表

年份	总体	地区内基尼系数			地区间基尼系数			贡献率（%）		
		东部	中部	西部	东—中	东—西	中—西	地区内	地区间	超变密度
2018	0.214	0.164	0.087	0.149	0.224	0.321	0.158	23.314	70.282	6.404
2019	0.228	0.173	0.099	0.178	0.230	0.336	0.180	24.131	68.436	7.433

（一）中国产业链现代化水平的总体区域差异分析

图 4-1 显示了 2011—2019 年我国产业链现代化水平总体区域差异情况。可以看出，在观测期内我国产业链现代化水平总体区域差异有所扩大，基尼系数从 2011 年的 0.196 增加到 2019 年的 0.228，增长 16.33%。整体呈现"上升—下降—上升"的趋势：从 2011 到年 2013 年，基尼系数不断增加，2013 年达到最大值（0.234）；随后从 2013 年到 2017 年，产业链现代化省级区域差异不断缩小，2017 年达到最低值（0.207）；2017 年以后，基尼系数又开始不断增加，区域差异变大。我国产业链现代化水平区域差异变大的可能原因在于：现阶段我国产业链现代化尚处于较低水平，整体上处于快速上升期，东部发达省市凭借其领先的经济发展水平、完备的产业发展基础和丰富的要素资源在产业链现代化攻坚战中占得先机，中西部地区仍在承接与消化东部地区的产业转移，产业链现代化尚处于起步阶段，使得我国的产业链现代化水平区域差异扩大。

（二）中国产业链现代化水平的区域内差异分析

图 4-2 显示了 2011—2019 年我国三大区域产业链现代化水平的差异情况。可以看出，三大区域内的产业链现代化水平的相对差异均小于全国层面的相对差异，另外，东部和西部地区内的产业链现代化水平的相对差异高于中部地区。具体来看，东部地区内的产业链现代化水平的相对差异一直处于较为稳定状态，在观测期内波动幅度不大，2019 年东部地区基尼系数较 2015 年小幅上升了 6.79%。西部地区内的产业链现代化水平的相对差异呈现出"上升—下降—上升"的趋

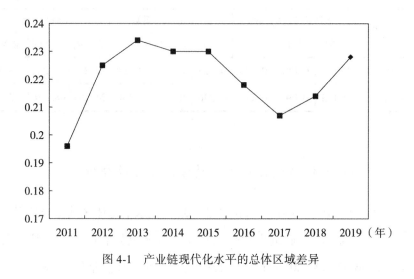

图 4-1　产业链现代化水平的总体区域差异

势，和全国趋势保持一致。从 2001 年到 2019 年，西部地区内的基尼系数增加了
54.78%，其中 2011 年到 2013 年处于上升阶段，基尼系数增加了 47.83%；2013
年到 2017 年处于下降阶段，基尼系数减少了 22.35%；2017 年到 2019 年，区域
差异又不断扩大，基尼系数增加了 34.85%。在观测期内，中部地区基尼系数从
2011 年的 0.064 增加到 2019 年的 0.099，增加了 54.69%，增幅和西部基本相
同。中部地区产业链现代化水平的相对差异先增加后减少再增加，其中 2011—
2015 年处于上升阶段，2015—2017 年处于下降阶段，2017—2019 年处于上升阶
段；基尼系数从 2011 年的 0.064 增加到 2015 年的 0.098，再下降到 2017 年的
0.086，最后上升到 2019 年的 0.099。东部和西部地区内的产业链现代化水平的
相对差异较大，这两大区域都存在着产业链现代化水平较高的省市，如东部地区
的北京、上海和广东，西部地区的四川和重庆，"极化"省份和"坍塌"省份的
存在使得这两个区域内产业链现代化水平的相对差异较大，中部地区内的相对差
异较小是因为整体上中部的 8 个省市产业发展所需的各种要素相对均衡，区域内
各省市区产业链现代化水平差异不大。

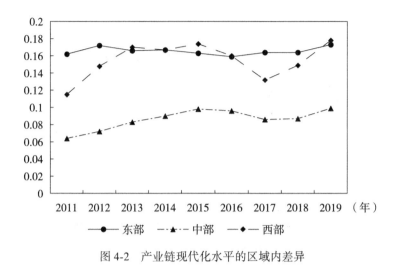

图 4-2　产业链现代化水平的区域内差异

（三）中国产业链现代化水平的区域间差异分析

图 4-3 显示了 2011—2019 年我国东—中部、东—西部和中—西部产业链现代化水平的差异情况。可以看出，东—西部的相对差异最大，东—中部次之，中—西部最低，此外在观测期内，东—中部、东—西部和中—西部的产业链现代化水平的相对差异几乎都呈现出"上升—下降—上升"的趋势。具体而言，东—中部的基尼系数在观测期内振动上升，从 2011 年的 0.215 上升到 2019 年的 0.23，增加 6.98%；东—西部的基尼系数在 2011—2013 年处于上升阶段，2013—2017 年有所下降，2017 年以后继续上升，观测期内基尼系数增加了 11.63%；中—西部的产业链现代化水平相对差异的发展趋势和东—西部一样，在观测期内，基尼系数增加了 39.53%。2011—2019 年，中—西部产业链现代化水平的相对差异扩大得最快，可能是"十二五"期间以来，中部地区快速承接东部地区的产业转移，产业链系统不断完善，导致中—西部的相对差异快速扩大。

（四）中国产业链现代化水平的区域差异来源分析

图 4-4 显示了 2011—2019 年我国产业链现代化水平区域相对差异来源的情

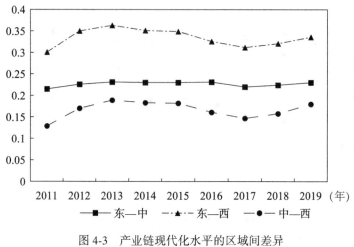

图 4-3　产业链现代化水平的区域间差异

况。可以看出观测期内，在我国产业链现代化区域差异中，区域间差异的占比高达 70% 左右，区域内差异占比 25% 左右，超变密度占比 10% 以内，这说明区域间差异是我国产业链现代化区域相对差异的主要来源。具体来看，区域间差异的贡献震荡下滑，2019 年较 2011 年下降了 4 个百分点左右；区域内差异的贡献先下降后上升，2019 年较 2011 年小幅增加了 1.5 个百分点；超变密度的贡献也曾呈现出先下降后上升的趋势，观测期内增加了 2.5 个百分点。由此可见，产业链现代化水平的空间差异主要来源于区域间差异，但区域内差异和超变密度的贡献有所增加。

三、产业链现代化的结构差异

Dagum 基尼系数及分解的方法能够很好地解释产业链现代化的空间差异和来源，但这只反映了地理学意义上的地区产业链现代化发展差异的构成，无法有效地刻画经济学意义上的产业链现代化的差异。产业链现代化由产业链基础、产业链数字化、产业链创新、产业链韧性、产业链协同和产业链可持续六大维度构成，因此，产业链现代化的差异也来源于这六大维度的差异，为此，在借鉴陈明

图 4-4　产业链现代化水平的区域差异来源

华等（2020）的研究基础上，本书将基于结构差异分解的视角，借助方差分解的方法探究我国产业链现代化发展差异的结构来源。

（一）全国产业链现代化发展差异的结构来源

图 4-5 是 2011—2019 年我国 30 个省份产业链现代化发展差异的结构分解情况。在全国层面，从各维度的平均差异贡献来看，产业链现代化六大维度对产业链现代化发展差异的贡献较为接近，其中产业链基础的发展差异和产业链创新的发展差异是产业链现代化发展差异的主要来源，差异的贡献率分别为 20.71% 和 20.51%；产业链数字化和产业链可持续的发展差异的贡献也较为接近，分别为 17.87% 和 18.24%；产业链韧性的发展差异对总体差异的贡献较小，差异贡献率为 13.01%；产业链协同的发展差异对产业链现代化总体发展差异的贡献最小，差异贡献率为 9.66%。

从各维度差异贡献率的时序演变来看：从 2011 年到 2019 年，产业链基础的发展差异的贡献逐渐缩小，从 2011 年的 23.73% 缩小为 2019 年的 18.17%，而产业链创新的发展差异的贡献逐渐扩大，从 2011 年的 17.74% 扩大到 2019 年的 23.92%，并从 2016 年开始取代产业链基础的贡献成为我国产业链现代化发展差异的主要来源；另外，观测期内，虽然产业链韧性和产业链协同的差异贡献不断变化，但对总体差异的贡献一直最小。

可以看出，产业链创新水平逐步取代产业链基础成为我国产业链现代化发展差异的主要来源，因此降低各省份产业链创新水平的差异是缩小我国产业链现代化发展差异的关键，但同时也需要注意加强各地区产业链基础的协调发展。

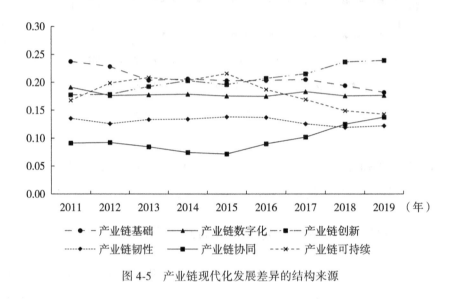

图 4-5　产业链现代化发展差异的结构来源

（二）三大区域产业链现代化发展差异的结构来源

表 4-2 是 2011—2019 年我国三大区域产业链现代化发展差异的结构分解情况。可以看出，我国东部、中部和西部地区产业链现代化发展差异的结构来源存在异质性。

在东部地区，平均差异贡献率最大的是产业链创新和产业链数字化的发展差异，平均差异贡献分别为 23.53% 和 20.68%。从各维度差异贡献率的时序演变来看，产业链基础的发展差异的贡献由 2011 年的 22.45% 缩小为 2019 年的 13.27%，产业链创新的发展差异的贡献由 2011 年的 19% 扩大为 2019 年的 28.63%，并从 2013 年开始取代产业链基础成为东部地区产业链现代化发展差异的主要来源，这与全国的差异来源的结构分解结果保持一致；另外，东部地区产业链韧性和产业链协同的发展差异贡献变化不大；产业链可持续的发展差异的贡献在观测期内均处于末位，且逐渐缩小，这说明东部地区各省份的产业链可持续发展水平逐步接近。

表 4-2　　　　　　　　三大区域产业链现代化结构差异的分解结果

区域	时间	产业链基础	产业链数字化	产业链创新	产业链韧性	产业链协同	产业链可持续
全国	2011	0.2373	0.1910	0.1774	0.1355	0.0913	0.1676
	2012	0.2283	0.1763	0.1783	0.1259	0.0925	0.1987
	2013	0.2038	0.1774	0.1924	0.1333	0.0846	0.2086
	2014	0.2064	0.1786	0.2030	0.1340	0.0746	0.2033
	2015	0.2029	0.1753	0.1961	0.1380	0.0718	0.2159
	2016	0.2036	0.1750	0.2073	0.1371	0.0899	0.1871
	2017	0.2052	0.1831	0.2153	0.1256	0.1020	0.1689
	2018	0.1944	0.1755	0.2367	0.1193	0.1250	0.1492
	2019	0.1817	0.1765	0.2392	0.1221	0.1376	0.1429
	均值	0.2071	0.1787	0.2051	0.1301	0.0966	0.1824
东部	2011	0.2245	0.1847	0.1900	0.1254	0.1576	0.1178
	2012	0.2245	0.1832	0.1958	0.1213	0.1524	0.1229
	2013	0.1852	0.2033	0.2271	0.1255	0.1277	0.1312
	2014	0.1883	0.2114	0.2256	0.1309	0.1093	0.1345
	2015	0.1722	0.2217	0.2316	0.1369	0.1037	0.1339
	2016	0.1721	0.2130	0.2402	0.1434	0.1130	0.1182
	2017	0.1624	0.2171	0.2405	0.1454	0.1274	0.1073
	2018	0.1490	0.2112	0.2807	0.1390	0.1540	0.0662
	2019	0.1327	0.2153	0.2863	0.1389	0.1596	0.0673
	均值	0.1790	0.2068	0.2353	0.1341	0.1338	0.1110

区域	时间	产业链基础	产业链数字化	产业链创新	产业链韧性	产业链协同	产业链可持续
中部	2011	0.1439	0.2964	0.1193	0.1490	0.0082	0.2832
	2012	0.1707	0.2391	0.1370	0.1388	0.0259	0.2884
	2013	0.1483	0.2027	0.1169	0.1745	0.0683	0.2893
	2014	0.1292	0.1927	0.1705	0.1797	0.0477	0.2803
	2015	0.1522	0.1950	0.1513	0.1778	0.0328	0.2908
	2016	0.1496	0.1970	0.1705	0.1311	0.0742	0.2776
中部	2017	0.1817	0.2156	0.2013	0.0674	0.0961	0.2379
	2018	0.1778	0.2061	0.2441	0.0585	0.0843	0.2292
	2019	0.1474	0.2125	0.2166	0.0987	0.1285	0.1964
	均值	0.1556	0.2175	0.1697	0.1306	0.0629	0.2637
西部	2011	0.1177	0.0404	0.1476	0.2451	0.0756	0.3736
	2012	0.0913	0.0716	0.1288	0.1445	0.0680	0.4958
	2013	0.1053	0.1206	0.1230	0.1460	0.0370	0.4681
	2014	0.1239	0.1323	0.1429	0.1542	0.0134	0.4333
	2015	0.1216	0.0962	0.1184	0.1652	0.0106	0.4881
	2016	0.1317	0.1442	0.1219	0.1526	0.0279	0.4216
	2017	0.1538	0.1881	0.1487	0.1615	0.0211	0.3269
	2018	0.1438	0.1904	0.1518	0.1544	0.0646	0.2950
	2019	0.1388	0.1850	0.1435	0.1544	0.0948	0.2835
	均值	0.1253	0.1299	0.1363	0.1642	0.0459	0.3984

在中部地区，平均差异贡献最大的是产业链可持续和产业链数字化的发展差异，平均贡献率分别为26.37%和21.75%。从各维度差异贡献率的时序演变来看，产业链数字化的发展差异的贡献由2011年的29.64%缩小为2019年的21.25%；产业链可持续的发展差异的贡献由2011年的28.32%缩小为2019年的19.64%；产业链创新的发展差异的贡献由2011年的11.93%扩大为2019年的

21.66%，并在 2018 年取代产业链可持续成为中部地区产业链现代化发展差异的主要来源；另外，产业链基础的发展差异的贡献基本保持不变，产业链韧性和产业链可持续的发展差异的贡献波动缩小，产业链协同的贡献虽波动上升，但依旧不高。可以看出，产业链创新、产业链数字化和产业链可持续的差异是中部地区产业链现代化发展差异的主要来源，但产业链可持续的差异贡献逐步降低。

在西部地区，平均差异贡献最大的是产业链可持续的发展差异，平均贡献率为 39.84%。从各维度差异贡献率的时序演变来看，产业链可持续的发展差异的贡献虽然由 2011 年的 37.36% 缩小为 2019 年的 28.35%，但依旧是西部地区产业链现代化发展差异的主要来源；产业链基础、产业链创新的发展差异的贡献基本保持不变；产业链数字化的发展差异的贡献逐步扩大，由 2011 年的 4.04% 扩大到 2019 年的 18.5%；产业链协同的发展差异的贡献由 2011 年的 7.56% 扩大到 2019 年的 9.58%，并在 2012 年取代产业链数字化成为对西部地区产业链现代化差异贡献最小的因素；此外，产业链韧性的发展差异的贡献也不断缩小，由 2011 年的 24.51% 缩小为 2019 年的 15.44%。可以看出，产业链可持续的差异始终是西部地区产业链现代化差异的主要来源。

从各维度差异对三大区域差异的贡献的对比来看，产业链基础、产业链创新、产业链协同的发展差异的贡献由东向西逐渐减小；产业链可持续的发展差异的贡献由东向西逐渐增加；产业链数字化的发展差异的贡献在东部和中部占比接近，均高于西部；产业链韧性的发展差异的贡献在三大区域内大致相同。

可以看出，产业链数字化和产业链创新是东部和中部地区产业链现代化差异的主要来源，而产业链可持续是西部地区产业链现代化差异的主要来源。

四、产业链现代化差异的形成机理

(一) 我国产业链现代化差异的形成机理

1. 我国产业链现代化差异的 QAP 相关分析

表 4-3 显示了观测期内我国 30 个省市区产业链现代化差异的 QAP 相关分

析结果。可以看出，产业链现代化水平的差异在产业链基础水平的差异、产业链数字化水平的差异、产业链创新水平的差异、产业链韧性水平的差异、产业链协同水平的差异、产业链可持续水平的差异之间的相关系数均为正数且都通过了 $\alpha = 0.01$ 的显著性水平检验，这说明产业链现代化水平的差异和上述六大维度的差异都存在显著的正相关性。从相关系数的大小来看，产业链现代化水平的差异和产业链创新水平的差异之间的相关系数最大，达到了 0.9258，这说明产业链现代化水平的差异和产业链创新水平的差异最为密切；由 QAP 相关分析的结果还可以看出，其他因素和产业链现代化水平的差异也都高度相关，密切程度由高到低依次为产业链韧性水平的差异（0.9094）、产业链数字化水平的差异（0.8896）、产业链基础水平的差异（0.8447）、产业链可持续水平的差异（0.8104）和产业链协同水平的差异（0.7349）。QAP 相关分析的结果表明产业链现代化系统内部的各子系统的差异与产业链现代化水平的差异都密切相关，但相关关系不等同于回归关系，虽然产业链现代化六大子系统的差异和产业链现代化的差异显著相关，但这并不表示其对产业链现代化差异的影响较大，因此需要进一步通过 QAP 回归分析研究产业链现代化六大子系统的差异对产业链现代化差异的影响程度。

此外，产业链现代化六大子系统的地区差异相互之间也存在较为显著的相关关系，这说明自变量之间存在多重共线性问题，因此进一步通过 QAP 回归来研究各因素对产业链现代化差异的影响程度具有必要性。

表 4-3　　　　　　　　产业链现代化发展差异的 QAP 相关分析结果

变量	相关系数	显著性水平	相关系数均值	标准差	最小值	最大值	P_{large}	P_{small}
产业链基础	0.845	0	−0.002	0.187	−0.574	0.668	0	1
产业链数字化	0.89	0	−0.001	0.187	−0.587	0.63	0	1
产业链创新	0.926	0	−0.002	0.186	−0.56	0.632	0	1

续表

变量	相关系数	显著性水平	相关系数均值	标准差	最小值	最大值	P_{large}	P_{small}
产业链韧性	0.909	0	0	0.187	-0.585	0.668	0	1
产业链协同	0.735	0	-0.003	0.185	-0.589	0.687	0	1
产业链可持续	0.81	0	-0.002	0.188	-0.651	0.54	0	1

2. 我国产业链现代化差异的 QAP 回归分析

不同于 OLS 回归，QAP 回归存在两个回归系数，即未标准化回归系数和标准化回归系数，其中，未标准化系数是在原始数据的基础上通过 QAP 回归得到的，而标准化回归系数是对原始数据进行标准化处理后再进行 QAP 回归得到的。标准化回归系数由于消除了变量量纲，能够有效避免变量量纲对回归结果的影响，因此是 QAP 回归分析的重点（Borgatti 等，2002；Burris，2005）。本书的QAP 回归分析都是基于标准化回归系数展开。

表 4-4 显示了观测期内我国 30 个省市区产业链现代化差异的 QAP 回归分析结果。可以看出，产业链现代化六大子系统的差异对我国产业链现代化水平的差异的影响均为正向，且标准化回归系数均通过了 $\alpha = 0.01$ 的显著性水平检验，这说明各省份在产业链现代化系统任何一个维度的差异都会导致产业链现代化差异的形成，产业链现代化六大子系统任意一个系统差异的扩大都会导致产业链现代化差异的扩大。

表 4-4　　　　　**产业链现代化发展差异的 QAP 回归分析结果**

变量	标准化回归系数	显著性水平	P_{large}	P_{small}
产业链基础	0.1554	0.002	0.002	0.999
产业链数字化	0.2226	0	0	1
产业链创新	0.2850	0.001	0.001	1
产业链韧性	0.1252	0.008	0.008	0.992
产业链协同	0.1634	0	0	1

变量	标准化回归系数	显著性水平	P_{large}	P_{small}
产业链可持续	0.2663	0	0	1
adj_R^2	0.98			
样本数	870			

接下来，从静态和动态两个视角对我国产业链现代化差异的影响因素进行分析。静态视角上，从表4-4可以看出，在影响产业链现代化差异的因素中，产业链创新水平的差异影响程度最大，标准化回归系数为0.2850。产业链创新水平的提高是实现产业链现代化的关键，我国经济长期处于非平衡的发展状态，技术、知识和人才等创新要素在各地区分布不均，这导致了不同地区的创新产出差异巨大，东部地区创新要素充分聚集，产业链创新水平明显优于中西部，这种状况显著扩大了产业链现代化水平的差异；接下来是产业链可持续水平的差异和产业链数字化水平的差异的影响，标准化回归系数分别为0.2663和0.2226；产业链协同水平的差异、产业链基础水平的差异和产业链韧性水平的差异对我国产业链现代化水平的差异的影响程度相当，标准化回归系数分别为0.1634、0.1554和0.1252。一方面，现阶段我国产业链韧性和产业链协同水平不高，各地区差异不明显；另一方面，随着各地区一直以来对基础设施建设持续的高投入，中西部地区的产业链发展基础快速发展，产业链发展基础和东部地区的差距逐渐缩小，产业链基础水平的差异对我国产业链现代化水平的差异影响越来越有限。

动态视角上，由图4-6可以看出，从2011年到2019年，产业链创新水平的差异、产业链数字化水平的差异、产业链可持续水平的差异对产业链现代化水平的差异的影响有不同程度的增加。其中，产业链创新水平差异的影响程度从2011年的0.1573增加到2019年的0.3568，增长126.88%，这进一步说明了缩小产业链创新水平的差距是实现产业链现代化协调发展的重中之重；产业链数字化水平差异的影响程度从2011年的0.2539增加到2019年的0.2866；产业链可持续水平的差异的影响程度从2011年的0.2263增加到2019年的0.2750。相反，从

2011 年到 2019 年，产业链协同差异的影响程度有所下降，这可能是由于各地区产业链协同水平有所提升。此外，产业链基础、产业链韧性差异的回归系数未能通过显著性检验，这可能是因为近些年我国产业链发展基础日趋完善，产业结构不断高端化，产业控制力和产业盈利能力都在不断加强，随着我国经济高质量发展持续推进，各地区产业链发展基础和产业链韧性差距在缩小。

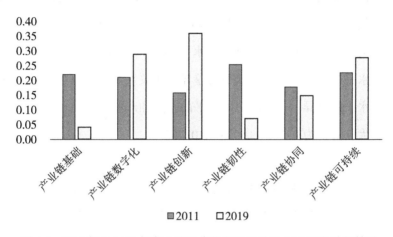

图 4-6　2011 年和 2019 年产业链现代化发展差异的 QAP 回归分析结果

从前面的分析可以看出，产业链创新水平的差异是产业链现代化水平差异的最大成因，因此解决产业链现代化创新发展失衡问题是降低我国产业链现代化差异的最有力手段。产业链可持续水平的差异、产业链数字化水平的差异也是推动产业链现代化差异变化的重要因素，因此促进产业链可持续、产业链数字化的全面发展同样十分重要；产业链协同、产业链基础水平和产业链韧性的差异对我国产业链现代化差异影响程度不大，但依旧显著，说明这三个维度的均衡发展也同样值得关注。

（二）三大区域产业链现代化差异的形成机理

1. 三大区域产业链现代化差异的 QAP 相关分析

表 4-5 显示了 2011—2019 年我国三大区域产业链现代化差异的 QAP 相关分

析结果。从东部地区 QAP 相关分析结果来看，和全国平均水平一样，东部地区产业链现代化水平的差异和产业链基础水平的差异、产业链数字化水平的差异、产业链创新水平的差异、产业链韧性水平的差异、产业链协同水平的差异和产业链可持续水平的差异之间的相关系数均为正数且都通过了 $\alpha = 0.01$ 的显著性水平检验，这说明东部地区产业链现代化水平的差异和上述六大维度的差异都存在显著的正相关性。从相关系数的大小可以看出，东部地区产业链现代化水平的差异和产业链现代化六大子系统的差异均密切相关，但与全国平均水平不一样的是，东部地区相关系数最大的为产业链韧性水平的差异，相关系数为 0.919；其次为产业链创新水平的差异和数字化水平的差异，相关系数分别为 0.89 和 0.879；产业链可持续水平的差异、产业链协同水平的差异和产业链基础水平的差异的相关系统差别不大，分别为 0.786、0.771 和 0.703。

表 4-5　　　　三大区域产业链现代化发展差异的 QAP 相关分析结果

变量	东部		中部		西部	
	相关系数	P 值	相关系数	P 值	相关系数	P 值
产业链基础	0.703	0.004	0.591	0.061	0.553	0.051
产业链数字化	0.879	0.000	0.793	0.009	0.743	0.006
产业链创新	0.89	0.000	0.831	0.002	0.841	0.006
产业链韧性	0.919	0.000	0.519	0.105	0.798	0.001
产业链协同	0.771	0.003	0.332	0.21	0.321	0.165
产业链可持续	0.786	0.001	0.908	0.000	0.843	0.001

从中部地区 QAP 相关分析的结果来看，与东部地区不同的是，中部地区产业链韧性水平的差异和产业链协同水平的差异的相关系数较小，且未通过显著性水平检验。其余四个因素和中部地区的产业链现代化水平的差异显著相关，其中，产业链可持续水平的差异的相关系数最大，为 0.908；其次是产业链创新水平的差异，相关系数为 0.831；最后是产业链数字化水平的差异和产业链基础水

平的差异，相关系数分别为 0.793 和 0.591。

从西部地区 QAP 相关分析的结果来看，除了产业链协同水平的差异的相关系数外，其余五个因素均通过了显著性水平检验。与西部地区产业链现代化水平差异最密切相关的因素是产业链可持续水平的差异和产业链创新水平的差异，相关系数分别为 0.843 和 0.841；和东部、中部一样，西部地区相关系数最小的因素也是产业链基础水平的差异，相关系数为 0.553。

和全国平均水平一样，三大区域产业链现代化差异的各影响因素之间也高度相关，因此需要进一步借助 QAP 回归分析展开研究。

2. 三大区域产业链现代化差异的 QAP 回归分析

表 4-6 显示了 2011—2019 年我国三大区域产业链现代化差异的 QAP 回归分析的结果。可以看出，和全国平均水平一样，三大区域产业链现代化六大子系统的差异对各区域产业链现代化水平的差异的影响均为正向，且标准化回归系数均通过了 $\alpha = 0.01$ 的显著性水平检验，这说明在三大区域层面上，产业链现代化六大子系统中任意一个系统的差异的扩大都会导致产业链现代化差异的扩大。

表 4-6　　　　　**三大区域产业链现代化发展差异的 QAP 回归分析结果**

变量	东部		中部		西部	
	回归系数	P 值	回归系数	P 值	回归系数	P 值
产业链基础	0.1904	0.000	0.2111	0.000	0.1728	0.000
产业链数字化	0.2227	0.000	0.2588	0.000	0.1689	0.000
产业链创新	0.2162	0.000	0.1775	0.000	0.1300	0.000
产业链韧性	0.2343	0.000	0.3632	0.000	0.2941	0.000
产业链协同	0.1966	0.000	0.2193	0.000	0.1627	0.000
产业链可持续	0.1413	0.000	0.2874	0.000	0.4543	0.000

接下来，同样从静态和动态视角对三大区域产业链现代化差异的影响因素进行分析。静态视角上，东部地区各因素对产业链现代化差异的影响程度差别不大，影

响程度最大的是产业链韧性水平的差异，标准化回归系数为 0.2343；影响程度最小的是产业链可持续水平的差异，标准化回归系数为 0.1413。和东部地区一样，中部地区影响产业链现代化差异最大的因素也是产业链韧性水平的差异，标准化回归系数为 0.3632，影响程度最小的因素是产业链创新水平的差异，标准化回归系数为 0.1775。西部地区和中部地区一样，对产业链现代化差异影响程度最小的因素是产业链创新水平的差异，标准化回归系数为 0.13，对西部地区产业链现代化差异影响程度最大的是产业链可持续水平的差异，标准化回归系数为 0.4543。

从三大区域影响因素的对比来看，产业链创新水平的差异的影响程度由东到西依次递减，产业链可持续水平的差异的影响程度由东到西依次递增，其他四个因素都是在中部地区的影响程度最大。

动态视角上，图 4-7、图 4-8 和图 4-9 显示了 2011 年和 2019 年三大区域产业链现代化差异的 QAP 回归分析结果。可以看出，从 2011 年到 2019 年，东部地区产业链创新水平的差异的影响程度有所提升，从 2011 年的 0.1789 提高到 2019 年的 0.2505，增长了 40.03%；产业链基础水平的差异和产业链可持续水平的差异的影响程度有所下降，分别减少了 34.39% 和 42.41%。

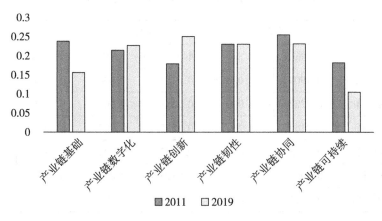

图 4-7　2011 年和 2019 年东部产业链现代化发展差异的 QAP 回归分析结果

中部地区产业链协同水平的差异和产业链创新水平的差异的影响程度有所提

升，分别从 2011 年的 0. 1240 和 0. 1477 增加到 2019 年的 0. 2313 和 0. 1959，分别增长了 86. 61% 和 32. 62%；其余四个因素的影响程度均有所下降，其中产业链韧性水平的差异的影响程度下降了 51. 07%，从 2011 年的 0. 5090 减少到 2019 年的 0. 2490。

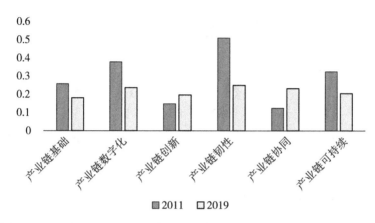

图 4-8　2011 年和 2019 年中部产业链现代化发展差异的 QAP 回归分析结果

西部地区产业链数字化水平的差异的影响程度和产业链创新水平的差异的影响程度有所提升，分别增长了 16. 11% 和 9. 60%，其余四个因素的影响程度均有所下降，其中产业链韧性水平的差异的影响程度下降了 43. 78%，从 2011 年的 0. 4832 减小到 2019 年的 0. 2716。

从图 4-7、图 4-8 和图 4-9 还可以看出，从 2011 年到 2019 年，产业链发展基础的差异和产业链可持续水平的差异对产业链现代化差异的影响程度在三大区域均明显下降，而产业链创新水平的差异对产业链现代化差异的影响在三大区域均有不同程度的上升，其余三个因素影响程度的变化在不同区域不尽相同。

从上面的分析可以看出，三大区域产业链现代化差异的影响因素存在异质性。在影响产业链现代化差异最大的因素方面，东部和中部地区是产业链韧性水平的差异，西部地区是产业链可持续水平的差异；在影响产业链现代化差异最小的因素方面，东部地区是产业链可持续水平的差异，中部和西部是产业链创新水平的差异。此外，三大区域的产业链创新水平的影响都在提升，产业链基础和产

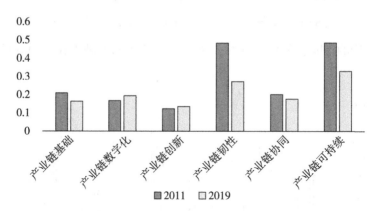

图 4-9　2011 年和 2019 年西部产业链现代化发展差异的 QAP 回归分析结果

业链可持续水平的影响都在降低。

第二节　产业链现代化的协调发展

一、协调发展的研究方法

产业链现代化是一个综合复杂的系统，耦合协调度模型以各个省份为研究对象，对各个省份的产业链基础、产业链数字化、产业链创新、产业链韧性、产业链协同和产业链可持续这六大系统的协调发展情况展开研究，系统耦合协调度的计算包括两部分——协调度系数 C 和综合协调指数 T。协调度系数 C 用以反映产业链现代化六个子系统相互影响和相互协调的情况，综合协调指数 T 用以反映产业链现代化系统的发展情况。由于协调度系数 C 只能反映子系统间的协调情况，可能会出现两个低水平系统的协调度高于两个高水平系统的协调度的情形。显然，协调度系数 C 无法完整地刻画系统间协调发展的全貌，不是全部意义上的协调，因此需要将能够反映系统发展水平高低的综合协调指数 T 也纳入模型，耦合协调度模型的计算如式（4-16）所示。

$$D = \sqrt{C \times T} \tag{4-16}$$

其中，D 表示产业链现代化六大子系统的耦合协调度，用来反映产业链现代化系统的协调发展程度。综合协调指数 $T = \gamma_1 U_1 + \gamma_2 U_2 + \gamma_3 U_3 + \gamma_4 U_4 + \gamma_5 U_5 + \gamma_6 U_6$，$U_i$ 表示产业链现代化各子系统的发展水平，γ_i 表示产业链现代化各子系统的权重（$\gamma_1 + \gamma_2 + \gamma_3 + \gamma_4 + \gamma_5 + \gamma_6 = 1$），综合协调指数 T 用以反映产业链系统的发展水平。

协调度系数 C 存在多种计算方式，为了确保计算得到的协调度系数 C 的取值范围在 $[0, 1]$，通过参考任栋等（2021）的研究，本书选择采用 n 系统耦合协调度来计算 C，如式（4-17）所示。

$$C = \left[\frac{U_1 \times U_2 \times \cdots \times U_n}{\left(\dfrac{U_1 + U_2 + \cdots + U_n}{n} \right)^n} \right]^{\frac{1}{n}} \tag{4-17}$$

当且仅当 $U_1 = U_2 = \cdots = U_n$ 时，$\dfrac{U_1 + U_2 + \cdots + U_n}{n} \geqslant (U_1 \times U_2 \times \cdots \times U_n)^{1/n}$，所以 $0 \leqslant C \leqslant 1$。

通过参考廖重斌（1999）、皮建才和宋大强（2021）以及任栋等（2021）的研究，本书将产业链现代化系统的耦合协调情况划分为 10 种类型，如表 4-7 所示。

表 4-7　　　　　　　　　　耦合协调度的等级划分标准

耦合协调类型	耦合协调度	协调类型	耦合协调度
优质协调	(0.9, 1.0]	濒临失调	(0.4, 0.5]
良好协调	(0.8, 0.9]	轻度失调	(0.3, 0.4]
中级协调	(0.7, 0.8]	中度失调	(0.2, 0.3]
初级协调	(0.6, 0.7]	严重失调	(0.1, 0.2]
勉强协调	(0.5, 0.6]	极度失调	[0.0, 0.1]

二、产业链现代化的协调发展分析

(一)测度结果分析

产业链现代化系统的耦合协调是对产业链现代化水平评价指标体系中的六个一级指标的协调发展情况进行分析。耦合协调模型借助耦合协调度来反映某一地区产业链现代化六大子系统间的协调互动关系。其中,采用前文测算的各子系统综合评价指数表示其发展水平,采用各省份产业链现代化水平表示系统综合发展水平,即综合协调指数 T。本书根据耦合协调度模型分别计算了 2011—2019 年我国 30 个省市区的产业链现代化系统的耦合协调度,具体测算结果如表 4-8 所示。

表 4-8 产业链现代化系统的耦合协调情况

区域	省份	2011	2012	2013	2014	2015	2016	2017	2018	2019	均值
东部	北京	0.795	0.819	0.830	0.848	0.860	0.868	0.898	0.888	0.905	0.857
	天津	0.657	0.668	0.665	0.700	0.714	0.731	0.708	0.720	0.735	0.700
	河北	0.464	0.475	0.483	0.511	0.529	0.550	0.564	0.588	0.588	0.528
	辽宁	0.505	0.515	0.525	0.547	0.544	0.573	0.587	0.590	0.597	0.554
	上海	0.764	0.785	0.775	0.809	0.824	0.833	0.851	0.848	0.860	0.817
	江苏	0.670	0.690	0.714	0.736	0.744	0.759	0.778	0.790	0.813	0.744
	浙江	0.640	0.656	0.667	0.692	0.714	0.731	0.746	0.778	0.796	0.714
	福建	0.491	0.509	0.531	0.552	0.564	0.572	0.588	0.606	0.616	0.559
	山东	0.614	0.612	0.640	0.663	0.674	0.692	0.711	0.716	0.711	0.670
	广东	0.707	0.720	0.718	0.749	0.777	0.827	0.855	0.897	0.923	0.797
	海南	0.362	0.403	0.395	0.459	0.429	0.460	0.454	0.451	0.455	0.430
	均值	0.606	0.623	0.631	0.661	0.670	0.690	0.704	0.716	0.727	0.670

续表

区域	省份	2011	2012	2013	2014	2015	2016	2017	2018	2019	均值
中部	山西	0.418	0.423	0.417	0.436	0.437	0.465	0.494	0.502	0.495	0.454
	吉林	0.426	0.446	0.467	0.494	0.498	0.514	0.520	0.511	0.541	0.491
	黑龙江	0.428	0.426	0.413	0.440	0.443	0.455	0.466	0.462	0.461	0.444
	安徽	0.523	0.541	0.560	0.595	0.613	0.627	0.647	0.644	0.658	0.601
	江西	0.464	0.470	0.477	0.502	0.516	0.510	0.538	0.567	0.595	0.515
	河南	0.501	0.499	0.505	0.522	0.530	0.542	0.563	0.582	0.596	0.538
	湖北	0.515	0.533	0.538	0.575	0.593	0.611	0.626	0.646	0.665	0.589
	湖南	0.505	0.511	0.515	0.547	0.554	0.572	0.589	0.601	0.614	0.556
	均值	0.473	0.481	0.486	0.514	0.523	0.537	0.556	0.564	0.578	0.524
西部	内蒙古	0.374	0.349	0.357	0.372	0.377	0.408	0.441	0.412	0.393	0.387
	广西	0.394	0.407	0.426	0.453	0.433	0.458	0.473	0.465	0.476	0.443
	重庆	0.499	0.512	0.527	0.577	0.584	0.611	0.624	0.651	0.659	0.583
	四川	0.479	0.492	0.501	0.531	0.549	0.565	0.595	0.611	0.637	0.551
	贵州	0.365	0.365	0.343	0.389	0.406	0.437	0.464	0.489	0.508	0.418
	云南	0.373	0.369	0.371	0.399	0.421	0.436	0.453	0.472	0.478	0.419
	陕西	0.521	0.502	0.512	0.534	0.545	0.571	0.575	0.582	0.600	0.549
	甘肃	0.345	0.366	0.359	0.397	0.414	0.444	0.455	0.451	0.463	0.411
	青海	0.363	0.339	0.329	0.338	0.348	0.394	0.424	0.426	0.395	0.373
	宁夏	0.369	0.343	0.340	0.380	0.360	0.403	0.434	0.427	0.421	0.386
	新疆	0.301	0.302	0.290	0.323	0.313	0.317	0.349	0.360	0.345	0.322
	均值	0.399	0.395	0.396	0.426	0.432	0.459	0.481	0.486	0.489	0.440
全国	均值	0.492	0.500	0.504	0.534	0.542	0.562	0.580	0.589	0.598	0.545

由图 4-10 可以看出，从全国层面上来看，2011—2019 年，我国产业链现代化系统的耦合协调度总体上呈现上升趋势，全国耦合协调度平均水平从 2011 年的 0.492 上升到 2019 年的 0.589，增长了 21.45%，这说明党的十八大以来，我国产业链现代化六大系统的协调程度在不断提升。其中，上升幅度最大的三个省

市分别是贵州（39%）、甘肃（34.13%）、四川（33.12%），上升幅度最小的三个省市分别是青海（9.08%）、黑龙江（7.81%）、内蒙古（5.14%），均是西部区域省市。

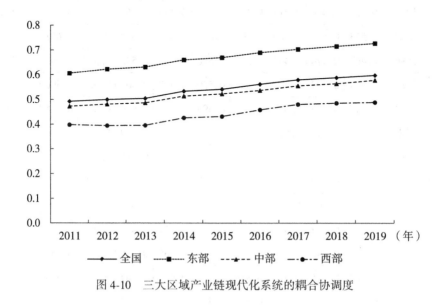

图 4-10　三大区域产业链现代化系统的耦合协调度

在观测期内，我国 30 个省份的产业链现代化的耦合协调度呈现了不同程度的上升趋势。其中，江苏、浙江、湖北、重庆、福建、湖南、四川、河北和贵州 9 个省份的产业链现代化耦合协调度"持续上升"；北京、上海、天津、山东、山西、黑龙江、广西、海南、甘肃、内蒙古、宁夏、青海和新疆 13 个省市的耦合协调度"波动上升"；剩下 8 个地区的耦合协调度"先下降后上升"。

从三大区域层面来看，在观测期内，三大区域产业链现代化系统的协调程度不断提升，耦合协调度增幅都在 20%。分区域看，东部区域各省份产业链现代化系统的协调程度普遍高于中西部区域，在耦合协调度均值排名前十的省市中，除安徽、湖北和重庆外，其余省市均位于东部区域。在观测期内，北京、上海和广东三个地区的产业链现代化系统的耦合协调度一直都位于全国前三，耦合协调度均值依次为 0.857、0.817 和 0.797。这三个地区的经济发展水平处于全国领先水平,"新基建"投入大,高新企业和高端人才聚集,产业链现代化各子系统发展较为均衡,因此耦合协调度较高。在观测期内,宁夏、青海和新疆的产业链现代化系统的耦合协调度在全国排名倒数,耦合协调度均值分别为 0.386、0.373 和 0.322。这三大地区的经济发展水平不高,产业发展以低端传统产业为主,产业发展不均衡,虽然产业链现代化六大子系统的协调度系数较高,但整体耦合协调度较低。

为了进一步分析我国各省产业链现代化系统协调发展的类型及演化,本书根据表 4-7 确定的耦合协调度的划分标准,对 2011 年、2015 年和 2019 年 30 个省市的产业链现代化的耦合协调类型进行了划分,如表 4-9 所示。

表 4-9　　　　　　　产业链现代化系统的耦合协调类型的划分结果

耦合协调类型	2011	2015	2019
轻度失调	广西、内蒙古、云南、宁夏、贵州、青海、海南、甘肃、新疆	内蒙古、宁夏、青海、新疆	青海、内蒙古、新疆
濒临失调	重庆、福建、四川、河北、江西、黑龙江、吉林、山西	吉林、黑龙江、山西、广西、海南、云南、甘肃、贵州	山西、云南、广西、甘肃、黑龙江、海南、宁夏
勉强协调	安徽、陕西、湖北、湖南、辽宁、河南	湖北、重庆、福建、湖南、四川、陕西、辽宁、河南、河北、江西	、辽宁、河南、江西、河北、吉林、贵州
初级协调	江苏、天津、浙江、山东	山东、安徽	湖北、重庆、安徽、四川、福建、湖南、陕西
中级协调	北京、上海、广东	广东、江苏、天津、浙江	浙江、天津、山东
良好协调		北京、上海	上海、江苏
优质协调			广东、北京

从分布情况可以看出，我国产业链现代化系统的耦合协调类型大致呈现出"橄榄球"的结构，覆盖多个类型，从轻度失调到优质协调。2011年，我国产业链现代化系统的协调发展情况共有5种类型。其中，处于轻度失调类型和濒临失调类型的共有17个省市，西部省份占绝大多数；处于勉强协调类型的共有6个省市，大部分是中部省份；处于初级和中级协调类型的分别有4个和3个省市，全部都是东部省市。2015年，我国产业链现代化系统的协调发展情况共有6种类型。其中，处于轻度失调类型的有4个省市，较2011年减少了5个省市；处于濒临失调和勉强协调类型的共有18个省市，占全部省市的50%以上；处于初级协调、中级协调和良好协调类型的分别有2个、4个和2个省市，安徽上升为初级协调，江苏、天津、浙江上升为中级协调，北京和上海上升为良好协调。2019年，我国产业链现代化系统的协调发展情况共有7种类型。其中，处于轻度失调类型的有3个省市，依旧为西部省市；处于濒临失调、勉强协调、初级协调类型的省市较为平均，分别有7个、6个和7个；处于中级协调、良好协调和优质协调类型的省市也较为平均，分别有3个、2个和2个，且均来自东部区域。从上面的分析可以看出，在观测期内，各区域我国产业链现代化系统的协调发展情况均发生了一定的改善，但东部区域的改善情况优于中西部，产业链现代化系统的协调发展总体呈现出东部＞中部＞西部的空间格局。

（二）具体特征分析

1. 极化特征

从均值数据来看，2011年、2015年和2019年，我国产业链现代化系统的耦合协调度均值分别为0.492、0.542和0.592，说明我国产业链现代化系统的协调发展进程较为缓慢，上升趋势不明显。从覆盖类型来看，2011年、2015年和2019年，我国产业链现代化系统覆盖的耦合协调度类型分别为5个、6个和7个，类型不断增加，发展差异不断扩大。从极差数据来看，2011年、2015年和2019年，我国产业链现代化系统的耦合协调度极差分别为0.494、0.547和0.560，极差波动上升，我国各省份产业链现代化系统协调发展的差异在不断扩大，极化特征明显（见图 4-11）。

图 4-11　各省份产业链现代化系统耦合协调发展的极差情况

2. 聚集特征

由表 4-8 可以看出，我国产业链现代化系统的耦合协调呈现出集聚发展的特征。处于中级协调、良好协调和优质协调的省市分别是环渤海区域的北京、天津和山东，长三角区域的浙江、上海和江苏以及珠三角区域的广东。这些地区经济发展水平高，产业发达，科教资源丰富，人才资金大量聚集，产业链现代化各系统关联密切。处于勉强协调和初级协调的省份包括长江中游区域的湖北、安徽、湖南和江西，川渝地区的重庆和四川等。这些地区积极推动产业转型升级，大力培育战略性新型产业，在积极承接东部产业转移方面走在了全国前列。

轻度失调和濒临失调的省市区包括西北区域的甘肃、宁夏、青海和新疆，西南区域的云南和广西。这些地区产业发展基础较差，除旅游业外，其他产业发展均较差，产业链发展水平低。

3. 阶梯特征

按照东部、中部和西部三大区域对 2011—2019 年我国 30 个省份的产业链现代化系统的协调度进行划分。2011 年，我国东部、中部和西部的产业链现代化系统的耦合协调度分别为 0.606、0.473 和 0.399；2015 年，我国东部、中部和西部的产业链现代化系统的耦合协调度分别为 0.670、0.523 和 0.432；2019 年，我国东部、中部和西部的产业链现代化系统的耦合协调度分别为 0.716、0.564 和 0.486。可以发现，我国产业链现代化系统的协调发展总体呈现出自西向东逐渐上升的阶梯特征，并且阶差有扩大的趋势。近年来，中央通过出台《新时代推进西部大开发形成新格局的指导意见》《新时代推动中部地区高质量发展的意见》等文件支持中西部地区产业链现代化，推进区域高质量发展。产业链现代化"攻坚战"需要各方积极参与，中西部区域需要抓紧出台在各地区实施的产业链现代化政策，努力缩小与东部区域的差距。

第三节　产业链现代化的异常识别

一、异常识别的研究方法

通过借鉴车明佳（2021）的研究，本书采用自编码器（AutoEncoder）对我国产业链现代化系统进行异常监测。自编码器是神经网络中一种对数据进行降维的无监督算法，也可以被认为是非线性的主成分分析（PCA）。自编码器的主要思想是将原始高维数据通过编码器压缩为低维数据，再利用解码器将压缩后的低维数据还原为原始高维数据，即编码器压缩数据，解码器还原数据。自编码器是一个包含输入层、隐藏层和输出层的多层神经网络，将输入作为学习目标（输出），因此属于无监督模型，自编码器通过最小化输入层和输出层的误差来进行参数更新，其运作过程如图 4-12 所示。

自编码器包含两个过程：一是从输入层到隐藏层的编码过程；二是从隐藏层到输出层的解码过程，如式（4-18）所示。

$$h = \sigma(W_1 x + b_1)$$
$$\hat{x} = \sigma(W_2 h + b_2)$$

(4-18)

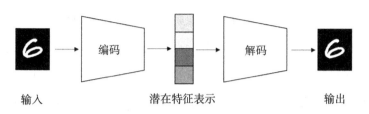

图 4-12 自编码器的结构图示

通过最小化输入和输出的误差来构建损失函数，如式（4-19）所示。

$$J(W,\ b) = \|x - \hat{x}\| \tag{4-19}$$

其中，x 为输入数据，W_1 和 b_1 分别为编码器的权重和偏置，$\hat{x}$ 为输出数据；W_2 和 b_2 分别为解码器的权重和偏置；σ 为非线性激活函数，常用的激活函数一般有 *tanh* 函数、*ReLU* 函数和 *Sigmoid* 函数等。另外，神经网络采用梯度下降算法来更新参数，常见的梯度下降的方法有 SGD（随机梯度下降）、RMSprop（自适应学习率算法）和 Adam（Adam 优化器）等（见图 4-13）。

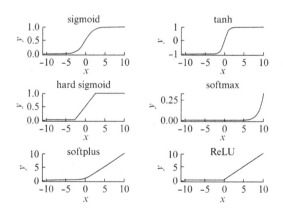

图 4-13 激活函数示意图①

---

① 资料来源：牛晓健和凌飞（2021）。

自编码器可以对正常的样本数据进行很好地还原，而对异常样本数据难以实现很好地还原，从而导致异常样本出现解码后的数据和原始数据误差较大的现象，因此，可以利用自编码器的这个特点对我国产业链现代化系统进行异常监测，找到各地区产业链现代化系统存在异常的地方。如图 4-14 所示，本章将前文构建的产业链现代化评价指标体系的三级指标作为输入和输出的内容，搭建神经网络，构造自编码器，通过分析解码后的数据和原始数据的偏差识别产业链现代化系统的异常点。本书的异常监测分为局部异常识别和整体异常识别两部分，其中局部异常识别主要是识别产业链现代化系统各指标的异常，而整体异常识别主要是识别各省市产业链现代化整体水平的异常。

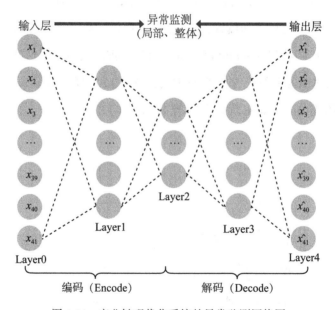

图 4-14　产业链现代化系统的异常监测网络图

使用自编码器对我国产业链现代化系统进行异常监测的主要流程如下：

第一步，搭建自编码器的神经网络结构。

本书构建的产业链现代化系统异常监测模型是一个五层的神经网络。其中，Layer0 为输入层，共有 41 个节点，即前文产业链现代化评价指标体系中的三级指标；Layer1 和 Layer2 为编码器，分别包含 15 个节点和 6 个节点，即前文产业链现代化评价指标体系中的二级指标和一级指标；Layer3 和 Layer4 为解码器，分别包含 15 个节点和 41 个节点，与编码器相对应。

第二步，神经网络参数设置。

激活函数可以增强神经网络的非线性，在产业链现代化系统异常监测中，Layer1、Layer2、Layer3 和 Layer4 都需要引入激活函数。本书使用网格搜索（Grid Search）的方法确定每一层的激活函数，其中，Layer1 使用 Tanh 函数，Layer2 使用 Softplus 函数，Layer3 使用 Sigmoid 函数，Layer4 使用 ReLU 函数。

本书将 2011—2019 年我国 30 个省市的数据按照 8∶2 的比例划分训练集和测试集，考虑到总共有 30 个省市，因此将批大小（batchsize）设置为 30。本书使用均方误差（MSE）作为神经网络的损失函数，同时将平均绝对误差（MAE）作为辅助决策指标。考虑到 Adam 算法具有多种优良性质，本书选择 Adam 算法作为神经网络的优化器。

本书使用 Python 中的 Keras 库搭建自编码器神经网络，由图 4-15 可以看出，经过大概 200 个时期（Epoch）的学习，模型开始稳定。训练集的均方误差和平均绝对误差分别从 0.1399 下降到 0.0427、0.2688 下降到 0.1134；测试集的均方误差和平均绝对误差分别从 0.1363 下降到 0.0479、0.2633 下降到 0.1213。因此将自编码器的时期数（Epoch）设置为 200。

第三步，识别产业链现代化系统的局部异常。

本书将产业链现代化评价指标系统的三级指标作为神经网络的输入，记为 x_{ijt}，神经网络的输出记为 x_{ijt}^{pred}。局部异常识别主要用来识别产业链现代化系统单个指标的异常，本书使用偏离程度 d_{ijt} 来判断指标 j 是否异常，计算方式如式（4-20）所示。

$$d_{ijt} = \frac{e_{ijt}}{\hat{\sigma}_j} \tag{4-20}$$

其中，e_{ijt} 表示指标 j 的残差，$e_{ijt} = x_{ijt} - x_{ijt}^{pred}$，$\hat{\sigma}_j$ 为指标 j 的残差的标准差，

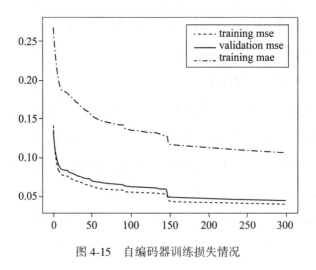

图 4-15 自编码器训练损失情况

$\hat{\sigma}_j = \sqrt{\dfrac{1}{n-1}\sum_j (e_{ijt} - \overline{e_j})}$。通过观察 d_{ijt} 的数据分布，同时在借鉴车明佳 (2021) 研究的基础上，产业链现代化系统局部异常的判断准则如下：若指标 j 的偏离程度 d_{ijt} 位于 $(-2, 2)$，则认为指标 j 未出现异常，记为 0；若指标 j 的偏离程度 d_{ijt} 位于 $[2, 3)$，则认为指标 j 出现轻微正向异常，记为 1，进行蓝色预警；若指标 j 的偏离程度 d_{ijt} 位于 $[3, +\infty)$，则认为指标 j 出现明显正向异常，记为 2，进行绿色预警；若指标 j 的偏离程度 d_{ijt} 位于 $(-3, -2]$，则认为指标 j 出现轻微负向异常，记为 -1，进行橙色预警；若指标 j 的偏离程度 d_{ijt} 位于 $(-\infty, -3]$，则认为指标 j 出现明显负向异常，记为 -2，进行红色预警。其中，绿色预警和蓝色预警表示指标发展超出预期，红色预警和橙色预警表示指标发展低于预期，需要加以重视。

第四步，识别产业链现代化系统的整体异常。

整体异常识别主要是识别省市层面产业链现代化发展水平的异常。在局部异常识别的基础上，本书采用加权平均误差（WSE）和加权绝对误差（WAE）识别某一省市某年的产业链现代化水平是否异常。加权平均误差（WSE）和加权绝对误差（WAE）的计算公式如式（4-21）所示。

$$WSE_{it} = \sum_{j=1}^{n} w_j^2 \, e_{ijt}^2$$

$$WAE_{it} = \sum_{j=1}^{n} w_j \mid e_{ijt} \mid$$

(4-21)

其中，w_j 为前文确定的产业链现代化评价指标体系中各三级指标的权重；n 为指标个数，在本书中 $n = 41$。采用 3-Sigma 准则，本书分别计算各省市加权平均误差（WSE）和加权绝对误差（WAE）的上四分位数 Q_3 和下四分位数 Q_1，若某地区的加权均方误差（WSE）和加权平均绝对误差（WAE）的取值均大于 $Q_3 + 1.5 \times (Q_3 - Q_1)$，则认为该地区产业链现代化水平出现异常。

二、产业链现代化的局部异常识别

产业链现代化系统局部异常共有四种类型，分别是红色预警、橙色预警、蓝色预警和绿色预警，其中：红色预警表示指标发展明显低于预期，橙色预警表示指标发展轻微低于预期，蓝色预警表示指标发展轻微高于预期，绿色预警表示指标发展明显高于预期（见图4-16）。

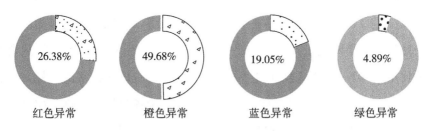

26.38%　　49.68%　　19.05%　　4.89%

红色异常　　橙色异常　　蓝色异常　　绿色异常

图 4-16　产业链现代化系统局部异常类型分布

每一个产业链现代化系统共有 41 个三级指标，从 2011 年到 2019 年，我国 30 个省市的产业链现代化系统累积包含 11070 个指标，通过构建自编码器，本书识别出的异常指标（包含 ±1 和 ±2）累计有 777 个，我国产业链现代化系统的局部异常比例为7.02%。其中,正向轻微异常的指标(蓝色预警)共有148个,占全部指标的比重为1.34%,占异常指标的比重为19.05%;正向明显异常的指标(绿色预警)共有38个,占全部指标的比重为0.34%,占异常指标的比重为4.89%;负向轻微异常的指标(橙色预警)共有386个,占全部指标的比重为3.49%,占异常指标的比重为49.68%;负向明显异常的指标(红色预警)共有205个,占全部指标的比重为1.85%,占异常指标的比重为26.38%。可以看出,第一,在所有局部异常情况中,负向异常占绝大多数,比重超过75%;第二,在四种局部异常类型中,负向轻微异常(橙色预警)出现次数最多,排名第一,其他依次是负向明显异常(红色预警)、正向轻微异常(蓝色预警)和正向明显异常(绿色预警)。

从指标出现异常的情况来看,所有异常类型累计出现次数最多的5个指标分别是每万人互联网宽带接入端口数(95)、银行业金额机构各项贷款余额占GDP的比重(88)、每百人使用计算机数(49)、货物周转量(35)和中国最具价值品牌数量(22)。

其中,正向显著异常的指标(绿色预警)出现次数最多的前3个分别是:每百家企业拥有网站数(6)、银行业金额机构各项贷款余额(4)和单位工业增加值电耗(3)。正向轻微异常的指标(蓝色预警)出现次数最多的前3个分别是:战略性新兴产业主营业务收入(12)、产业结构合理化(9)和高技术制造业主营业务收入(8)。负向轻微异常的指标(橙色预警)出现次数最多的前3个分别是:每万人互联网宽带接入端口数(68)、银行业金额机构各项贷款余额占GDP的比重(50)、每百人使用计算机数(33)。负向显著异常的指标(红色预警)出现次数最多的前3个分别是:银行业金额机构各项贷款余额占GDP的比重(38)、每万人互联网宽带接入端口数(27)、电子信息制造业主营业务收入(17)。

可以看出,银行业金额机构各项贷款余额占GDP的比重、每万人互联网宽带接入端口数这两个指标出现负向异常的频率很高,且明显高于其他指标,应予以重点关注,并及时制定相关政策进行宏观调控。战略性新兴产业主营业务收入和产业结构合理化这两个指标出现正向异常的次数较多,说明当前相关政策取得了有效的正向反馈,应逐步加大相关政策应用强度。

从各省市的指标出现异常的情况来看，指标出现异常次数最多的前 3 个省市分别是甘肃（43）、青海（41）、陕西（36）和湖南（36），出现异常次数最少的 3 个省市分别是北京（16）、四川（15）和江苏（14）。

其中，出现正向显著异常（绿色预警）次数最多的前 3 个省市分别是陕西（6）、黑龙江（5）和甘肃（4），出现正向轻微异常（蓝色预警）次数最多的前 3 个省市分别是青海（14）、河南（10）、湖北（9）和内蒙古（9），出现负向轻微异常（橙色预警）次数最多的 3 个省市分别是浙江（19）、甘肃（18）、天津（18）和湖南（18），出现负向显著异常（红色预警）次数最多的 3 个省市分别是广东（19）、湖南（15）和陕西（14）。

可以发现，中西部区域省份出现异常指标的情况较多，东部区域省份出现异常指标的情况较少。

此外，若考虑各省市在单个年份上的指标异常情况，可以发现，共有 11 个省市在某个单独年份的异常指标数达到了 10 个以上，占总指标数的 25% 左右，分别是 2017 年的陕西（14）、2018 年的青海（14）、2014 年的广东（12）、2017 年的甘肃（12）、2015 年的天津（11）、2019 年的黑龙江（11）、2019 年的湖南（11）、2012 年的云南（11）、2012 年的甘肃（11）、2014 年的山西（10）和 2019 年的山东（10）。其中，2017 年的陕西出现负向显著异常（红色预警）的指标高达 11 个（见表 4-10）。

表 4-10　　　各省市产业链现代化系统不同类型的异常指标数量

省份	异常指标总数	绿色预警	橙色预警	橙色预警	红色预警
北京	16	1	0	10	5
天津	34	1	6	18	9
河北	22	1	2	16	3
山西	28	2	5	12	9
内蒙古	23	0	9	8	6
辽宁	19	2	7	6	4
吉林	17	0	6	8	3

省份	异常指标总数	绿色预警	橙色预警	橙色预警	红色预警
黑龙江	29	5	5	14	5
上海	29	0	4	12	13
江苏	14	0	4	8	2
浙江	30	1	3	19	7
安徽	20	0	4	13	3
福建	28	2	2	14	10
江西	22	1	1	17	3
山东	27	1	2	14	10
河南	28	1	10	10	7
湖北	22	0	9	9	4
湖南	36	0	3	18	15
广东	31	1	4	7	19
广西	18	0	5	10	3
海南	17	0	3	10	4
重庆	24	2	3	13	6
四川	15	0	2	12	1
贵州	28	1	4	16	7
云南	29	0	8	17	4
陕西	36	6	5	11	14
甘肃	43	4	8	18	13
青海	41	3	14	16	8
宁夏	27	2	6	14	5
新疆	24	1	4	16	3

　　若某个地区的某个指标连续三年出现负向异常（橙色预警或者红色预警），说明该地区的该指标发展需要引起足够重视，应及时进行干预。通过对指标出现异常的情况进行整理，发现连续三年出现指标负向异常的具体情况是：天津、河北、内蒙古、上海、浙江、安徽、山东和贵州的每万人互联网宽带接入端口数，安徽的每百人使用计算机数，天津、吉林、安徽和湖北的银行业金额机构各项贷

款余额占 GDP 比重，福建的 R&D 外部支出占 GDP 比重。

三、产业链现代化的整体异常识别

整体异常识别主要是识别省市层面产业链现代化发展水平的异常。在局部异常的基础上，本书发现在 2011—2019 年共有 16 个省市的产业链现代化发展水平累计出现了 22 次异常，其中，2011 年产业链现代化水平出现异常的省市为福建，2012 年产业链现代化水平出现异常的省市为河北、山东、云南和甘肃，2013 年产业链现代化水平出现异常的省市为山东和广西，2014 年产业链现代化水平出现异常的省市为山西、上海、广东和贵州，2015 年产业链现代化水平出现异常的省市为天津；2016 年产业链现代化水平出现异常的省市为广东，2017 年产业链现代化水平出现异常的省市为上海、浙江、山东、陕西、甘肃和青海，2019 年产业链现代化水平出现异常的省市为河北、黑龙江和云南。

可以发现，产业链现代化出现异常次数最多的省份是山东，共有 3 年出现异常；产业链现代化出现异常次数最多的年份是 2017 年，共有 5 个省市出现异常，2018 年没有省市产业链现代化出现异常。

通过分析产业链现代化整体出现异常的省市的指标发展情况，可以发现有 7 个异常省市出现了较多的异常指标，分别是 2012 年的云南、2014 年的广东、2015 年的天津、2017 年的陕西和甘肃、2019 年的湖南和黑龙江，如表 4-11 所示。

表 4-11　　　　　　　部分省市产业链现代化整体异常情况

省市	年份	正向异常指标	负向异常指标
云南	2012	高技术制造业主营业务收入（1）、银行业金额机构各项贷款余额（1）	每万人互联网宽带接入端口数（-1）、研发经费投入占 GDP 比重（-1）、R&D 外部支出占 GDP 比重（-1）、中国制造业 500 强企业数量（-1）、中国最具价值品牌数量（-1）、每百人使用计算机数（-2）、技术市场成交额（-2）、跨国公司 100 强企业数量（-2）、银行业金额机构各项贷款余额占 GDP 的比重（-2）

续表

省市	年份	正向异常指标	负向异常指标
广东	2014	有电子商务交易活动企业占总企业数比重（1）、电子商务销售额占 GDP 的比重（1）、高技术制造业主营业务收入（1）、银行业金额机构各项贷款余额（2）	每万人互联网宽带接入端口数（-1）、研发经费投入占 GDP 比重（-1）、中国最具价值品牌数量（-1）、R&D 外部支出占 GDP 比重（-1）、每百人使用计算机数（-2）、技术市场成交额（-2）、跨国公司 100 强企业数量（-2）
天津	2015	高技术制造业主营业务收入（1）、银行业金额机构各项贷款余额（1）	研发经费投入占 GDP 比重（-1）、中国制造业 500 强企业数量（-1）、产业结构高级化（-1）、每万人互联网宽带接入端口数（-2）、每百人使用计算机数（-2）、PCT 国际专利申请量（-2）、技术市场成交额（-2）、跨国公司 100 强企业数量（-2）
陕西	2017		PCT 国际专利申请量（-1）、有电子商务交易活动企业占总企业数比重（-1）、每万人互联网宽带接入端口数（-2）、每百人使用计算机数（-2）、电子商务销售额占 GDP 的比重（-2）、研发经费投入占 GDP 比重（-2）、R&D 经费内部支出（-2）、技术市场成交额（-2）、产业结构高级化（-2）、跨国公司 100 强企业数量（-2）、银行业金额机构各项贷款余额占 GDP 的比重（-2）、R&D 外部支出（-2）、R&D 外部支出占 GDP 比重（-2）、制造业与生产性服务业协同集聚（-2）

续表

省市	年份	正向异常指标	负向异常指标
甘肃	2017	制造业与生产性服务业协同集聚（1）	生产性服务业固定资产投资占服务业比重（-1）、跨国公司100强企业数量（-1）、R&D外部支出（-1）、产业结构高级化（-2）、每万人互联网宽带接入端口数（-2）、每百人使用计算机数（-2）、研发经费投入占GDP比重（-2）、R&D经费内部支出（-2）、技术市场成交额（-2）、银行业金额机构各项贷款余额占GDP的比重（-2）、R&D外部支出占GDP比重（-2）
湖南	2019		规模以上工业企业R&D人员全时当量（-1）、每万人互联网宽带接入端口数（-1）、R&D经费内部支出（-1）、每百人使用计算机数（-1）、高技术制造业主营业务收入（-1）、货物周转量（-2）、电子信息制造业主营业务收入（-2）、PCT国际专利申请量（-2）、技术市场成交额（-2）、银行业金额机构各项贷款余额（-2）、R&D外部支出（-2）
黑龙江	2019	R&D外部支出（1）、有电子商务交易活动企业占总企业数比重（2）、电子商务销售额占GDP的比重（2）、银行业金额机构各项贷款余额（2）	研发经费投入占GDP比重（-1）、技术市场成交额（-1）、中国制造业500强企业数量（-1）、R&D外部支出占GDP比重（-1）、银行业金额机构各项贷款余额占GDP的比重（-2）、每百人使用计算机数（-2）、跨国公司100强企业数量（-2）

注：指标括号后的数字表示产业链现代化局部异常类型，其中2表示绿色预警，1表示蓝色预警，-1表示橙色预警，-2表示红色预警。

　　根因分析法（Root Cause Analysis，RCA）是通过系统化的分析，找出事件发生的根本性原因的一种方法。RCA认为任何事件的发生都是背后多个层面的因素共同作用所导致。产业链现代化系统包含多个指标,每一个指标的异常都是系统异常的一个因素,即每一个指标局部异常都可能是导致地区产业链现代化水平异常的原因,接下来,本书将利用指标的局部异常对这 7 个地区的产业链现代化水平的整体异常进行根因分析。

2012 年的云南共有 11 项指标异常,正向异常指标有 2 个,分别是高技术制造业主营业务收入和银行业金额机构各项贷款余额,均为蓝色预警;负向异常指标有 9 个,5 个为橙色预警,4 个为红色预警,橙色预警指标为每万人互联网宽带接入端口数、研发经费投入占 GDP 比重、R&D 外部支出占 GDP 比重、中国制造业 500 强企业数量和中国最具价值品牌数量,红色预警指标为每百人使用计算机数、技术市场成交额、跨国公司 100 强企业数量、银行业金额机构各项贷款余额占 GDP 的比重。2012 年云南产业链现代化的异常指标出现在多个子系统中,其中产业链创新子系统出现异常的指标较多,这也是云南产业链现代化水平由 2011 年的第 23 名下降一位到 2012 年的第 24 名的一个较为重要的原因。

2014 年的广东共有 11 项指标异常,正向异常指标有 4 个,其中有电子商务交易活动企业占总企业数比重、电子商务销售额占 GDP 的比重和高技术制造业主营业务收入为蓝色预警,银行业金额机构各项贷款余额为绿色预警;负向异常指标有 7 个,其中每万人互联网宽带接入端口数、研发经费投入占 GDP 比重、中国最具价值品牌数量和 R&D 外部支出占 GDP 比重为橙色预警,每百人使用计算机数、技术市场成交额、跨国公司 100 强企业数量为红色预警。可以看出,2014 年广东的产业链数字化方面的指标出现了较多的异常,且异常类型差异较大。

2015 年的天津共有 10 项指标异常,正向异常指标有 2 个,高技术制造业主营业务收入和银行业金额机构各项贷款余额均为蓝色预警;负向异常指标有 8 个,3 个为橙色预警,剩余 5 个为红色预警,橙色预警的指标为研发经费投入占 GDP 比重、中国制造业 500 强企业数量和产业结构高级化,红色预警的指标为每万人互联网宽带接入端口数、每百人使用计算机数、PCT 国际专利申请量、技术市场成交额和跨国公司 100 强企业数量。可以看出,2015 年天津的产业链现代化出现异常主要是产业链创新和产业链数字化方面的指标出现异常导致的。

2017 年的陕西共有 14 项指标异常，且全部指标都为负向异常，除了 PCT 国际专利申请量和有电子商务交易活动企业占总企业数比重两个指标为橙色异常外，其余 11 个指标均为红色预警。可以看出，2017 年的陕西出现红色预警的指标较多，其中，产业链数字化、产业链创新和产业链协同方面分别有 4 个指标异常，这三个维度的异常共同导致了 2017 年陕西产业链现代化的异常。

2017 年的甘肃共有 12 项指标异常，除了制造业与生产性服务业协同集聚为正向异常外，其余 11 个指标均为负向异常，其中 3 个指标为橙色预警，剩余 8 个指标为红色预警。可以看出，产业链创新、产业链韧性和产业链协同方面分别有 3 个、4 个和 3 个指标异常，这三个维度的异常共同导致了 2017 年甘肃产业链现代化的异常。

2019 年的湖南共有 11 项指标异常，全部指标都为负向异常，产业链数字化和产业链创新方面分别有 3 个和 4 个指标异常，说明产业链数字化和产业链创新两个维度的异常是导致 2019 年湖南产业链现代化异常的重要原因。

2019 年的黑龙江产业链现代化水平较 2018 年从第 24 位下降到第 25 位，总共有 11 项指标异常，4 个指标表现为正向异常，其中 3 个绿色预警、1 个蓝色预警，剩余 7 个指标为负向异常，其中 4 个橙色预警、3 个红色预警。可以看出，产业链协同和产业链数字化分别有 4 个和 3 个指标异常，这两个维度的异常是导致 2019 年黑龙江产业链现代化异常的重要原因。

可以看出，产业链数字化、产业链创新和产业链协同这三个维度中的指标发生异常的次数明显高于其他维度，这三个维度的异常是导致产业链现代化异常的主要原因。

第五章
产业链现代化的优化研究

第四章在科学测度我国产业链现代化水平的基础上，对我国产业链现代化的差异、协调和异常进行了研究，本章将进一步利用机器学习模型探索我国产业链现代化水平的优化路径。首先，从社会需求、科技创新、制度安排和资源禀赋四个方面寻找产业链现代化的投入要素；其次，利用随机森林模型识别各要素对产业链现代化的贡献率和重要程度，找出对产业链现代化发展影响较大的要素；最后，利用偏效应模型揭示不同投入要素对产业链现代化的边际效应，探究各地区如何依据自身状况找到产业链现代化发展的最优路径。

第一节　随机森林模型的原理

在前文异常识别的基础上，通过借鉴欧阳志刚和陈普（2020）的研究，本书进一步采用随机森林（Random Forest）算法探究我国产业链现代化的优化路径。随机森林是机器学习领域中的一种集成学习（Ensemble Learning）方法，即将多个独立的决策树（Decision Tree）模型集合在一起进行问题的研究。随机森林的思想是通过对原始数据进行 N 次有放回的随机抽样来构造 N 个独立的子数据集，在每一个数据集上建立一棵独立的决策树模型形成一个包含 N 棵树的森林，这样解释变量对被解释变量就形成了 N 种独立的估计结果，对所有估计结果进行平均即可得到随机森林模型输出的最终估计值。

随机森林模型能够对不同量纲的高维数据进行处理而不需要降维，对原始数据有较强的拟合能力和较好的泛化效果，并且能够输出每一个特征的贡献程度，因而具有良好的解释能力，相比传统的计量回归模型，随机森林模型通过梯度下降的优化参数的方法，能够有效避免回归模型中可能出现的多重共线性和自由度损失等问题（Hastie 等，2009），因此，在经济学领域，随机森林模型被广泛应用于多变量回归问题的解决（夏晓圣等，2020；欧阳志刚和陈普，2020；蹇令香等，2021；曾祥炎等，2021）。

决策树模型是随机森林模型的基础，不同于传统的回归模型，决策树回归模型的估计是基于变量的数值、种类和结构等特征进行数据分组，将数值、种类和结构等特征相似的地区划为一组，计算该组地区产业链现代化水平的平均值，即为该组变量对应的输出。简而言之，如果省份 i 和省份 j 的各变量的数值、种类和结构在统计学上高度相似，那么省份 i 和省份 j 就会被分为一组，这两个省份的平均产业链现代化水平就是这两组的输出。本书将省份 i 的观测值记为（y_i，x_{i1}，x_{i2}，$\cdots$，x_{i12}），其中，y_i 表示省市 i 的产业链现代化水平，x_{i1}，x_{i2}，$\cdots$，x_{i12} 表示省市 i 的投入要素。决策树建模的步骤如式（5-1）、式（5-2）和式（5-3）所示。

对于变量 x_j，若已知一个阈值分割点 s，则可以根据 x_j 大于或小于阈值 s，将原始数据分成两个子数据集 R_1 和 R_2。

$$R_1(j,\ s) = \{y_i,\ x_{i1},\ x_{i2},\ L,\ x_{iJ} \mid x_j \leqslant s\}$$
$$R_2(j,\ s) = \{y_i,\ x_{i1},\ x_{i2},\ L,\ x_{il} \mid x_j > s\} \tag{5-1}$$

这样，每个数据集都可以得到输出值的平均值。

$$\hat{y}_{R_1} = \bar{y}_{R_1} = \text{average}(y_i \mid y_i \in R_1(j,\ s))$$
$$\hat{y}_{R_1} = \bar{y}_{R_2} = \text{average}(y_i \mid y_i \in R_2(j,\ s)) \tag{5-2}$$

若投入要素 x_j 和阈值分割点 s 均未知时，可以通过最小化残差平方和得到最优的 x_j 和 s。

$$\sum_{x_1 \in R_1(j,\ s)} (y_i - \bar{y}_{R_1})^2 + \sum_{x_1 \in R_2(j,\ s)} (y_i - \bar{y}_{R_2})^2 \tag{5-3}$$

在求出第一个 x_j 和 s 后，原始数据被分割成了子数据集 R_1 和 R_2。接下来，在子数据集 R_1 中寻找下一个变量及最佳的阈值分割点，并将子数据集 R_1 分成 R_3 和 R_4。找到第二个分割的投入要素和分割点后，以此类推，继续对子数据集 R_2、R_3 和 R_4 进行分割，如此反复地寻找分别变量和分割阈值，直到满足终止条件，例如达到指定的数据分割层数或子数据集包含的样本数即停止分割。对数据进行多次分割后的结果即形成了一棵决策树，分叉点即为某个投入要素的阈值（见图5-1）。

若分割点过多，模型将会出现过拟合，即模型可以对训练样本拟合得很好，

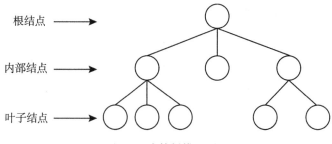

图 5-1　决策树模型图示

但是对样本外数据预测效果差，因而需要对数据分割的次数进行惩罚，以防止回归树生成过多的叶子节点，这通常被称为剪枝。

一般而言，单个决策树模型的估计结果不够理想，因此本书引入了集成学习中的随机森林模型。随机森林模型是通过对样本进行多次重抽样构建多个决策树模型来进行估计，其基本原理如图 5-2 所示。

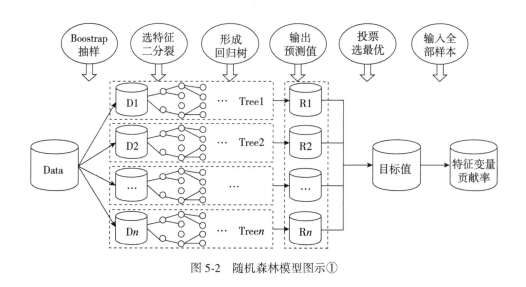

图 5-2　随机森林模型图示①

首先，通过 Boostrap 的方法对原始数据抽样形成 N 个子数据集（每个数据

---

① 资料来源：曾祥炎等（2021）。

集的样本量相当于原始数据的 2/3）；其次，在每一个子数据集上分别建立一个决策树模型，形成具有 N 棵树的随机森林；最后，每一个决策树模型分别独立地输出估计值，对所有决策树模型输出的估计值求平均即为随机森林模型的输出。

　　一般而言，可以通过计算袋外数据（out-of-bagdata，OOB）上的均方误差（mean-squareerror，MSE）和拟合优度（Goodness of Fit，R^2）来评估随机森林模型的估计效果。

$$\text{MSE}_{\text{OOB}} = \dfrac{\sum\limits_{i=1}^{n}(y_i - \hat{y}_1)^2}{m} \tag{5-4}$$

$$R_{RF}^2 = 1 - \dfrac{\text{MSE}_{\text{OOB}}}{\hat{\sigma}_y^2} \tag{5-5}$$

　　其中，n 表示地区个数，y_i 表示地区 i 真实的产业链现代化水平，$\hat{y}_1$ 表示随机森林回归模型得到地区 i 的产业链现代化水平，R_{RF}^2 表示 OOB 预测值的方差。

一、特征的重要性

　　随机森林模型在对数据进行有效拟合的同时，还可以输出每一个变量 x_j 的重要性得分（FeatureImportance，也称特征贡献率）。随机森林虽然是一个"黑箱"的非线性模型，但是可以利用特征重要性的得分来解释每一个变量 x_j 对产业链现代化的影响程度。随机森林模型有两种方式来计算特征重要性，一是基于袋外数据（OOB），二是基于基尼系数。

（一）基于袋外数据（OOB）

　　建立一个包含 m 棵决策树的随机森林模型，完成模型训练后可得到每一棵决策树在袋外数据（OOB）上的均方误差，分别为 MSE_1，MSE_2，$\cdots$，MSE_m。改变袋外数据中任意一个特征的数据，形成新的袋外数据 OOB_{new}，用已经完成训练的原始随机森林模型对新的袋外数据（OOB_{new}）进行预测，得到新的均方误差。

$$\begin{bmatrix} \text{MSE}_{11} & \text{MSE}_{12} & \cdots & \text{MSE}_{13} \\ \text{MSE}_{21} & \text{MSE}_{22} & \cdots & \text{MSE}_{23} \\ \cdots & \cdots & \vdots & \cdots \\ \text{MSE}_{m1} & \text{MSE}_{m2} & \cdots & \text{MSE}_{mk} \end{bmatrix} \tag{5-6}$$

用 MSE_1，MSE_2，$\cdots$，MSE_m 与矩阵的第 j 列元素对应相减，取平均值后除以对应的标准差（S_j）就得到特征 x_j 的均方误差平均减小量，即特征重要性评分，具体公式如下：

$$\text{VIM}_j(\text{MSE}) = \left[\frac{1}{m} \sum_{j=1}^{m} (\text{MSE}_i - \text{MSE}_\gamma) \right] \Big/ S_j, \quad j = 1, 2, \cdots, J \tag{5-7}$$

基于袋外数据（OOB）的思想是通过改变特征数据，观察模型拟合误差的变化情况，模型的均方误差平均变化越大，特征的重要性评分越高，特征越重要；反之，特征重要性越低。

（二）基于基尼系数

基于基尼系数的计算方式认为，特征 X_j 在随机森林所有决策树中节点分裂不纯度的平均改变量即为特征 X_j 的重要性评分。

Gini 指数的计算公式为：

$$\text{GI}_m = \sum_{k=1}^{|K|} \sum_{k' \neq k} p_{mk} p_{mk'} = 1 - \sum_{k=1}^{|K|} p_{mk}^2 \tag{5-8}$$

其中，K 表示有 K 个类别，p_{mk} 表示节点 m 中类别 k 所占的比例，即从节点 m 中随机抽取两个样本，其类别不一致的概率。特征 X_j 在节点 m 的重要性，即为节点 m 分枝前后的 Gini 指数变化量：

$$\text{VIM}_{jm}^{(\text{Gini})} = \text{GI}_m - \text{GI}_l - \text{GI}_r \tag{5-9}$$

其中，GI_l 和 GI_r 分别表示分枝后两个新节点的 Gini 指数。

若特征 X_j 在第 i 棵决策树中出现 M 次，则特征 X_j 在第 i 棵决策树中的重要性为：

$$\text{VIM}_{ij}^{(\text{Gini})} = \sum_{i=1}^{M} \text{VIM}_{ij}^{(\text{Gini})} \tag{5-10}$$

若共有 m 棵树,那么特征 X_j 的重要性评分为:

$$\mathrm{VIM}_j = \frac{1}{m} \sum_{i=1}^{m} \mathrm{VIM}_{ij}^{(\mathrm{Gini})} \qquad (5\text{-}11)$$

二、特征的偏效应

传统回归模型可以通过回归系数来反映解释变量的变化对被解释变量的影响程度。在随机森林模型中,Friedman(2001)提出的偏效应分解方法可以被用来分析随着解释变量的增加而带来的产业链现代化的动态变化。

变量 X_j 对产业链现代化影响的偏效应可以定义为:

$$f_j(X_j) = \frac{1}{n} \sum_{i=1}^{n} f(X_j, X_{ik}) \qquad (5\text{-}12)$$

其中,$f(\cdot)$ 为随机森林模型估计的函数,X_k 表示除去 X_j 后剩下的变量,n 为样本个数,通过构造各变量 X_j 与产业链现代化的偏效应图可以清晰地观察到各变量变化所引起的产业链现代化水平变化的情况(欧阳志刚和陈普,2020)。

第二节　产业链现代化的投入要素分析

一、投入要素的识别

产业链现代化是一个复杂的动态系统,影响产业链现代化的因素众多,通过参考姜泽华和白艳(2006)、欧阳志刚和陈普(2020)、汪芳和石鑫(2022)等相关学者的研究,本书将产业链现代化的驱动要素概括为社会需求、科技创新、制度安排和资源禀赋四个部分。其中,社会需求是产业链现代化的市场导向,科技创新是产业链现代化的核心驱动力,制度安排是产业链现代化的体制保障,资源禀赋是产业链现代化的物质基础。在不同地区和不同时期,社会需求、科技创新、制度安排和资源禀赋在产业链实现现代化过程中的作用不尽相同。

（一）社会需求

社会需求是指全社会对产品或者服务的总需求，是产业链现代化的出发点和立足点。终端需求是驱动产业链现代化水平提升的重要动力机制（中国社会科学院工业经济研究所课题组和张其仔，2021）。党的十九大报告明确指出，我国社会的主要矛盾是人民日益增长的美好生活需要和不平衡不充分的发展之间的矛盾，产业链的发展就是发展不平衡不充分的一个具体体现，社会需求的变化必然影响产业链现代化。社会需求主要包括投资需求、消费需求和出口需求3个层面。具体而言：第一，投资可以创造新的产业，改变已有产业结构，推动产业转型升级，是产业链现代化的直接驱动力。第二，随着经济水平不断提高，消费结构逐渐趋向多层次、多样性和高端化，在"双循环"的新发展格局下，消费对于产业链现代化的推动作用日益突出。第三，出口需求是外国对本国产品或服务的需求，各国由于资源禀赋不同，产品的比较优势也不同，比较优势是形成全球产业分工和全球产业链的核心因素。我国是全世界制造业最完备的国家，中国制造畅销全球，因此，出口和外贸需求是影响产业链现代化的重要因素。

（二）科技创新

党的二十大报告指出，科技是第一生产力，人才是第一资源，创新是第一动力。当前，以美国为首的西方国家对我国实施科技管制，对我国的高端产业进行国家打压，试图遏制我国的发展和崛起，我国产业链的安全面临重大挑战。加快科技创新，实现高水平科技自立自强是解决我国产业链上一系列"卡脖子"问题的根本途径，是产业链实现现代化的核心驱动力。具体而言：第一，科技创新推动形成新产业。科技创新带来的新生产技术可以对旧的生产工艺和设备进行改造，使生产方式更加现代化、生成过程更加合理化，从而形成新的产业。此外，在科技创新的推动下产生的新产业往往是以产业集群或者产业链的形式存在。例如，以5G技术为核心的5G产业链、以自动驾驶技术和电池技术为核心的新能源汽车产业链等。第二，科技创新推动产业结构升级。用新技术、新设备、新工艺、新产品取代老技术、老设备、老工艺、老产品，可以提高劳动生产率，创造更高的利润与价值，推动产业链走向高端化。第三，科技创新可以塑造"链主"。科学技术是企业生存发展的核心竞争力，掌握核心技术的企业凭借技术优势可以在短时间内迅速发展壮大，成为产业链的核心环节，在整个产业链上占据主导地位，成为"链主"，控制整条产业链的发展和布局。

（三）制度安排

在我国的经济体制下，制度安排对于产业链现代化建设的方向和重点有较大影响。具体而言：第一，制度安排影响资源配置方式。资源配置方式一般分为计划配置和市场配置。在计划配置中政府主导资源的分配，而市场配置是以市场为主进行资源分配。第二，制度安排影响产业链现代化的方向。制度安排是宏观经济运行的主要影响因素，政府以行政、法律等途径引导宏观经济按照预期的方向发展，产业链现代化也会受到影响。第三，制度安排影响产业链现代化的进度。制度安排为产业链现代化提供了制度保障，如果政府部门出台的法律、法规、政策和措施符合产业链的发展规律，产业链现代化就会稳定快速发展，反之，产业链现代化就会进展缓慢，甚至出现严重的失衡状态。

（四）资源禀赋

产业链是不同产业之间组成的复杂链式结构，因此，资源禀赋对于产业链现代化的建设同样十分重要。资源禀赋一般包括人力资源、物力资源和财力资源。具体而言，第一，人力资源即为劳动力资源。劳动力的数量和劳动者的素质对于产业链现代化有着较大影响，在产业链不断向 GVC 高端环节攀升的过程中，高水平劳动力尤其是高端科技人才的供给至关重要。第二，物力资源指的是自然资源。一个地区的产业发展、产业结构与自然资源的禀赋具有密切联系。自然资源丰富的地区往往能形成资源开发型的产业，而自然资源匮乏的地区只能形成资源加工型的产业。不同地区应该依据本地区的资源状况，因地制宜发展产业链。第三，财力资源一般指资金资源。货币资金是企业持续经营和创造价值的根本动力，也是产业基础高级化和产业链现代化的重大推动力，资金的宽裕程度和资金在产业链不同环节的分配情况都会对产业链现代化造成影响。例如，对于芯片等高端产业，只有在研发环节持续加大资金投入，才有可能取得重大突破，从而掌握产业链的主导权。

最终，本书选择了 12 个具体指标作为影响产业链现代化的投入要素，如表 5-1 所示。

表 5-1 　　　　　　　　　　　　**产业链现代化的影响因素**

要素类别	一级指标	二级指标	指标英文名称
社会需求	消费需求	社会消费品零售总额	*cons*
	投资需求	固定资产投资总额	*inv*
	出口需求	进出口总额	*exp*
科技创新	科技成果产出	每万人专利申请数	*pat*
	研发经费投入	研发经费投入占 GDP 比重	*fund*
	研发人员投入	R&D 人员全时当量	*rd*
制度安排	政府干预程度	财政支出占 GDP 比重	*gov*
	外商投资情况	外商直接投资占 GDP 比重	*fdi*
	市场化程度	市场化程度	*mar*
资源供给	人力资源	平均受教育年薪	*huc*
	物力资源	城市工业用地	*ind*
	财力资源	数字普惠金融指数	*fin*

二、模型参数的设置

每一个要素都会对产业链现代化水平造成一定的影响，接下来，本书将利用随机森林算法分析不同的投入要素对产业链现代化的影响程度。随机森林模型有多个重要的参数需要设定，如表 5-2 所示，其中由于决策树数量和决策树的最大特征数这两个参数对模型影响较大，本书将予以重新设定，其他参数则统一采用默认值。

表 5-2　　　　　　　　　　　　随机森林模型的重要参数

重要参数	作用
n_estimators	决策树的数量。决策树数量较少时，模型容易欠拟合，决策树数量较多时，模型学习时间很长。当决策树的数量达到一定程度后，随着决策树数量的增加，模型预测精度提升较小。
max_features	决策树的最大特征数。即建立决策树时选择的最大特征数目。
OOB_score	是否使用袋外数据评估模型拟合效果，一般设置为 True。
criterion	判断节点继续分裂的评价标准。回归树一般设置为均方误差。
max_depth	决策树的最大深度。样本集较少或特征变量少时，一般设置在 10~100 之间。
min_samples_split	决策树节点划分的最小样本数。用于限制节点继续分裂，若节点样本数低于设定值，则该节点不会继续划分，默认值为 2。
min_weight_fraction_leaf	叶子节点中最小的样本权重。若小于设定值，叶子结点将会被剪枝，默认值为 0。
max_leaf_nodes	最大的叶子节点数。通过限制最大叶子结点数防止过拟合，默认为 None，及不限制模型的叶子节点数。
bootstrap	决定是否使用 bootstrap 采样方式，即每棵决策树的样本是否是通过有放回的方式抽样得到。

（一）决策树数量的确定

决策树数量（n_estimators）是随机森林模型中最为重要的一个参数，对于模型效果影响巨大。决策树数量太少，模型很容易出现过欠拟合的问题。在随机森林模型中，随着决策树数量的增加，一方面，模型泛化误差不断减小，模型预测准确率不断提高，即模型预测准确率和决策树的数量成正比；另一方面，模型训练所需的时间不断增加，且当决策树达到一定数量后，若继续增加决策树，模型效果的提升将不再明显，因此，在建立随机森林模型时，需要选择合适的决策树数量来协调模型准确率和模型效率。接下来，本书将设置不同的决策树数量，通过观察袋外数据的均方误差的变化选择合适的决策树数量，当随着决策树数量的增加，袋外数据的均方误差保持稳定时，此时的决策树数量即为模型最优的决策树数量。图 5-3 显示了设置不同的决策树数量时，随机森林模型袋外均方误差的变化情况，其中，横轴表示决策树数量，纵轴表示袋外数据的均方误差。可以看出，当决策树的数量从 1 增加到 100 时，袋外数据的均方误差快速下降，且决策树数量在 100 左右时，模型均方误差依旧下降明显，说明还需要继续增加模型中决策树的数量；当决策树的数量从 100 增加到 300 时，模型均方误差仍继续下降，但下降趋势已经不明显；当决策树的数量继续从 300 增加到 500 时，模型均方误差基本保持不变，说明继续增加决策树数量已经无法带来模型准确率的提升，因此本书最终设定模型的决策树数量的超参数为 300。

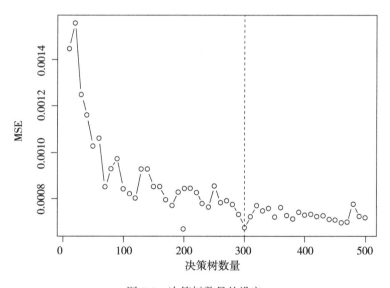

图 5-3　决策树数量的设定

（二）决策树最大特征数的确定

决策树的最大特征数（max_features）是节点分裂时参与判断的最大特征个

数，能在很大程度上影响决策树的生成时间。随机森林模型通过随机选择分裂的特征来放大决策树之间的差异，达到提升模型泛化能力的目的。一般而言，由于模型是从所有特征中随机选择指定个数的特征参与节点分裂，最大特征数越小，模型中的决策树差异越大，因此决策树的最大特征数对模型效果同样影响很大。在前文确定的决策树数量（n_estimators＝300）的基础上，本书进一步采用十折交叉验证的方法确定决策树最大特征个数。十折交叉验证的思路是将原始样本数据平均划分为十份，每次选择其中的九份数据作为训练集，余下的一份作为测试集来做模型效果进行评估，最后将十次得到的测试集的平均均方误差作为模型的输出误差。图 5-4 显示了设置不同的最大特征数后，随机森林模型十折交叉验证的平均均方误差的变化情况。可以看出当最大特征个数为 1～2 时，模型的平均均方误差最大，随着最大特征个数的增加，模型的平均均方误差快速下降，当最大特征个数为 3 时，模型的平均均方误差达到一个拐点，此后随着最大特征个数的增加，模型的均方误差在小范围区间内震荡上升。当最大特征个数为 4 时，模型的均方误差取得最小值，因此，本书最终设定模型的决策树最大特征个数的超参数为 4。

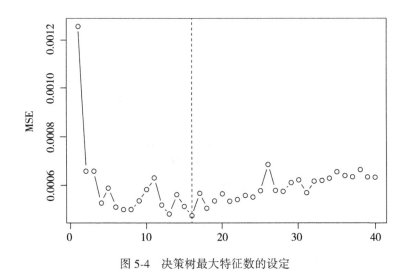

图 5-4　决策树最大特征数的设定

三、投入要素的重要性

随机森林模型虽然属于机器学习领域的非线性"黑箱"模型,但也是一种典型的解释能力较强的树模型。随机森林模型可以通过计算各投入要素的贡献率来刻画不同投入要素对产业链现代化水平的影响程度,即通过计算特征对均方误差减少的贡献和节点分裂不纯度的改变量来获得特征的重要性评分,其中对均方误差减少的贡献和节点分裂不纯度的改变量越大的特征在系统中越重要,也越接近树形的最上面;反之,越不重要,则越接近树的最底部。本书基于袋外数据和基尼系数分别计算了不同的投入要素对产业链现代化水平贡献的排列次序,如图 5-5 所示。

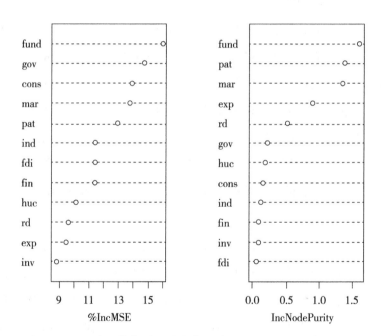

注:%lncMSE 表示均方误差的变化程度,lncNodePurity 表示节点纯度的变化程度,下同。

图 5-5 特征的重要性

可以看出,从均方误差改变的程度来看,影响产业链现代化水平的 12 个投入要素中，贡献率排名前 4 的要素分别是研发经费投入（*fund*）、政府干预程度（*gov*）、消费需求（*cons*）、市场化程度（*mar*）；从节点纯度改变的程度来看，对产业链现代化水平影响较大的前 4 个要素分别是研发经费投入（*fund*）、科技成果产出（*pat*）、市场化程度（*mar*）和出口需求（*exp*）。

从特征重要性评估的两个视角出发，不难发现，研发经费投入的贡献率均排名第一，说明研发经费投入对产业链现代化水平的影响程度最高。习近平总书记在陕西考察时强调要"围绕产业链部署创新链、围绕创新链布局产业链"，可见，产业链现代化的实质是利用科学技术改造传统产业链，推动产业发展由要素驱动转向创新驱动，而加大研发经费投入是科技创新取得突破的前提，是提升产业链现代化水平最为关键的路径。

市场化程度（*mar*）对产业链现代化水平的提升也十分重要。产业链的本质是分工与协作，当前，全球产业分工不断深化和调整，国内产业链和国际产业链融通发展是产业链现代化的必然要求，而违背生产力的客观发展要求，人为隔断国家间的经济联系，虽然在短期内能够取得进展，但不可持续。在产业链现代化的建设过程中，要处理好政府和市场的关系，协调好产业政策和竞争性政策的关系，坚持市场在资源配置中的决定性地位，加快推进高水平对外开放，营造稳定、公平、透明、开放的营商环境，吸引外部高端要素投入我国的产业链现代化之中（张其仔，2022）。

消费对产业链现代化的贡献程度高于投资。随着人口红利消退、用工成本等传统要素优势的递减，投资对产业增长的拉动作用弱化。党的十八大以来，我国超大消费市场规模优势逐渐凸显，以消费为主导的内需发展格局基本形成，消费驱动作用不断增强，成为经济增长的"压舱石"。随着居民消费水平的不断提高，从"刚需型"到"享受型"，消费结构逐步实现了升级与变革，高层次需求不断涌现，推动产业链不断迈向高端化。

此外，从要素类别来看，四大要素对于产业链现代化的贡献程度由高到低依次是科技创新、制度安排、社会需求和资源禀赋，科技创新对产业链现代化的贡献最大，资源禀赋对产业链现代化的贡献最小。新时期，我国经济发展的动力逐步从资源等传统要素驱动转向创新驱动，创新是我国产业链实现现代化的关键。

接下来，本书将从时间异质性和空间异质性两个视角研究不同投入要素对我国产业链现代化水平的影响程度。

（一）时间异质性分析

图 5-6 显示了"十二五"和"十三五"时期以均方误差变化为评价标准的产业链现代化特征重要性的变化情况。可以看出，"十二五"时期，影响产业链现代化水平的 12 个投入要素中，贡献率排名前 4 的要素分别是市场化程度、政府干预程度、外商投资情况、研发经费投入；"十三五"时期，影响产业链现代化水平的 12 个投入要素中，贡献率排名前 4 的要素分别是研发经费投入、市场化程度、研发人员投入、科技成果产出。

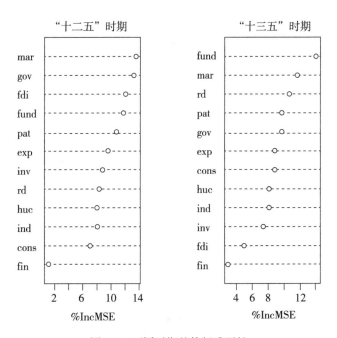

图 5-6 不同时期的特征重要性

从不同时期产业链现代化投入要素重要程度的变化来看，主要有以下两个特点：第一，科技创新取代制度安排成为产业链现代化最重要的影响要素，说明产业链创新对于产业链现代化的重要性与日俱增，只有加大研发投入，实现科技自立自强，才能打好产业链现代化攻坚战；第二，研发经费投入、市场化程度在不同时期的贡献均排名靠前，说明这些要素对产业链现代化的提升一直发挥着重要作用，因此需要继续通过优化这些要素提升产业链现代化水平。

（二）空间异质性分析

图 5-7 显示了观测期内东部、中部和西部区域以均方误差变化为评价标准的产业链现代化特征重要性的变化情况。可以看出，在东部区域，影响产业链现代

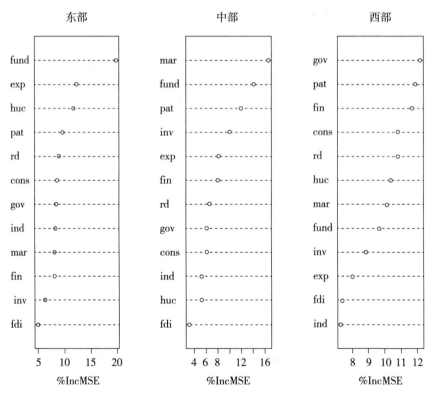

图 5-7　不同区域的特征重要性

化水平的 12 个投入要素中，贡献率排名前 4 的要素分别是研发经费投入、出口需求、人力资源和科技成果产出；在中部区域，影响产业链现代化水平的 12 个投入要素中，贡献率排名前 4 的要素分别是市场化程度、研发经费投入、科技成果产出和投资需求；在西部区域，影响产业链现代化水平的 12 个投入要素中，贡献率排名前 4 的要素分别是政府干预程度、科技成果产出、财力资源和消费需求。

从不同区域产业链现代化投入要素重要程度的变化来看，主要有以下两个特点：第一，不同区域产业链现代化各投入要素的贡献程度存在较大差异，东部区域研发经费投入的影响最大，中部区域市场化程度影响最大，西部区域政府干预程度的影响尤为突出；第二，研发经费投入的影响程度由东向西逐渐降低，这可能是因为不同区域的产业链现代化处于不同的发展阶段，东部区域产业链现代化水平明显高于中西部区域，产业链现代化水平的提升更加依赖科技创新。

第三节　产业链现代化的优化路径分析

欧阳志刚和陈普（2020）的研究结论表明，投入与产出增速之间存在一种"倒 U"形的发展关系，即刚开始随着投入的上升，产出增速逐渐上升，直到达到产出增速最优点；当超过该点，随着投入的增加，产出增速逐渐下降，投入效率不断降低。这表明，在产业链现代化的实践中，各地区应该基于本地产业链现代化各投入要素的实际情况，找到各要素的最优组合区间，合理配置各要素，以实现产业链现代化的最优发展。

随机森林偏效应图可以准确反映出产业链现代化各投入要素是否处于或者偏离最优的发展区间，可以为各地产业链现代化水平的提升指明发展路径。偏效应图是一种动态的非线性图，表示当其他要素不变时，某一要素的变化对产业链现代化水平提升的边际效应的影响。一般而言，偏效应曲线都存在两个重要的拐点，当要素水平较低时，随着要素水平的提升，偏效应曲线变化较为平缓；当经过第一个拐点后，随着要素水平的提升，偏效应曲线斜率快速增大，并达到斜率最大点，此后，随着要素水平的提升，偏效应曲线的斜率开始减小；当经过第二个拐点后，随着要素水平的提升，偏效应曲线的斜率几乎为零，并保持不变。这表示，在第一个拐点之前，要素水平较低，不能产生规模效应；在第一个拐点和第二个拐点之间，要素的规模效应开始显现，边际效应开始增大，并逐渐达到最大，此后开始下降；在第二个拐点后，该要素水平明显领先其他要素，边际效应快速下降。偏效应图中的斜率最大点是产业链现代化各投入要素的最优水平点，两个拐点之间是产业链现代化各投入要素的最优发展区间，在实际情况中，可能难以找到最优点，但可以通过判断要素是否处于或者偏离最优区间来判断是否要继续增加要素的投入，当要素水平低于第一个拐点时，此时增加要素的投入会带来边际效应的增大；当要素水平高于第二个拐点时，此时继续增加要素的投入并不能带来边际效应的增大，投入产出效率降低。因此，通过偏效应图掌握不同地区不同投入要素在偏效应曲线上的具体位置可以帮助判断为提升产业链现代化水平各地区应选择投入何种要素，从而找到各地区产业链现代化的最优发展路径。

由于影响产业链现代化水平的投入要素众多，很难对所有要素的偏效应进行展开分析，为此本书结合前文确定的特征重要性，从 4 个类别中各选取一个典型的要素进行具体分析，分别是消费需求、研发经费投入、市场化程度和资本投入，如图 5-8、图 5-9、图 5-10 和图 5-11 所示。

一、消费的偏效应

图 5-8 是消费对产业链现代化水平影响的偏效应图，可以看出，消费和产业链现代化呈现出一种非线性的正相关关系。总体上，随着消费规模的不断扩大，产业链现代化的边际产出表现出"震动变化—快速上升—缓慢上升"的增长趋势。

消费是产业链现代化过程中的重要投入要素。近年来，经济结构从投资和出口驱动转向更多以消费驱动，消费增速持续高于投资，贡献率也远超投资，消费已经取代投资成为我国经济增长的"稳定器"和"压舱石"。随着我国全面建成小康社会，高端消费需求强劲，其助推产业升级，促使形成众多高端产业链，且

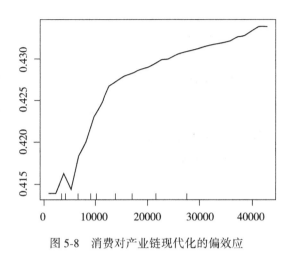

图 5-8　消费对产业链现代化的偏效应

推动产业链迈向现代化。高端消费产业对我国形成新的竞争优势和实现跨越发展十分重要，培育高端消费产业有利于改善市场供需结构，有利于产业结构调整，从而改善经济发展方式。做大做强高端消费产业，形成特色突出、优势互补、结构合理的产业发展格局可以增强产业链抗击风险能力，提升我国在 GVC 中的地位和竞争力，从而提高产业链现代化水平。

由图 5-8 可以看出，消费的偏效应曲线的两个拐点分别在 12000 亿元和40000 亿元左右。当消费规模低于 12000 亿元时，产业链现代化水平的增速从震荡变化转向快速上升；当消费规模位于 12000 亿～40000 亿元时，随着消费规模的扩大，产业链现代化水平的增速逐渐减缓；当消费规模超过 40000 亿元，随着消费规模的扩大，产业链现代化的边际产出将不再变化。这说明 12000 亿～40000亿元是消费推动产业链现代化的最优区间。

从具体的地区发展情况来看：第一，2019 年全国只有广东的消费规模超过了第二个拐点（40000 亿元），说明广东已经较为充分地利用了消费这一投入要素，从扩大消费规模的角度出发提高产业链现代化水平已经变得困难，应考虑其他途径。第二，2019 年全国共有新疆等 17 个省市区的消费规模尚未达到第一个拐点（12000 亿元），说明这些地区的消费规模尚未到达产业链现代化发展的最优区间，通过挖掘消费潜力、扩大消费规模可以有效提高地区产业链现代化水平。

二、研发经费投入的偏效应

图 5-9 是研发经费投入占 GDP 比重对产业链现代化的偏效应图，可以看出，研发经费投入占 GDP 比重和产业链现代化呈现出一种非线性的正相关关系。总体上，随着研发经费投入占 GDP 比重的不断提高，产业链现代化的边际产出表现出"保持不变—缓慢上升—极速上升—保持不变"的增长趋势。

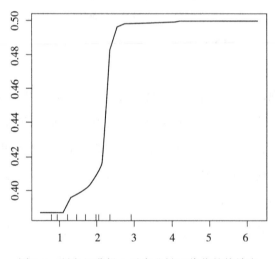

图 5-9　研发经费投入对产业链现代化的偏效应

研发经费投入占 GDP 比重是产业链现代化最为关键的投入要素，研发经费投入越大，创新活动越活跃，科技成果产出越丰富，越有可能掌握产业链现代化中的核心关键技术，打破美国对我国的科技封锁，从而解决产业链发展中存在的一系列"卡脖子"问题，实现产业链现代化。

由图 5-9 可以看出，研发经费投入占 GDP 比重的偏效应曲线的两个拐点分别在 1% 和 2.5% 左右，斜率最大的位置在 2.3% 左右。当研发经费投入占 GDP 比重低于 1% 时，产业链现代化水平的增速并不会因为研发经费投入占 GDP 比重的提高而上升；当研发经费投入占 GDP 比重位于 1%~2.5% 时，随着研发经费投入占 GDP 比重的提高，产业链现代化水平快速提高；尤其是研发经费投入占 GDP 比重在 2.3% 左右时，产业链现代化水平达到最优增长点；当研发经费投入占 GDP 比重超过 2.5% 以后，随着研发经费投入占 GDP 比重的增加，产业链现代化的边际产出将不再变化，这说明 1%~2.5% 是研发经费投入占 GDP 比重支撑产业链现代化发展的最优区间。

从具体的地区发展情况来看：第一，2019 年全国共有 6 个省市的研发经费投入占 GDP 比重超过了第二个拐点（2.5%），分别是北京、天津、上海、江苏、浙江和广东，说明这些地区已经较为充分地利用了研发投入这一要素，从提高研发经费投入占 GDP 比重的角度出发快速提高产业链现代化水平已经变得困难，应考虑其他途径。第二，2019 年全国共有 7 个省市区的研发经费投入占 GDP 比重尚未达到第一个拐点（1%），分别是内蒙古、广西、海南、贵州、云南、青海和新疆，说明这些地区的研发经费投入不够，尚未到达产业链现代化发展的最优区间，通过增加研发经费投入可以快速地提高当前产业链现代化水平。第三，剩余的 17 个省市的研发经费投入占 GDP 比重处于最优区间，占比超过 50%，说明从全国范围来看，大多数地区研发经费投入支撑着当地产业链现代化快速发展。第四，从三大区域的情况来看，东部区域一半省市的研发经费投入占 GDP 比重已经超过了第二个拐点，剩余一半省市处于最优区间内；中部区域所有的省市都处于最优区间内；和东部相反，西部区域一半省市尚未到达第一个拐点，剩余一半省市处于最优区间，这说明三大区域研发投入的边际贡献差异较大，西部区域应该加大研发投入。

三、市场化程度的偏效应

图 5-10 是市场化程度对产业链现代化的偏效应图，可以看出，市场化程度和产业链现代化呈现出一种非线性的正相关关系。总体上，随着市场化程度的不断提高，产业链现代化的边际产出表现出"保持不变—震荡上升—保持不变"的

增长趋势。

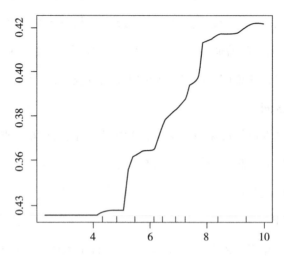

图 5-10　市场化程度对产业链现代化的偏效应

　　市场化程度是影响产业链现代化的重要投入要素。推进产业链现代化，要提倡竞争、保护竞争，要确立竞争政策的基础性地位，要建立开放、竞争、有序的全国统一大市场，减少保护性产业政策的种类和数量，避免地方行政经济造成"抢链"和"断链"（刘志彪，2019）。处理好政府和市场的关系，使市场在资源配置中起决定性作用和更好发挥政府作用，是新时代推进产业链现代化建设必须遵循的重要原则（盛朝讯，2019）。此外，需要推进更高水平的对外开放，坚持公平竞争原则，为外商营造稳定、透明和公平的竞争环境，不断吸引外部高端要素投入我国产业链现代化的建设当中（中国社会科学院工业经济研究所课题组和张其仔，2021）。

　　由图 5-10 可以看出，市场化程度的偏效应曲线的两个拐点分别在 5 和 9 左右。市场化程度低于 5 时，产业链现代化水平的增速基本保持不变；市场化程度位于 5~9 时，随着市场化程度的提高，产业链现代化水平快速上升；当市场化程度高于 9 时，随着市场化程度的提高，产业链现代化的边际产出将不再变化，这说明5~9的区间是市场化程度支撑产业链现代化发展的最优区间。

从具体的地区发展情况来看：第一，2019年全国共有北京、天津、上海、江苏、浙江和广东6个省市的市场化程度超过了第二个拐点（9），这说明这6个地区继续通过提高市场化程度的途径促进产业链现代化将不再有效，而应该考虑其他路径，例如加大科技创新。第二，内蒙古、贵州、云南、甘肃、青海、新疆6个省市的市场化程度尚未达到第一个拐点（5），说明提高市场化程度是这6个地区加快提升产业链现代化水平的有效路径。第三，剩余18个省市的市场化程度处于最优区间，占比超过50%，说明从全国范围来看，绝大多数地区通过提高市场化水平可以有效提升地区产业链现代化水平。

四、数字普惠金融的偏效应

图5-11是数字普惠金融发展水平对产业链现代化的偏效应图，可以看出，数字普惠金融发展和产业链现代化呈现出一种非线性的正相关关系。总体上，随着数字普惠金融发展水平的提高，产业链现代化的边际产出呈现出"快速上升—缓慢上升—快速上升—保持不变"的增长趋势。

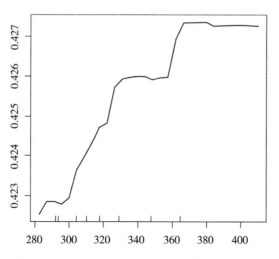

图 5-11 数字普惠金融对产业链现代化的偏效应

数字普惠金融是数字技术和金融的有机结合体，其既是资本供给的重要方面，又是数字经济发展的典型代表，是影响产业链现代化的重要因素。一方面，通过构建核心企业与其上下游企业一体化的金融供给体系，可以快速响应产业链上企业的融资结算需求，畅通和稳定产业链。另一方面，以人工智能为代表的数字化技术的运用将会推动制造业逐步走向自动化，数字技术可以降低生产成本，提高劳动生产率，增加产品附加值，推动产业链现代化。

由图 5-11 可以看出，数字普惠金融的偏效应曲线的两个拐点分别在 300 和 370 左右，偏效应曲线斜率最大的位置在 360 左右。数字普惠金融指数低于 300 时，随着数字普惠金融发展水平的提高，产业链现代化水平的增速逐渐上升；数字普惠金融指数位于 300～370 时，随着数字普惠金融发展水平的提高，产业链现代化水平快速提高；尤其是数字普惠金融指数在 360 左右时，产业链现代化水平达到最优增长点；当数字普惠金融指数超过 370 以后，随着数字普惠金融发展水平的提高，产业链现代化的边际产出将不再变化，这说明 300～370 是数字普惠金融支撑产业链现代化发展的最优区间。

从具体的地区发展情况来看：第一，2019 年全国共有 3 个省市的数字普惠金融指数超过了第二个拐点（370），分别是北京、上海和浙江，这说明这 3 个地区无法继续通过发展数字普惠金融促进产业链现代化水平的提高，应考虑其他路径。第二，2019 年全国共有 8 个省市的数字普惠金融指数尚未达到第一个拐点（300），分别是吉林、黑龙江、内蒙古、贵州、甘肃、青海、宁夏和新疆，说明加快发展数字普惠金融是这些地区提升产业链现代化水平的有效路径。第三，剩余 19 个省市的数字普惠金融发展水平处于最优区间，但其中绝大部分地区尚未达到最优点（360），这些地区仍然需要加大数字普惠金融等数字经济的发展力度。

从上面的分析可以看出：不同地区产业链现代化投入要素的发展差异较大，导致不同地区产业链现代化进入最优区间的路径不尽相同。具体而言，第一，北京、上海、广东、江苏和浙江等东部发达省市，在对产业链现代化影响较大的要素的投入上已经超过了第二个拐点，应考虑通过其他途径提升产业链现代化水平；第二，中部地区和重庆、四川等西部领先省市，对产业链现代化影响较大的要素的投入在第一个拐点和第二个拐点之间，应该继续保持，同时加大未进入第一个拐点的要素的投入；第三，贵州、云南等西部落后省市，对产业链现代化影响较大的要素的投入基本尚未进入第一个拐点，通过加大这些要素的投入可以有效地提升产业链现代化水平。

第六章
进一步研究：数字经济如何推动产业链现代化

数字经济对国民经济的重要性与日俱增，产业链现代化是我国经济建设的战略任务，那么数字经济的发展能否带动产业链现代化？若可以，那么数字经济又是如何赋能产业链现代化的建设的？为了回答这一现实命题，首先，本章从理论层面梳理了数字经济发展对中国产业链现代化的内在影响机制；其次，利用2011—2019 年的省级面板数据，科学测度数字经济发展水平；最后，综合运用面板固定效应模型、中介效应模型、门槛效应模型、空间计量模型和双重差分模型等多种计量模型实证检验数字经济发展对产业链现代化的直接影响、间接影响、空间效应和因果效应，丰富相关实证研究。

第一节　问题提出与研究假说

一、问题提出

当今世界正面临百年未有之大变局，新冠疫情和俄乌军事冲突减缓了世界经济的发展步伐，社会风险与不确定性叠加。数字经济是世界经济发展的重要方向，成为各国推动生产力变革的根本动力。新冠疫情推动着以数字技术为核心的数字经济加速向社会经济领域的全方位渗透，并由此催生出了居家办公、直播购物、互联网医疗和社区团购等一大批新产业、新业态和新模式，数字技术不仅是很多企业摆脱经济困境的唯一工具（Corsini 等，2021），也可以说改变了全社会的生活方式和生存方式。毫无疑问，大力发展数字经济是我国把握机遇、突破变局、赢得未来的必然选择（柏培文和张云，2021）。

近年来，数字经济的研究取得了广泛而丰富的成果，相关研究主要集中于数字经济的内涵、测度和影响效应等方面。

第一，在数字经济内涵的研究上，"数字经济"这一名词起源于20 世纪末（Tapscott，1996），由信息经济和互联网经济发展而来（许宪春和张美慧，2020）。目前，社会各界普遍认为数字经济就是以数据为生产要素、以网络为载体、以数字技术为支撑的经济活动（世界银行，2017；张雪玲和焦月霞，2017；吴翌琳和王天琪，2021；中国信息通信研究院，2022）。

第二，在数字经济测度的研究上，目前，数字经济的测度主要从两个层面展开。在数字经济增加值核算方面，OECD、BEA 和中国信息通信研究院等研究机构和学者们作了诸多探索工作。例如，许宪春和张美慧（2020）在 BEA 的框架上测算了 2007—2017 年中国数字经济增加值，研究发现，在观测期内，我国数字经济规模的平均增速高达 14.43%。在数字经济发展水平测度方面，代表性的研究机构有腾讯研究院、阿里研究院以及赛迪工业和信息化研究院，学者们主要是基于综合评价理论构建多指标评价体系进行测算（赵涛等，2020；杨慧梅和江璐，2021；王军等，2021）。例如，张雪玲和焦月霞（2017）从 ICT 应用、信息通信基础设施等 5 个维度出发，采用了 19 个具体指标，借助熵权法测算了我国在 2007—2015 年的数字经济发展水平。

第三，在数字经济影响效应的研究上，目前，学者们从理论和实证两个层面对数字经济的影响效应展开了广泛的讨论。研究发现，数字经济能够优化产业结构（刘洋和陈晓东，2021），提升资源配置效率（韦庄禹，2022），驱动制造业升级（田秀娟和李睿，2022），提高全要素生产率（邱子迅和周亚虹，2021），促进创新创业（刘翠花，2022），改善就业质量（戚聿东等，2020），从而推动经济高质量发展（赵涛等，2020）。

第四，在数字经济和产业链现代化关系的研究上，目前，学者们关于数字经济和产业链现代化关系的相关研究尚不多见。李春发等（2020）较早地从理论层面研究了数字经济发展对产业链的影响，认为数字技术通过拓宽产业链分工边界、降低交易成本、改变价值分配方式、变革外部需求这四种方式促使产业链重构。陈晓东和杨晓霞（2021）认为数字经济可以通过服务和基础设施从软件和硬件两个层面对产业链进行解构和重构，从而提升产业链强度，并进一步利用 1987—2017 年的投入产出数据进行了实证检验。当前，GVC 正在加速重构（郭周明和裘莹，2021），孙黎和许唯聪（2021）通过 2000—2012 年我国省级面板数据验证了数字经济可以通过技术进步和提高劳动生产率等方式提升我国在 GVC

中的地位,该结论得到了学者们的普遍认同(费越等,2021;齐俊妍和任奕达,2022;张艳萍等,2022)。另外,还有学者们认为数字经济的发展可以提升我国产业链韧性,增强产业链抗击风险的能力(陈晓东等,2022)。

通过对相关文献的梳理和总结,本书认为现有研究主要存在两个局限:第一,目前关于产业链现代化的相关研究主要集中在理论分析层面和历史经验总结方面,相关研究缺乏实证检验,研究结论缺乏足够的说服力。第二,数字经济的相关研究与产业链现代化相比较为成熟和丰富,但是尚未有文献深入探究数字经济发展与产业链现代化的关系。

数字经济是新发展阶段我国经济发展的新动能。2020 年我国数字经济的规模居全球第二,达到了 39.2 亿人民币,仅次于美国;数字经济的增速高达9.6%,位居全球首位。① 数字经济以数字技术为核心驱动力,推动数字化的知识和信息渗透到产业链的每一个环节,其通过优化产业分工、降低要素错配推动产业链转型升级。那么,数字经济能否推动中国产业链走向现代化?数字经济影响产业链现代化的理论机制是什么?为了回答这两个问题,在完成理论分析后,本章将利用 2011—2019 年的省级面板数据进一步从实证角度探究数字经济发展和产业链现代化的关系。

区别于已有的研究,本章主要的边际贡献在于:第一,首次探究了数字经济发展对产业链现代化的影响效应,并从多个视角系统剖析了数字经济发展影响产业链现代化的理论机制,搭建了数字经济和产业链现代化的研究框架,研究视角和研究内容较为新颖,同时也是对数字经济和产业链现代化相关研究的有力补充。第二,本章利用数据优势,从直接效应、间接效应和空间效应三个维度挖掘数字经济作用于产业链现代化的一般规律,研究结论更具说服力。有助于揭示以数字技术为代表的数字经济对打好产业链现代化攻坚战的重要意义,能够为利用数字经济推动产业链现代化提供有益的政策启示。第三,本章进一步立足因果分析的视角,借助双重差分模型,基于"国家级大数据综合试验区"设立这一准自

---

① 中国信息通信研究院《2021 年全球数字经济白皮书》。

然实验探究了数字经济发展对产业链现代化的因果效应。

二、研究假说

通过对现有相关文献进行梳理和总结，本章认为数字经济可以通过三个渠道作用于产业链现代化，分别是直接影响、间接影响和空间效应。首先，数字经济作为新阶段我国经济社会发展的新动能，有助于增强产业链韧性，促进产业链协同，推动产业链绿色发展，提升产业链现代化水平；其次，以数字技术为核心的数字经济可以通过推动科技创新，改善人力资本等方式间接影响产业链现代化；最后，数字经济天然的开放、共享和高渗透性的特点可以对产业链现代化的发展产生空间溢出效应。

（一）直接影响

以数字技术为核心的数字经济正在以前所未有的速度渗透到各行各业，当然也包括产业链。本书认为数字经济可以通过影响产业链现代化的核心要素，对产业链走向现代化产生直接影响。

第一，数字经济可以推动产业链走向高端化，增强产业链自主可控能力，从而提高产业链韧性。一方面，数字技术的运用会推动生产成本的降低和生产率的提高（黄群慧等，2019），显著提高产品增加值，数字经济和制造业融合所衍生出来的"智能制造"会促使我国制造业摆脱"低端锁定"陷阱，提高制造业的整体盈利能力，推动制造业从"价值洼地"向"价值高地"的跃升（郭周明和裴莹，2020；孙黎和许唯聪，2021）。另一方面，高渗透性的数据要素和人力、资本等传统生产要素的相互融合能够推动生产要素结构优化升级，为产业链关键核心技术的突破提供要素基础，增强产业链自主可控能力（陈晓东和杨晓霞，2021），从而提升产业链韧性，推动产业链现代化。

第二，数字经济可以推动产业链协同，提高产业链现代化水平。产业分工是产业链的本质特征，在数字经济时代，数字技术在产业链上的运用大大拓展了要素的流动空间，提高了分工主体的信息交互效率，极大拓宽了产业链的分工边界

（李春发等，2020），有效缓解了交易成本对于产业链协同的约束作用。在传统产业链中，产业链上中下游虽有联系，但彼此之间较为孤立、界限分明，存在信息不对称的问题，而在数字经济时代，产业链各环节均被数字化，数据要素不仅在企业内部的研发、制造和销售等环节之间流动，也可以在供应商、生产商和服务商等上下游厂商之间流动（李晓华和王怡帆，2020）。数据要素的有效流动可以打破产业链各环节之间的信息孤岛，促进信息共享，加快产业链上下游一体化运作，推动产业链协同（Goldfarb 和 Tucker，2019）。

第三，数字经济可以推动制造业绿色化转型，促进产业链绿色可持续发展，提高产业链现代化水平。一方面，数字技术重塑了企业的生产模式，推动企业由高污染、高排放的传统生产模式转向节能、低碳的新型生产模式，在提高能源利用效率的同时，降低了对环境的负面影响（戴翔和杨双至，2022）。另一方面，数字技术在产业链任一环节的应用，都会通过产业链的关联效应溢出到产业链其他环节，影响全产业链的能源消耗和污染排放，推动全产业链绿色化发展，从而提高产业链现代化水平。

假说 1：数字经济的发展能够有效推动产业链现代化。

（二）间接影响

1. 科技创新的中介作用

科技创新是运用新技术创造新价值的过程（张来武，2011）。世界正处于百年未有之大变局当中，而科技创新正是推动全球经济中心转移和政治格局改变的根本动力（王聪等，2022）。习近平总书记多次强调"围绕产业链部署创新链、围绕创新链布局产业链"，可见，科技创新对于产业链实现现代化至关重要。目前，我国原创技术和战略性高技术供应不足，在一些关键领域"卡脖子"问题突出，受制于人的局面在短时间内难以突破（王一鸣，2020），在这样的背景下，科技创新是突破产业链"卡脖子"问题、打通产业链堵点、保障产业链安全稳定、实现产业链现代化的根本途径（谢伏瞻等，2020；盛朝迅，2021）。

数字经济作为科技革命的重要引擎，将从多个方面影响科技创新（Arthub，

2007；Varian，2010；唐松等，2020）。第一，数字经济促使创新主体多元化，推动创新模式演化。数字经济时代，创新主体可以进行跨区域和跨领域的协同创新。创新的主体不再局限于科研院所或者企业，政府、个人开发者甚至是普通用户都可以不同程度地参与新产品或新技术的创造（张昕蔚，2019）。第二，数字经济为科技创新带来了更多可能性。相较于传统工业体系的技术工艺，数字经济技术是一种突破性和颠覆性的技术范式，由此催生出了直播购物等一大批新产业、新业态和新模式，为开展创新活动提供了更多的可能和空间（胡俊和杜传忠，2020）。

假说2：数字经济通过推动科技创新促进产业链现代化。

2. 人力资本的中介作用

人力资本由劳动者的知识、技能和能力等素质构成，是劳动者质量的一种综合反映（杨建芳等，2006）。数字经济可以通过优化人力资本结构，提升人力资本水平，促进产业链现代化。第一，随着数字经济的迅猛发展，5G、工业互联网、数据中心等数字基础设施的建设提速，以大数据和人工智能为代表的数字技术快速向各行各业渗透，产业链各环节纷纷开启数字化转型的进程，由此催生了一大批新职业、新岗位，如数据分析师、算法工程师和数据科学家等，这种就业扩大效应对人才供给提出了新挑战，对人力资本提出了更高的要求，进而倒逼劳动者素质的提高（刘洋和陈晓东，2021）。随着高校数字经济学科建设和"互联网+职业技能培训计划"的持续推进，我国数字化人才队伍将不断完善，人力资本结构将持续优化。第二，数字经济降低了知识获取的成本，扩大了知识传播的范围（曹玉娟，2019），提升了人力资本水平。数字技术尤其是互联网技术的运用有效突破了传统知识传播存在的瓶颈，劳动者可以利用互联网平台突破物理时空的限制，便捷地传播、分享和交换信息，这极大地降低了劳动者获取知识的交易成本（韩兆安等，2022）。例如，中国大学 MOOC 和 Bilibili 网站等平台上有大量学术机构、科技工作者或个人分享的知识和技能，任何个体在任意的时间都可以进行知识的学习、新知识的创造和分享。

人力资本作为一种"虚拟财富"，可以为产业链现代化提供人才支撑和智力保障，是产业链实现现代化的关键要素。第一，人力资本是技术创新的源泉，有助于推动产业链创新，是提升产业链自主可控能力的重要因素（Gereffi 和 Lee，2016；陈晓东和杨晓霞，2022），产业链、人才链和创新链之间的协调与互动，可以有效推动产业链现代化。第二，高质量的人力资本在产业链内的积累和聚集，可以通过产业链的关联关系在产业链内部产生直接的知识溢出效应和技术扩散效应，有助于产业链各环节的整合，带动产业链上下游的深度合作与协同发展。

假说3：数字经济通过优化人力资本推动产业链现代化。

（三）空间效应

开放、共享和高渗透性的特点使得数字经济能够通过空间溢出效应影响邻近地区的发展，该结论已得到学术界的普遍认同（赵涛等，2020；杨慧梅和江璐，2021），理论上数字经济对我国产业链现代化同样存在空间溢出效应。通过参考相关学者的研究结论，本书认为数字经济主要从两个方面对中国产业链现代化产生空间溢出效应。

第一，数字经济能够破除不同地理空间和不同异质行业的壁垒，增强不同地区和不同行业之间经济活动联系的深度和广度。数字经济凭借强大的数字网络，有效压缩了信息传递的时空距离，打破了地理空间在物理上的独立性和封闭性，突破了不同区域间的地方保护主义设置的人为障碍。互联网技术叠加网络传播平台的出现更是促使不同的地理空间自由地进行信息的传递和知识的共享，这极大地弱化了地理距离导致技术溢出效应衰减的现象，从而推动信息、知识和技术走向普惠，最终产生空间溢出效应（金环和于立宏，2021）。

第二，数字经济能够促进要素在地理空间上的流动，加快要素在不同区域间的整合，提高要素跨区域协同配置效率。高渗透性使得数据要素和人力、资本、技术等传统生产要素相互融合，这有助于推动各类要素在不同区域间流动（Acemoglu 和 Restrepo，2018；余文涛和吴士炜，2020），显著改善各类生产要素的错配问题（Farboodi 和 Veldkamp，2021）。显然，各类生产要素跨区域的流动和协同不仅会促进本地区产业链现代化水平的提升，还会产生溢出效应，影响邻近地区的产业链现代化。

假说 4：数字经济对产业链现代化具有空间溢出效应。

第二节　研究设计

一、模型设定

（一）基准回归模型

本书将数字经济纳入产业链现代化的分析框架，为了考察数字经济发展对产业链现代化的直接影响，检验假说 1，构建面板双固定效应模型，如式（6-1）所示。

$$ICM_{it} = \alpha_0 + \alpha_1 DIE_{it} + \alpha_c X_{it} + \mu_i + \delta_t + \varepsilon_{it} \tag{6-1}$$

式（6-1）运用最小二乘估计，其中，下标 i 和 t 分别表示省份和年份，ICM 表示产业链现代化水平，DIE 表示数字经济发展水平，X 为控制变量。α_1 表示数字经济发展对产业链现代化的影响方向和影响程度，若 α_1 显著为正，则表示数字经济发展能够促进产业链现代化。μ_i 和 δ_t 表示固定效应，ε 为随机扰动项。

由于式（6-1）考察的是数字经济发展对产业链现代化的条件期望的影响，即均值回归，无法全面反映不同产业链现代化水平下数字经济发展对产业链现代化的边际影响，为此，本书进一步构建面板固定效应分位数回归模型（Koenker，2004），相较于均值回归，分位数回归能够考察产业链现代化不同分位数下数字经济对产业链现代化的影响，回归结果更全面。本书构建的分位数回归模型如式（6-2）所示。

$$Q_{ICM_{it}}(\tau \mid DIE_{it}, X_{it}) = \alpha_1(\tau) DIE_{it} + \alpha_c(\tau) X_{it} + \mu_i + \delta_t + \varepsilon_{it} \tag{6-2}$$

其中，$Q_{ICM_{it}}(\tau \mid DIE_{it}, X_{it})$ 表示产业链现代化的 τ 分位数，$\alpha_1(\tau)$ 为数字经济对产业链现代化影响的 τ 分位数估计系数，为了更好地考察数字经济对产业链现代化水平的影响，借鉴学者们的普遍做法，选取分位点 τ 分别为 10%、25%、

50%、75%、90%。

（二）中介效应模型

为了考察数字经济发展通过促进科技创新和提升人力资本水平进而推动产业链现代化的作用机制，验证假说 2 和假说 3，本书构造了如式（6-3）和式（6-4）所示的模型（Baron and Kenny，1986），并通过结合式（6-1）的回归结果进行判断。

$$M_{it} = \beta_0 + \beta_1 DIE_{it} + \beta_c X_{it} + \mu_i + \delta_t + \varepsilon_{it} \tag{6-3}$$

$$ICM_{it} = \gamma_0 + \gamma_1 DIE_{it} + \gamma_2 M_{it} + \gamma_c X_{it} + \mu_i + \delta_t + \varepsilon_{it} \tag{6-4}$$

其中，M 表示中介变量，具体为科技创新水平（INN）和人力资本水平（HUC），其他变量含义与式（6-1）一致。若系数 β_1、γ_1 和 γ_2 均显著为正，则表示数字经济可以通过提升科技创新能力和人力资本水平间接推动产业链现代化。

进一步，为了探究数字经济发展、科技创新和人力资本是否会对数字经济促进产业链现代化产生非线性效应，构建了如式（6-5）所示的门槛效应模型（Hansen，1999）。

$$\begin{aligned} ICM_{it} = {} & \eta_0 + \eta_{11} DIE_{it} \cdot I(d_{it} \leqslant \gamma) \\ & + \eta_{12} DIE_{it} \cdot I(d_{it} > \gamma) + \eta_c X_{it} + \mu_i + \delta_t + \varepsilon_{it} \end{aligned} \tag{6-5}$$

其中，d_{it} 为门槛变量，具体为数字经济发展水平（DIE）、科技创新水平（INN）和人力资本水平（HUC）；γ 为门槛变量的门槛值；若满足括号内条件，$I(\cdot)$ 为 1，否则为 0；η_{11} 和 η_{12} 表示在不同区间内，数字经济发展对产业链现代化的影响；其他变量含义与式（6-1）一致。多门槛模型和式（6-5）类似，本书不再赘述。

（三）空间计量模型

传统的计量经济学通常是以各地理空间相互独立且具备均质性为假设前提，但在实际情况中，一个地理空间的经济发展不可能脱离其他地理空间而独立存在，各地理空间可能会在某些要素上表现出空间上的关联。因此，传统的计量经济学模型得到的回归结果可能与现实情况存在一定的差别。数字经济发展对某一地区的产业链现代化的影响并非独立的，本书将建立空间计量模型进一步研究考察。

空间计量模型是在传统计量回归模型中增加空间权重矩阵来表现各地理单位研究对象的空间关联。使用较多的主要有以下 3 种模型。

第一，空间滞后模型（SAR）。模型表达形式为：

$$Y = \rho W y + X\beta + \varepsilon \tag{6-6}$$

第二，空间误差模型（SEM）认为空间溢出效应是由外部变量的随机空间扰动带来的，在模型中体现为误差项。具体如下：

$$Y = X\beta + \mu, \quad \mu = \lambda W\mu + \varepsilon, \quad \epsilon \sim N(0, \sigma^2 I) \tag{6-7}$$

第三，空间杜宾模型（SDM）进一步考虑了解释变量的空间效应。模型表达形式为：

$$Y = \rho W Y + X\beta + \gamma W X + \varepsilon, \quad \epsilon \sim N(0, \sigma^2 I) \tag{6-8}$$

解释变量对被解释变量的影响可以进一步分解（LeSage 和 Pace，2009），过程如下：

第一，将 SDM 模型改写为：

$$(I_n - \rho W) Y = X\beta + \gamma W X + l_n \alpha + \varepsilon \tag{6-9}$$

第二，将式（6-9）两边同时乘以 $(I_n - \rho W)^{-1}$ 可得：

$$Y = \sum_{r=1}^{k} S_r(W) X_r + V(W) l_n \alpha + V(W) + \varepsilon \tag{6-10}$$

其中，$V(W) = (I_n - \rho W)^{-1}$，$S_r(W) = V(W)(I_n \beta_r + \gamma_r W)$。

第三，将式（6-10）转化为矩阵形式：

$$\begin{bmatrix} Y_1 \\ Y_2 \\ \vdots \\ Y_n \end{bmatrix} = \sum_{r=1}^{k} \begin{bmatrix} s_r(W)_{11} & s_r(W)_{12} & \cdots & s_r(W)_{1n} \\ s_r(W)_{21} & s_r(W)_{22} & \cdots & s_r(W)_{2n} \\ \vdots & \vdots & \ddots & \vdots \\ s_r(W)_{n1} & s_r(W)_{n2} & \cdots & s_r(W)_{nn} \end{bmatrix} \begin{bmatrix} x_{1k} \\ x_{2k} \\ \vdots \\ x_{nk} \end{bmatrix} + V(W)(l_n \alpha + \varepsilon)$$

$$\tag{6-11}$$

LeSage 和 Pace（2009）认为矩阵 $S_r(W)$ 的行向量为单个区域因变量所受到的所有区域的冲击，列向量为单个区域对多个区域因变量所发出的冲击。那

么 $\sum\limits_{i=1}^{n}\sum\limits_{j=1}^{n} S_r(W)_{ij}$ 为总效应，$tr(S_r(W))/n$ 为直接效应，$\sum\limits_{i=1}^{n}\sum\limits_{j=1}^{n} S_r(W)_{ij} - tr(S_r(W))/n$ 为间接效应。

为了进一步探究数字经济发展对于产业链现代化是否存在空间溢出效应，验证假说4，本书在式（6-1）的基础上通过引入数字经济发展、产业链现代化水平和其他控制变量的空间滞后项，建立如式（6-12）所示的空间杜宾模型（SDM）。

$$ICM_{it} = \alpha_0 + \rho W \times ICM_{it} + \phi_1 W \times DIE_{it} + \alpha_1 DIE_{it}$$

$$+ \phi_c W \times X_{it} + \alpha_c X_{it} + \mu_i + \delta_t + \varepsilon_{it} \# \qquad (6\text{-}12)$$

其中，ρ 为空间自相关系数；W 为地理距离矩阵，如式（6-13）所示；ϕ_1 和 ϕ_c 分别为解释变量和控制变量的空间回归系数；其他变量含义与式（6-1）一致。此外，本书采用 Lee 和 Yu（2010）提出的准极大似然估计法（QMLE）对 SDM 模型进行参数估计，QMLE 估计量具有一致性和渐近正态性。

$$W_{ij} = \begin{cases} \dfrac{1}{d_{ij}{}^2} & i \neq j \\[2mm] 0 & i = j \end{cases} \qquad (6\text{-}13)$$

二、变量选择与数据说明

（一）核心解释变量

本书的解释变量为数字经济发展水平（DIE）。相比产业链现代化的测度，数字经济发展水平的测度较为完善和丰富。本书借鉴赵涛（2020）的研究，从互联网普及率、从业人数、相关产出、移动互联网用户数以及数字金融发展程度五个维度出发考察数字经济发展水平，这种做法也得到了学者们的普遍认可（姜南等，2021；韩兆安，2022）。具体而言，包括互联网普及率的代理指标为每百人互联网宽带接入用户数，互联网从业人数的代理指标为计算机服务和软件业从业人员数占比，互联网相关产出的代理指标为人均业务总量，移动互联网用户数的代理指标为每百人移动电话数，数字金融发展的代理指标为数字普惠金融指数

（郭峰等，2020）。本书采用熵权法和主成分分析法进行指标权重的计算，采用线性求和的方法计算总指数。

（二）中介变量

本章的第一个中介变量为科技创新水平（INN）。目前，学术界一般从科技创新投入和科技创新产出两个角度出发考察科技创新水平，科技创新投入的代理指标主要为研发经费投入、研发人员数量，科技创新产出的代理指标一般为专利数、新产品销售收入和发表论文数等。考虑到科技创新具有高度的不确定性，研发投入可能无法带来技术创新，因此使用科技创新投入衡量科技创新水平存在高估的可能。通过参考余泳泽和张少辉（2017）、蔡卫星等（2019）的研究，本书选择使用发明专利授权量刻画科技创新水平，数据来源于国家统计局。选择该数据的原因在于：第一，科技创新的形成过程可以被认为是专利培育的过程，科技进步与专利高度相关，且专利数据准确性高，易于获取；第二，与申请专利相比，授权专利经过了层层筛选，得到了法律的承认，而申请专利在很多情况下难以获得最终授权。第三，相较于实用新型和外观设计专利，发明专利无论是申请资格还是授权过程都最为严格，技术水平含量也最高，最能体现科技创新质量（He 等，2018）。本章的第二个中介变量为人力资本水平（HUC）。人力资本水平常见的代理变量主要有平均受教育年限、每万人在校大学生数和规模以上工业企业技术人员数等。考虑到技术人员具有较强的专业技能和知识水平，属于高层次的人力资本，通过参考陈晓东和杨晓霞（2021）的研究，本书选择使用规模以上工业企业技术人员数来刻画人力资本水平，数据来源于《中国科技统计年鉴》。

（三）控制变量

数字经济发展和产业链现代化影响的实证检验需要控制一系列相关变量，本书认为影响产业链现代化水平的因素还包括：经济发展水平（$PGDP$），代理指标为人均 GDP；基础设施水平（INF），代理指标为每十万人拥有的道路面积；市场化水平（MAR），代理指标为市场化指数（王小鲁等，2019）；金融发展水平

（FIN），代理指标为金融机构贷款余额占 GDP 比重。

本书变量的描述性统计结果如表 6-1 所示，可以看出不同地区各变量的取值均表现出了较为明显的差异。

表 6-1   变量的描述性统计

变量	均值	标准差	最小值	分位数			最大值
				25%	50%	75%	
ICM	0.3731	0.1580	0.1411	0.2639	0.3339	0.4497	0.8598
DIE	0.341	0.1505	0.0773	0.2384	0.3195	0.4420	0.8955
PGDP	5.0073	2.3252	1.5908	3.4276	4.4031	5.9052	13.8821
MAR	6.5580	1.8755	2.3300	5.1500	6.4326	7.8500	10.0000
INF	3.1937	1.2766	1.4864	2.3771	2.9437	3.5752	9.7787
FIN	0.4965	0.1220	0.0512	0.4128	0.4981	0.5612	0.7800

本书基于各地区产业链现代化和数字经济发展的测度结果，绘制了数字经济发展和产业链现代化的散点图和拟合直线。由图 6-1 可以看出，数字经济发展与

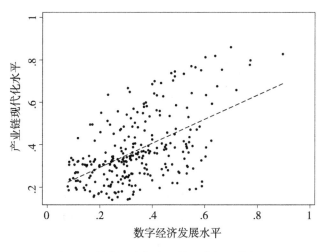

图 6-1 数字经济与产业链现代化的散点图

产业链现代化之间存在较为明显的正相关，这说明数字经济的发展有利于推动产业链现代化，但是这种关系是否可靠，本书将进行进一步的实证检验与分析。

第三节 实证结果与分析

一、基准回归结果

表 6-2 显示了数字经济发展和产业链现代化的基准回归结果。首先，本书不增加任何控制变量，建立面板双固定模型，采用 OLS 回归初步检验数字经济发展对产业链现代化的影响，模型（1）的回归结果显示数字经济发展对产业链现代化的回归系数为 0.3490，且通过了 1% 水平下的显著性检验，这说明数字经济能够显著推动产业链现代化。进一步，本书增加控制变量并控制不同的固定效应进行回归，模型（2）、模型（3）和模型（4）中数字经济的回归系数均显示为正，这说明数字经济发展对产业链现代化的促进作用显著存在，数字经济是推动产业链现代化的重要因素，假说 1 得以验证。

表 6-2 　　　　　　　　　　　　　基准回归结果

变量	模型（1）	模型（2）	模型（3）	模型（4）
DIE	0.3490***	0.0887*	0.4734***	0.3809***
	(0.1104)	(0.0477)	(0.1057)	(0.1132)
PGDP		0.0290***	0.0093*	0.0198***
		(0.0043)	(0.0051)	(0.0051)
MAR		0.0073	0.0580***	0.0148**
		(0.0060)	(0.0040)	(0.0059)
INF		0.0016	0.0160***	0.0008
		(0.0027)	(0.0047)	(0.0016)

变量	模型（1）	模型（2）	模型（3）	模型（4）
FIN		−0.0541	−0.2998***	−0.1142
		(0.0713)	(0.0730)	(0.0851)
控制变量	NO	YES	YES	YES
个体固定	YES	YES	NO	YES
时间固定	YES	NO	YES	YES
R2_Adj	0.9758	0.9741	0.8903	0.9793
N	270	270	270	270

注：＊表示 $p < 0.1$，＊＊表示 $p < 0.05$，＊＊＊表示 $p < 0.01$，（ ）内为稳健标准误，下同。

表 6-2 显示了数字经济发展对产业链现代化的平均边际影响，考虑到均值回归易受极端值的影响，且不能显示不同分布下的回归结果，为了进一步厘清不同产业链现代化水平下数字经济发展对产业链现代化的影响，本书建立面板分位数回归模型进行考察。由表 6-3 可以看出，在产业链现代化水平 10%、25%的分位点上，数字经济的回归系数分别为 0.1661 和 0.2619，但不显著；在产业链现代化水平 50%、75%和90%的分位点上，数字经济的回归系数分别为 0.3858、0.4933 和 0.6152，且均通过了显著性检验，这说明产业链现代化水平较低时，数字经济不能充分发挥促进产业链现代化的作用；随着产业链现代化水平的提升，数字经济的推动作用开始变得显著；另外，随着分位点的提升，数字经济的回归系数逐渐增大，这表明数字经济对产业链现代化高水平地区的促进作用更大。

表 6-3   分位数回归结果

分位点	10%	25%	50%	75%	90%
DIE	0.1661	0.2619	0.3858**	0.4933***	0.6152**
	(0.4542)	(0.3240)	(0.1915)	(0.1835)	(0.3059)
控制变量	YES	YES	YES	YES	YES
个体固定	YES	YES	YES	YES	YES

续表

分位点	10%	25%	50%	75%	90%
时间固定	YES	YES	YES	YES	YES
N	270	270	270	270	270

二、稳健性检验

上述的研究表明数字经济的发展能够有效促进产业链现代化。接下来，本书将采取多种方式进行稳健性检验，以验证研究结论的可靠性。

（一）替换解释变量

前文的数字经济发展水平是采用熵权法测算所得，为了避免回归结果对变量测算方式的敏感性，本书采用如下两种方式重新测算数字经济发展水平：第一，采用主成分分析法替代熵权法进行测度；第二，使用数字普惠金融指数作为代理变量。由表6-4的第（1）、（2）列可以看出，数字经济的系数显著为正，这与前文的研究结论一致。

（二）缩尾处理

由表6-1的描述性数据分析可以看出，产业链现代化水平、数字经济水平和其他控制变量的极大值和极小值均差异较大，为避免极值的影响，本书对所有变量均进行双侧1%的缩尾处理①。缩尾处理后的回归结果如表6-4的第（3）列所示，可以看出，数字经济发展的影响系数依旧为正，且通过了1%的显著性水平检验，本书"数字经济发展可以促进产业链现代化"的核心结论没有改变。

---

① 双侧1%的缩尾处理指的是变量取值大于第99百分位数的数据用第99百分位数的取值替换，变量取值小于第1百分位数的数据用第1百分位数的取值代替。

（三） 剔除直辖市

四大直辖市①作为省级行政区域，具有特殊的经济地位，数字经济发展和产业链现代化的情况可能存在不同。因此，本书剔除四大直辖市进行回归，由表6-4的第（4）列可以看出，数字经济的系数依旧显著为正，表明模型具有稳健性。

（四） 采用高阶固定效应

考虑到省份时间双固定效应较为"柔性"，未能严格控制内生性问题（唐松等，2020），通过参考 Moser 和 Voena（2012）的做法，本书采用"时间×省份"的固定效应模型进行实证，由表6-4的第（5）列可以看出，数字经济发展的影响系数显著为正，数字经济的发展依旧能够显著促进产业链现代化。

表6-4 　　　　　　　　　　　　　稳健性检验的结果

变量	（1）	（2）	（3）	（4）	（5）
DIE	0.0468***	0.0012***	0.3875***	0.5452***	0.4438***
	(0.0144)	(0.0004)	(0.1162)	(0.1598)	(0.0858)
控制变量	YES	YES	YES	YES	YES
个体固定	YES	YES	YES	YES	YES
时间固定	YES	YES	YES	YES	YES
N	270	270	270	234	270

（五） 内生性分析

遗漏变量、测量误差和反向因果是数字经济发展对产业链现代化的模型产生

---

① 四大直辖市分别为北京市、天津市、上海市、重庆市。

内生性的三大原因。前文通过增加市场化水平等控制变量,使用多种形式的固定效应模型,可以有效缓解遗漏变量问题;通过改变数字经济的测度方式可以避免核心变量测量误差的问题。接下来,为了克服双向因果问题,本书通过选择适当的工具变量(IV),使用两阶段最小二乘法(2SLS)进行估计。第一,通过借鉴杨慧梅和江璐(2021)、孙黎和许唯聪(2021)等学者的做法,采用滞后一期的数字经济发展水平作为工具变量;第二,通过借鉴 Nunn 和 Qian(2014)、孙伟增和郭冬梅(2021)以及陈晓东和杨晓霞(2021)构造工具变量的方法,采用人均邮电业务量和电话普及率分别与前一年数字经济水平的交互项作为工具变量。回归结果如表 6-5 所示,由 LM 和 F 检验的结果可以看出,Kleibergen-Paap rk LM 统计量均拒绝了工具变量识别不足的假设;Gragg-Donald Wald F 统计量均通过弱工具变量检验,这表明工具变量的选择是合理的。① 另外,第一阶段工具变量的回归系数均显著为正,满足工具变量和数字经济的相关性假设;第二阶段中数字经济的回归系数同样均显著为正,虽然回归系数与基础回归略有差异,但依旧通过了显著性检验,这说明,在考虑了内生性问题后,依然支持"数字经济能够显著提升产业链现代化水平"的结论,本书的研究结论依旧可靠。

表 6-5 工具变量回归结果

变量	(1)	(2)	(3)	(4)	(5)	(6)
DIE	0.7395 *** (0.0563)		0.1589 *** (0.0142)		0.0023 *** (0.0002)	
DIE_IV		0.3532 ** (0.1580)		0.8097 *** (0.1816)		0.4085 *** (0.1566)
控制变量	YES	YES	YES	YES	YES	YES
个体固定	YES	YES	YES	YES	YES	YES

① Kleibergen-Paap rk LM 统计量为 36.2230,在 1%的显著性水平下通过了工具变量识别不足检验;Kleibergen-Paap rk Wald F 统计量为 172.5480,大于 Stock-Yogo 检验的临界值,在 1%的显著性水平下通过了弱工具变量检验。

续表

变量	(1)	(2)	(3)	(4)	(5)	(6)
时间固定	YES	YES	YES	YES	YES	YES
Kleibergen-Paap rk LM 统计量	36.223 [0.0000]		81.080 [0.0000]		99.847 [0.0000]	
Gragg-Donald Wald F 统计量	172.548 {16.38}		124.525 {16.38}		179.474 {16.38}	
R2_Adj	0.7995		0.7803		0.7990	
N	240		240		240	

三、中介效应分析

前文的理论分析表明数字经济可以通过推动科技创新和优化人力资本的方式影响产业链现代化，为了验证研究假说2和假说3，本书采用式（6-3）和式（6-4）进行实证检验。

表6-6中的第（1）列以科技创新水平为被解释变量，数字经济的回归系数显著为正，这说明数字经济发展能够有效地促进科技创新；第（2）列以产业链现代化为被解释变量，结果显示数字经济和科技创新的回归系数分别为0.3474和0.0180，且分别通过了1%和10%的显著性检验，但是加入科技创新变量后，数字经济的回归系数有所减小，说明数字经济能够通过科技创新驱动地区产业链现代化，科技创新在数字经济推动产业链现代化的过程中发挥了显著的中介作用。

数字经济正前所未有地推动着传统生产方式和生活方式的变革，但相比于"生产"，数字经济的"服务"成分更多。一方面，数字经济培育了多元创新主体，推动了创新模式演化，促使科技创新不断涌现；另一方面，只有做到科技自立自强才能解决"卡脖子"问题，突破核心技术受制于人的局面，实现产业链现代化，假说2得以验证。

表6-6中第（3）列以人力资本水平为被解释变量，数字经济的回归系数显著为正，说明以数字技术应用为核心的数字经济可以优化人力资本；第（4）列以产业链现代化为被解释变量，结果显示人力资本和数字经济的回归系数均显著为正，但是加入人力资本变量后，数字经济对产业链现代化的回归系数有所减小，这说明数字经济能够通过优化人力资本结构提升人力资本水平，助力地区产业链现代化，人力资本在数字经济推动产业链现代化的过程中发挥了显著的中介作用。

一方面，数字经济对人才供给提出了新挑战，对人力资本提出了更高的要求，倒逼劳动者素质的提高，优化了人力资本结构；同时数字经济降低了知识的获取成本，扩大了知识传播的范围，提升了人力资本水平。另一方面，人力资本作为一种"虚拟财富"，可以为产业链现代化提供充足的人才支撑和强大的智力保障，从而推动产业链现代化，假说3得以验证。

表6-6　　　　　　　　　　　　　中介效应回归结果

变量	（1） INN	（2） ICM	（3） HUC	（4） ICM
DIE	1.8591 ***	0.3474 ***	3.1117 ***	0.2455 **
	(0.6964)	(0.1144)	(0.9777)	(0.1068)
INN		0.0180 *		
		(0.0097)		
HUC				0.0435 ***
				(0.0090)
控制变量	YES	YES	YES	YES
个体固定	YES	YES	YES	YES
时间固定	YES	YES	YES	YES
R2_Adj	0.9864	0.9796	0.9825	0.9815
N	270	270	270	270

前文的分析证实了数字经济的发展不仅对产业链现代化产生了直接影响，而

且还可以通过推动科技创新、改善人力资本间接影响产业链现代化，考虑到数字经济对产业链现代化的影响可能存在非线性效应，本书将数字经济、科技创新和人力资本作为门槛变量，通过建立门槛回归模型验证数字经济发展对产业链现代化的非线性效应。

本书利用 bootstraps 抽样 500 次检验门槛效应。由表 6-7 可以看出，数字经济的单门槛显著，双门槛和三门槛不显著，数字经济发展对产业链现代化存在单门槛效应；科技创新的单门槛和双门槛均显著，三门槛不显著，应设置双门槛模型；人力资本的单门槛和双门槛均显著，三门槛不显著，应设置双门槛模型。

表 6-7　　　　　　　　　　　　　　门槛效应检验

门槛变量	门槛数	门槛值	P 值	F 值	临界值			BS 次数
					10%	5%	1%	
DIE	单门槛	0. 1325**	0. 02	27. 34	18. 6906	20. 9349	26. 7637	500
	双门槛	0. 1072	0. 27	15. 95	30. 9807	37. 8619	53. 5505	500
	三门槛	0. 5884	0. 41	15. 59	32. 2998	38. 5311	49. 3553	500
INN	单门槛	10. 0317***	0. 00	49. 39	27. 1538	34. 2783	44. 0741	500
	双门槛	6. 9537*	0. 06	31. 88	27. 5442	33. 1622	53. 6462	500
	三门槛	8. 4264	0. 77	14. 59	35. 9375	42. 8841	62. 8883	500
HUC	单门槛	13. 2084***	0. 00	82. 79	26. 6271	32. 5025	38. 4188	500
	双门槛	10. 1148*	0. 08	28. 96	25. 6238	41. 7489	74. 2866	500
	三门槛	13. 1491	0. 37	12. 71	24. 2483	50. 8010	90. 0795	500

表 6-8 显示了门槛回归的结果。数字经济的门槛值为 0. 1325，将样本划分为数字经济发展低水平区（$DIE \leq 0.1325$）和数字经济发展高水平区（$DIE > 0.1325$）。当地区数字经济发展水平低于 0. 1325 时，数字经济发展对产业链现代化的影响系数为 0. 3879，通过了 1% 水平下的显著性检验；当地区数字经济发展水平高于 0. 1325 时，数字经济发展对产业链现代化的影响系数为 0. 1036，通过了 10% 水平下的显著性检验。这说明，随着数字经济发展水平的提高，数字经济

发展对产业链现代化的边际效应逐渐减弱。其原因可能在于，当数字经济发展水平较低时，数字经济对科技创新和人力资本有较大的促进作用，但随着数字经济的发展，产业链各环节数字化程度已经较高，科技创新和人力资本的提升速度减缓，因而数字经济的促进作用有所减弱。

科技创新的门槛值为 6.9537 和 10.0317，据其可将样本划分为科技创新低水平区（$INN<6.9537$）、科技创新中水平区（$6.9537 \leqslant INN < 10.0317$）和科技创新高水平区（$INN \geqslant 10.0317$）。由表6-8可知，当地区科技创新处于低水平时，数字经济发展对产业链现代化的影响不显著；当地区科技创新处于中水平时，数字经济发展对产业链现代化的影响系数为 0.1537，且通过了1%水平下的显著性检验；当地区科技创新处于高水平时，数字经济发展对产业链现代化的影响系数为 0.2478，且通过了1%水平下的显著性检验。这说明，只有当地区的科技创新水平达到一定的门槛，数字经济对产业链现代化的推动作用才逐渐显现，且随着科技创新水平的不断提升，数字经济的正向促进作用将更加突出。科技创新是实现产业链现代化的关键，只有提升科技创新水平，突破产业链关键领域的"卡脖子"问题，保障产业链安全可控，产业链才能实现现代化。另外，还可以发现，在观测期内70%样本的科技创新处于中等水平，只有较少地区的科技创新达到了高水平，这说明各地区要进一步采取各种措施激发创新活力，提升科技创新水平，打造科技创新高地。

人力资本的门槛值为 10.1148 和 13.2084，据此可将样本划分为人力资本低水平区（$HUC<10.1148$）、人力资本中水平区（$10.1148 \leqslant HUC < 13.2084$）和人力资本高水平区（$HUC \geqslant 13.2084$）。当地区人力资本处于低水平时，数字经济发展对产业链现代化的影响不显著；当地区人力资本处于中水平时，数字经济发展对产业链现代化的影响系数为 0.1372，且通过了1%水平下的显著性检验；当地区人力资本处于高水平时，数字经济发展对产业链现代化的影响系数为 0.2726，也通过了1%水平下的显著性检验。这说明，同科技创新类似，只有当地区的人力资本水平达到一定的门槛，数字经济对产业链现代化的推动作用才逐渐显现，且随着人力资本水平的不断提升，数字经济的促进作用将更加明显。新一轮的科

技革命和产业变革正在重构全球产业链，没有人才优势，就不可能有创新优势、科技优势、产业优势，高层次的人力资本是产业链现代化的战略支撑，以产业链布局人才链、以人才链服务产业链，不断优化人力资本，推动人才链和产业链深度融合，才能实现产业链现代化。

表6-8　　　　　　　　　　　门槛模型估计结果

变量	（1） DIE	（2） INN	（3） HUC
DIE_0	0.3879 ***	0.0145	0.0480
	（0.1201）	（0.0423）	（0.0313）
DIE_1	0.1036 *	0.1537 ***	0.1372 ***
	（0.0544）	（0.0476）	（0.0329）
DIE_2		0.2478 ***	0.2726 ***
		（0.0862）	0.0312
控制变量	YES	YES	YES
R2_Adj	0.7302	0.7826	0.7169
N	270	270	270

四、空间效应分析

接下来，本书进一步建立空间计量模型探究数字经济发展能否对产业链现代化的发展产生空间溢出效应。地理学第一定律认为，邻近的地理空间之间会在某种程度上受到对方的影响，即空间相关性。空间相关性检验可以用来判断地理单位与其相邻或邻近的地理单位是否有不可分割的依赖关系。全局 Moran's I 指数可以用来分析数字经济发展和产业链现代化是否存在空间相关性，局部 Moran's I 指数可以用来分析某一观测区域同周边邻接区域的相关程度，检测区域内部是否存在空间差异性。

表 6-9 显示了 2011—2019 年产业链现代化的全局莫兰指数，可以看出，产业链现代化存在显著的正向空间自相关性。

表 6-9　　　　　　　　　　　产业链现代化的全局莫兰指数

年份	I	E（I）	Sd（I）	Z	P-value
2011	0. 113	−0. 035	0. 036	4. 141	0. 000
2012	0. 118	−0. 035	0. 035	4. 304	0. 000
2013	0. 123	−0. 035	0. 036	4. 409	0. 000
2014	0. 121	−0. 035	0. 036	4. 355	0. 000
2015	0. 119	−0. 035	0. 036	4. 285	0. 000
2016	0. 104	−0. 035	0. 036	3. 875	0. 000
2017	0. 099	−0. 035	0. 036	3. 746	0. 000
2018	0. 097	−0. 035	0. 036	3. 681	0. 000
2019	0. 097	−0. 035	0. 036	3. 663	0. 000

图 6-2 显示了 2011 年和 2019 年，数字经济发展和产业链现代化的局部 Moran's I 指数的演变。可以看出，不同区域间的产业协同集聚水平和制造业高质量发展水平的空间关联状态呈现出不同的特征。第一、二、三、四象限分别表示 HH、LH、LL 和 HL，例如 HH 表示数字经济发展或产业链现代化水平高的地区的周边地区也同样处于高水平。

以上空间探索性分析表明，我国各省数字经济发展水平和产业链现代化水平均存在显著的空间自相关性，但不同区域存在不同的集聚特征，因此可以将空间因素纳入模型开展实证研究。

Moran's I 指数无法给出模型的设定形式，需要进一步进行模型诊断检验。由表 6-10 可以看出，Robust-LM、LR 和 Wald 检验结果支持设置 SDM 模型，Hausman 检验结果支持设置固定效应模型，最终本书设置了时间、省份双固定的 SDM 模型。

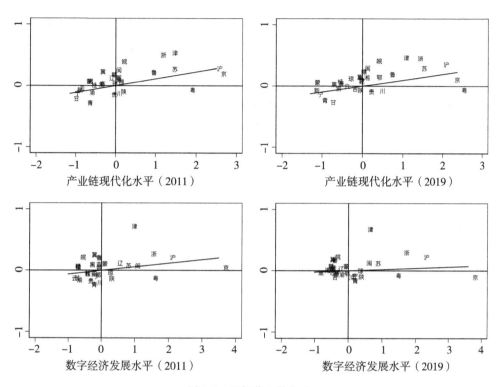

图 6-2 局部莫兰散点图

表 6-10 空间计量模型的甄别结果

检验方法	统计量	P 值
LM SAR	2.662	0.103
Robust LM SAR	11.659	0.001
LM SEM	6.476	0.011
Robust LM SEM	15.472	0.000
LR-SAR	32.29	0.000
LR-SEM	29.49	0.000
Wald-SAR	34.49	0.000
Wald-SEM	31.52	0.000
Hausman	20.16	0.043

表 6-11 是空间杜宾模型的估计结果，其中第（1）列为熵权法测度得到的数字经济发展水平与产业链现代化水平的 SDM 回归，第（2）列是主成分分析法测度得到的数字经济发展水平与产业链现代化水平的 SDM 回归。

表 6-11 SDM 估计结果

		解释变量	（1）	（2）
SDM	DIE		0. 4489 ***	0. 0619 ***
			（0. 0967）	（0. 0110）
	$W×DIE$		1. 1939 **	0. 1753 **
			（0. 5830）	（0. 0736）
	rho		−0. 6533 **	−0. 6284 **
			（0. 2729）	（0. 2670）
	控制变量		YES	YES
	个体固定		YES	YES
	时间固定		YES	YES
	R2_Adj		0. 3481	0. 3407
	Log-L		678. 6825	682. 8250
	N		270	270
直接效应	DIE		0. 4278 ***	0. 0588 ***
			（0. 0978）	（0. 0108）
间接效应	DIE		0. 5914 *	0. 0914 **
			（0. 3492）	（0. 0464）
总效应	DIE		1. 0192 ***	0. 1501 ***
			（0. 3651）	（0. 0500）

可以看出：

第一，数字经济发展水平（DIE）的回归系数显著为正，这说明数字经济发展有利于产业链走向现代化，这进一步验证了研究假说 1。

第二，产业链现代化水平的空间滞后项显著为负，说明地区产业链现代化产生了显著的空间挤出效应，这表示本地区产业链现代化水平的提升会抑制周边地区的产业链现代化发展。原因可能在于，现阶段，我国产业链现代化整体发展水平不高，各省在产业链现代化建设的过程中，协调发展的机制不够完善，尚未形成有序衔接的产业链布局，各省为了抢占产业发展高地，出台的产业链规划互补性不强，同质化竞争激烈，产业链区域协作偏弱，最终导致不同省份之间存在"抢链"问题。

第三，数字经济发展水平的空间滞后项显著为正，数字经济发展产生了显著的空间溢出效应，这说明数字经济的发展还可以推动邻近地区的产业链走向现代化。由于 SDM 模型的回归结果无法完全反映数字经济发展与产业链现代化的关系，因此本书根据 LeSage 和 Pace（2009）提出的偏微分方法，将 SDM 模型回归系数中的交互信息分解为总效应、直接效应和间接效应。直接效应和间接效应分别反映了数字经济发展对本地区和邻近地区产业链现代化的影响，分解结果如表 6-11 所示，可以看出，直接效应、间接效应和总效应均显著为正。这说明，数字经济破除了产业间和地区间的壁垒，推动了要素的跨区域流动，对产业链现代化的发展产生了显著的空间溢出效应，假说 4 得以验证。

五、因果效应分析

数字经济的发展离不开大数据等数字技术的支撑，大数据技术的广泛运用使得海量数据的采集、储存、计算和运用成为可能，推动我国进入数字经济时代。大数据技术的广泛应用使得数据成为关键生产要素，推动数字经济对经济社会产生颠覆性影响。可以说，数字经济对产业链现代化的影响实质是通过数字化技术改造产业链，以此提升产业链的效率。接下来，通过借鉴邱子迅和周亚虹（2021）的研究，本书将进一步从政策评估的视角出发，将"国家级大数据综合试验区"（以下简称"试验区"）的设立作为准自然实验，采用 DID（双重差分）的方法评估数字经济的发展对产业链现代化的因果效应。

2015 年，中央出台了《促进大数据行动纲要》，随后，贵州成为首个"试验

区"；2016 年，北京、天津、河北、内蒙古、沈阳、河南、上海、重庆和广东 9
个省市被批准设立为第二批"试验区"。"试验区"设立的目的主要是围绕不同
定位开展大数据建设的探索工作，通过发挥示范引领作用推进区域大数据产业的
发展。本书设定的政策评估模型如式（6-14）所示。

$$ICM_{it} = \alpha_0 + \alpha_1 DID_{it} + \alpha_c X_{it} + \mu_i + \delta_t + \varepsilon_{it} \qquad (6\text{-}14)$$

其中，DID_{it} 表示省份 i 在年份 t 是否被设立为"试验区"，由政策虚拟变量
$Treated_{it}$ 和时间虚拟变量 $Time_{it}$ 交互所得。具体而言，考虑到沈阳为地级市行政
单位，其余 9 个地区均为省级行政单位，为保障研究的一致性，沈阳所属的辽宁
不被认定为"试验区"，设定北京、天津、内蒙古等 9 个省市为实验组，$Treated =$
1；否则为控制组，$Treated = 0$。此外，虽然贵州在 2015 年就被设立为"试验
区"，其他地区 2016 年才被设立，但考虑到两批"试验区"设立时间间隔较短，
故统一将政策起点设定为 2016 年，2016 年及以后的时间 $time$ 取值为 1，否则为
0。α_1 表示政策效应，其系数方向和显著性是本书关注的重点，其余变量的含义
和式（6-1）一致。

表 6-12 显示了因果效应的回归结果，其中第（1）列控制了省份和时间双固
定效应，第（2）列控制了时间固定效应和其他重要变量，第（3）列控制了省
份固定效应和其他重要变量，第（4）列同时控制了省份和时间双固定效应和其
他重要变量。可以看出，无论哪一种模型，DID 的回归系数均显著为正，"试验
区"的产业链现代化水平比非"试验区"平均高出 0.2233 个单位。这说明，建
立"试验区"能够显著推动产业链现代化，数字经济发展对产业链现代化具有显
著的因果效应。

表 6-12　　　　　　　　　　　政策效应回归结果

变量	（1）	（2）	（3）	（4）
DID	0.0305 ***	0.0283 *	0.0257 ***	0.0223 ***
	(0.0078)	(0.0150)	(0.0076)	(0.0082)

变量	（1）	（2）	（3）	（4）
控制变量	NO	YES	YES	YES
个体固定	YES	NO	YES	YES
时间固定	YES	YES	NO	YES
R2_Adj	0.9782	0.8850	0.9758	0.9800
N	270	270	270	270

接下来，本书将通过多种方式验证数字经济对产业链现代化的因果效应的可靠性。

（一）平行趋势检验

DID 能够准确评估数字经济发展对产业链现代化产生因果效应的重要前提是，未实施"试验区"政策前，实验组和控制组的产业链现代化保持平行发展趋势，具有可比性，即满足平行趋势假定。在 Beck 等（2010）研究的基础上，本书采用式（6-15）进行平行趋势检验。

$$ICM_{it} = \alpha_0 + \sum_{n=-3}^{3} \beta_n \left[(t = n) \times Treated_i \right] + \alpha_c X_{it} + \mu_i + \delta_t + \varepsilon_{it} \quad (6-15)$$

其中，$t = 0$ 表示"试验区"启动的年份，在本书中为 2016 年，t 的取值从 -3 到 -1 分别表示"试验区"启动前的第 3 年至第 1 年，t 的取值从 1 到 3 分别表示"试验区"启动后的第 1 年至第 3 年。其他变量的含义和式（6-1）一致。另外，为避免多种共线性，以政策发生前的第 3 年作为基期。

由图 6-3 可以看出，在"试验区"政策开始前 1~2 期，实验组和控制组的产业链现代化水平没有明显差异，满足平行趋势假定。还可以看出，在"试验区"政策实施后，回归系数显著为正，政策效应开始显现，数字经济发展对产业链现代化的促进作用具有一定的动态可持续性。

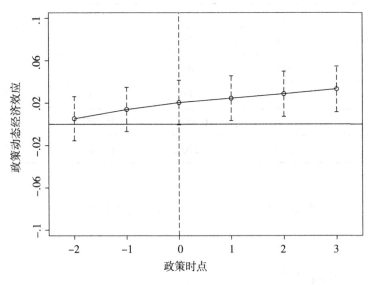

图 6-3　平行趋势检验结果

（二）安慰剂检验

为了进一步验证本书评估的政策效应的有效性，排除其他潜在政策或遗漏变量等因素对实验结果的干扰，本书采用随机生成实验组，通过构建虚拟的政策变量 *Treated* 进行安慰剂检验。具体做法如下：第一，随机将 9 个省市的 *Treated* 赋值为 1，剩余省市取 0，构建虚拟的 *DID* 变量；第二，保持其他控制变量不变，采用式（6-14）进行政策效应评估，获取虚拟政策效应 α_1；第三，重复以上步骤 500 次，记录每一次虚拟政策效应 α_1，并绘制虚拟政策效应 α_1 的概率密度分布。研究结果如图 6-4 所示，可以看出，虚拟的实验组的政策效应集中分布在 0 附近，真实的政策效应远离 500 次随机虚拟政策效应的分布，这表明人为随机设定"试验区"政策不会对产业链现代化产生影响，实验结果较为可靠。

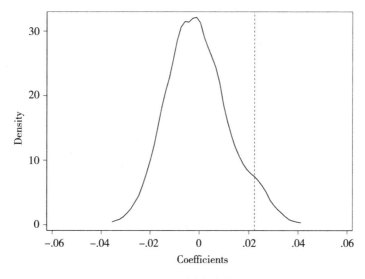

图 6-4 安慰剂检验结果

（三）倾向得分匹配

采用 DID 进行政策评估的一个条件是实验组和对照组不存在系统性偏差，即政策的设定应该具有随机性。从理论上来看，能够被设定为"试验区"和地区产业链现代化的相关性较小。为了保证因果效应的可靠性，本书采用 PSM-DID 模型来缓解样本选择性偏误，通过采用最近邻匹配和 Kernel 匹配消除实验组和控制组的系统性差异，使得研究更接近"自然实验"。

具体做法如下：第一，选择前文的控制变量作为协变量，通过 Logit 回归从控制组中匹配和实验组较为"接近"的样本；第二，剔除未匹配上的样本后，采用式（7-14）进行政策效应评估，回归结果如表 6-13 所示。其中，第（1）列和第（2）列分别为 1∶3 的最近邻匹配和 Kernel 匹配。由于截面匹配可能导致的"自匹配"问题，本书进一步采用 Kernel 方法进行逐期 PSM 匹配。可以看出，数字经济的政策效应均显著为正，这说明数字经济对产业链现代化产生了显著的因果效应。

表 6-13　　　　　　　　　　　　　　**PSM-DID 回归结果**

变量	（1） N（3）	（2） Kernel	（3） 逐期-Kernel
DID	0.0253 ** （0.0100）	0.0278 *** （0.0094）	0.0229 *** （0.0085）
控制变量	YES	YES	YES
个体固定	YES	YES	YES
时间固定	YES	YES	YES
R2_Adj	0.9690	0.9707	0.9662
N	184	250	240

结　论

本书紧紧围绕"打好产业链现代化攻坚战，提升产业链现代化水平"这一现实命题展开统计研究。以产业经济学和统计学为指导，以产业链理论、产业分工理论、产业关联理论、产业聚集理论、高质量发展理论为基础，基于政策文本数据、省级经济面板数据，利用文本分析、综合评价分析、机器学习算法和计量模型等多种方法从多个视角描述中国产业链现代化的现状，测度中国产业链现代化水平，刻画中国产业链现代化的发展差异和动态演进，探索中国产业链现代化的优化路径。

一、研究结论

（一）产业链现代化是综合复杂的系统

1. 产业链、供应链和价值链三者密不可分。价值链主要从价值增值的角度考察不同价值环节的关联关系，而产业链和供应链的核心都是价值创造，因此，产业链可以看成按照价值链分布的产业之间的关联关系，供应链是从供需关系角度描述按照价值链分布的企业之间的关系，所以，价值链是产业链和供应链运行的基本要素，价值链决定产业链和供应链。另外，产业链、供应链和价值链存在融合效应，三者在相互融合中不断向前发展。随着产业链、供应链和价值链的不断融合，产业链供应链达到了价值实现、流程协同和时空分布的统一，涵盖了从原材料供应到产品消费全流程中的各类价值创造主体与活动，形成了基于产业供需网络的生态系统。

2. 通过总结相关学者的研究结论后，本书认为产业链现代化是一个综合复杂的系统。具体而言，产业链现代化就是借助新一轮的科技变革和产业革命，掌握关键技术，推动产业基础高级化，增强产业链控制力，提升产业高质量发展水平。产业链现代化主要包括六个特征：产业链发展基础更优、产业链数字化水平更高、产业链创新能力更强、产业链韧性更好、产业链协同更高效和产业链更加可持续。

3. 产业分工是产业链形成的重要原因，产业关联是产业链的实质，是产业链测度的重要理论依据，而产业集聚是产业链空间分布的重要表现形式。产业分工理论、产业关联理论和产业集聚理论在各自的发展过程中，与产业链的研究内容相互渗透，并促使产业链的理论研究不断深入和拓展，高质量发展理论是新时代和新阶段一切经济建设的根本指导思想和内在要求，产业链三大基础理论结合高质量发展理论共同构成了产业链现代化的理论体系。

（二）产业链现代化的政策内容较为丰富

1. 从政策发文量来看，我国东部地区产业链政策的发布数量最多，中部和西部地区的政策发文量大致相同。从政策发布时间来看，产业链现代化的政策发文数量呈现逐年上升的趋势。从政策工具视角来看，环境型政策工具的占比最大，需求型政策工具占比最小。我国产业链现代化的建设尚处于起步和探索阶段，我国产业链政策的制定仍以目标规划为主。在供给型政策工具中，资金投入政策工具的占比最大，其次为科技创新，但人才培育的政策尚未涉及。在需求型政策工具中，政策采购这种具有直接引导意义的政策工具未被采用。

2. 从政策词频分析和语义分析结果来看，产业链政策主要围绕企业、创新和技术展开部署。产业链稳定发展是核心，企业是承接产业链发展的主体，技术创新是产业链和创新链深度融合的重点，是产业链现代化的核心。从关键词的聚类分析结果来看，产业链要素支撑、产业链技术创新、产业链数字化和产业链政策保障是产业链现代化的重要任务。

3. 从产业链政策主题的异质性来看，产业链专项政策主要关注政策保障，全部政策主要关注数字创新；东部地区产业链政策主要关注产业数字化，中部地区主要关注农业发展，西部地区主要关注重点产业建设；2019 年的产业链政策主要关注产业协同创新和农业现代化，2020 年主要关注复工复产，2021 年则重点强调链长制的设置。

4. 从 PMC-AE 指数的结果来看，我国产业链政策均得到了较高的评价，政府在制定产业链政策时考虑维度比较丰富、政策覆盖领域较为全面，但从一级指标得分可以发现各个政策之间存在一定的差距，产生差异的原因除了政策本身的时效性外，还受到政策领域、政策客体、政策内容和政策激励等方面的影响。

（三）产业链现代化的水平不断提升

1. "十二五"以来，我国产业链现代化平均水平从 2011 年的 0.3290 提高到 2019 年的 0.4240，增长 28.90%。除了在 2012 年有所下降外，其他时间都呈现上升态势，但从绝对值可以看出，我国产业链现代化平均水平不高。从各一级指标来看，除了产业链韧性和产业链可持续水平略有下降外，其他一级指标都有不同程度的提高，产业链创新水平增长最快，年平均增长率达 8.70%。另外，从产业链现代化水平的极差来看，在观测期内极差从 2011 年的 0.4620 增大为 2019 年的 0.6703，除 2018 年略有减小外，其他时间极差都在增加，我国各省份之间的产业链现代化水平差距有扩大趋势。

2. 2011—2019 年，我国三大区域的产业链现代化水平都呈现上升趋势，从绝对水平来看，东部地区的产业链现代化水平最高，中西部产业链现代化水平较低，与东部差距较大；从增速来看，东部地区的增长速度最快，西部最慢。在三大区域产业链现代化的六个维度中，产业链可持续发展水平最高，产业链创新发展水平最低，且东部地区产业链现代化的六个维度发展水平均明显优于中西部。东部地区产业链韧性、产业链协同和产业链可持续发展速度优于中西部；中部地区产业链创新水平提升最快；西部地区产业链基础和产业链数字化增长最快，并且产业链基础提升显著。

3. 2011—2019 年，各省产业链现代化发展差异较大，产业链现代化水平最高的地区是北京，最低的地区是新疆，产业链现代化水平提升最大的三个省市是贵州、广东和重庆，增长最小的三个省市是内蒙古、新疆和青海。K-Means 算法的聚类结果将 30 个省市区的产业链现代化水平划分为 3 个层级，东部地区的产业链现代化处于中高水平，中部处于中等水平，西部处于中低水平。

4. 2011—2019 年，我国产业链现代化六大子系统的耦合协调度总体上呈现上升趋势，但平均增速较为缓慢；三大区域的产业链现代化系统的协调发展情况均得到了一定的改善，但东部区域的改善情况优于中西部，产业链现代化系统的协调发展总体呈现出东部>中部>西部的空间格局。总体而言，我国产业链现代化系统的协调发展呈现出极化、集聚和阶梯三大特征。

（四）产业链现代化的发展差异明显

1. Dagum 基尼系数及其分解方法的结果显示，2011—2019 年，我国产业链现代化水平总体差异呈现"上升—下降—上升"的趋势，总体差异有所扩大；三大区域内的产业链现代化水平的差异均低于全国总体差异，东部区域和西部区域内产业链现代化水平的差异高于中部区域；在三大区域间产业链现代化水平的差异中，东—西部最大，东—中部次之，中—西部最低，但中—西部的差异有扩大趋势；区域间的差异是我国产业链现代化水平空间差异的主要来源。

2. 方差分解的结果显示，在全国层面，产业链创新水平逐步取代产业链基础成为我国产业链现代化发展结构差异的主要来源。在区域层面，产业链数字化和产业链创新是东部和中部地区产业链现代化差异的主要来源，而产业链可持续是西部地区产业链现代化差异的主要来源。产业链基础、产业链创新、产业链协同的发展差异的贡献由东向西逐渐减小；产业链可持续的发展差异的贡献由东向西逐渐增加；创业链数字化的发展差异的贡献在东部和中部占比接近，均高于西部；产业链韧性的发展差异的贡献在三大区域大致相同。

3. QAP 分析的结果显示，在全国层面，各省份在产业链现代化系统任何一个维度的差异都会导致产业链现代化差异的形成，产业链现代化六大子系统任意一个系统差异的扩大都会导致产业链现代化差异的扩大。产业链创新水平差异的扩大是我国产业链现代化水平差异扩大的最大成因，解决产业链现代化创新发展失衡问题是推动我国产业链现代化协调发展的重中之重。在区域层面，三大区域产业链现代化差异的影响因素存在异质性。产业链创新水平的差异的影响程度由东到西依次递减，产业链可持续水平的差异的影响程度由东到西依次递增。另外，三大区域的产业链创新水平的影响都在扩大，产业链基础和产业链可持续水平的影响都在缩小。

4. Kernel 密度函数估计的结果显示，全国和三大地区产业链现代化水平都在不断提升，但绝对差异都在扩大，其中，东部区域存在极化现象，北京、广东的产业链现代化水平和东部平均水平的差异在增大，中部和西部区域的极化现象得到缓解。传统 Markov 链的分析结果表明我国产业链现代化水平具有俱乐部收敛特点，发生状态转移的可能性较小；空间 Markov 链的分析结果表明产业链现代化水平状态的转移在空间上不是独立的，其与相邻省份的产业链现代化水平存在较强相关性，高水平邻近地区会促进产业链现代化中低水平地区的发展，中水平地区的集聚对中水平地区产业链现代化的促进作用最为明显。

（五）产业链现代化的优化路径不同

1. 2010—2019 年，我国 30 个省市区产业链现代化系统的 11070 个指标中共有 777 个指标出现异常，局部异常比例为 7.02%。在所有的局部异常情况中，负向异常占绝大多数，比重超过 75%；在四种局部异常类型中，负向轻微异常（橙色预警）出现次数最多，正向明显异常（绿色预警）出现次数最少。第二，银行业金额机构各项贷款余额占 GDP 的比重、每万人互联网宽带接入端口数这两个指标出现负向异常的次数明显高于其他指标，应予以重点关注。第三，中西部区域省份出现异常指标的情况较多，东部区域省份出现异常指标的情况较少。

2. 2011—2019 年共有 16 个省市的产业链现代化发展水平出现了 22 次异常，出现异常次数最多的省份是山东，共有 3 年出现异常；出现异常次数最多的年份是 2017 年，共有 5 个省市出现异常，2018 年没有省市产业链现代化出现异常。根因分析结果表明产业链数字化、产业链创新和产业链协同这三个维度的异常是导致产业链现代化异常的主要原因。

3. 产业链现代化的驱动要素包括社会需求、科技创新、制度安排和资源禀赋四个部分。其中，社会需求是产业链现代化的市场导向，科技创新是产业链现代化的核心驱动力，制度安排是产业链现代化的体制保障，资源禀赋是产业链现代化的物质基础。在不同地区和不同时期，社会需求、科技创新、制度安排和资源禀赋在产业链实现现代化过程中的作用存在明显的异质性。整体来看，研发经费投入贡献最高，影响程度最大，加大研发经费投入是提升产业链现代化水平最为关键的路径。

4. 不同投入要素对产业链现代化的边际贡献处于不同阶段，不同地区产业链现代化进入最优区间的路径不尽相同。东部发达省市对产业链现代化影响较大的要素的投入已经超过了第二个拐点，应考虑通过其他途径提升产业链现代化水平；中部地区对产业链现代化影响较大的要素的投入在第一个拐点和第二个拐点之间，应该继续保持，同时加大未进入第一个拐点的要素的投入；西部落后省市对产业链现代化影响较大的要素的投入尚未进入第一个拐点，通过提高这些要素的投入可以有效地提升产业链现代化水平。

（六）数字经济推动产业链走向现代化

1. 新冠疫情和俄乌军事冲突对全球政治经济造成了深远影响，以数字技术为代表的数字经济正在以前所未有的速度渗透到中国经济、社会和生活的方方面面。数字经济可以通过影响产业链现代化的核心要素直接影响产业链走向现代化，该结论在经过一系列稳健性检验后依然成立。

2. 数字经济能够通过推动科技创新和改善人力资本的方式促进产业链走向现代化，但数字经济的影响存在显著的门槛效应。一方面，数字经济促使创新主体多元化，推动创新模式演化，促进科技创新不断涌现，但只有当地区的科技创新水平达到一定的门槛时，数字经济对产业链现代化的推动作用才逐渐显现，且随着科技创新水平的不断提升，数字经济的正向促进作用将更加突出。另一方面，数字经济倒逼劳动者素质的提高，同时降低了知识的获取成本，扩大了知识传播的范围，提升了人力资本水平。和科技创新类似，只有当地区的人力资本水平达到一定的门槛时，数字经济对产业链现代化的推动作用才逐渐显现，且随着人力资本水平的不断提升，数字经济的正向促进作用将更加突出。

3. 数字经济发展不仅能够推动本地区产业链现代化水平的提升，还可以推动邻近地区的产业链走向现代化。数字经济破除了产业间和地区间的壁垒，能够推动知识、信息和技术的跨区域流动，对产业链现代化的发展产生了显著的空间溢出效应。另外，地区产业链现代化具有显著的空间挤出效应。现阶段，我国产业链现代化整体发展水平不高，各省在产业链现代化建设的过程中，协调发展的机制不够完善，尚未形成有序衔接的产业链布局，各省为了抢占产业发展高地，出台的产业链规划互补性不强，同质化竞争激烈，产业链区域协作偏弱，最终导致不同的省份之间存在"抢链"问题。

二、研究启示

（一）夯实产业链基础，补齐产业链短板

1. 聚焦核心领域，夯实产业链基础

夯实产业链发展基础，就是要聚焦我国产业链现代化建设的核心领域，加快推进产业基础能力评估，准确识别产业链基础能力的薄弱环节，不断夯实产业链发展基础。具体而言，首先，整合国内的"产学研用"的优势力量，建立关键共性技术突破机制，建设协同开发与集成验证环境，加强计算物理、计算数学等重点领域的基础研究，持续推进针对求解器等核心技术的"产学研用"各方联合攻关。其次，建立国家级公共知识库共享平台，规划建设行业通用的基本求解算法库、基础领域数据库、知识库、标准零部件库等各类标准化信息库，通过开源等方式，促进各类资源在企业层面的便捷共享与开发利用，降低企业在研发过程中可能出现的重复成本。再次，通过技术研发和科技创新建立自主定义的行业标准，降低工业"四基"对于国外的过分依赖，提升对国外产品的替换能力。例如，针对 CAD、CAE 等大型工业软件，可基于市场对国际主流工业软件的模型读取转换、异构协议转换、软件二次开发等兼容性和定制化要求，发展和定义自主数据模型和接口标准，形成覆盖设计、建模、仿真、制造、运维等不同环节的自主数据表达和交换能力。最后，要打造创新能力更强，附加值相对更高，且较现阶段而言更加安全可靠的现代化产业链，以更快的速度、更高的质量补齐产业内基础短板，聚焦目前我国被国外"卡脖子"较为明显且关乎国家经济安全性及社会发展稳定性的重点领域，如电子元器件、集成电路、生物医药重大装备设备等。

2. 保持产业完整，编制产业链图谱

完整的产业链及配套齐全的产业基础是我国产业链现代化建设的优势，但近年来由于成本上升及资源约束等原因导致的产业外迁问题使得我国产业链的完整性受到了威胁，为此，要采取相应措施保障产业链的完整性。一方面，鼓励部分产业向中西部欠发达地区转移，实施国家"新工业基地建设"行动计划，选择部分经济基础、交通条件及环境承载力均相对较高的中西部城市，在提供相应资金、技术、税收、土地等各方面支持的前提下打造一批新的制造业集聚中心。另一方面，建立并完善国家技术安全管理清单，健全针对外资的相关并购审查制度，着力避免因外资恶意并购导致我国产业链的核心环节受到控制及类似事件的发生，在"走出去"的同时，避免本国产业"空心化"。强化对技术密集型及劳动密集型产业"走出去"的积极引导，同时加强对核心产业、敏感产业"走出去"的管理力度，在积极拓展"一带一路"发展空间的同时，避免发生核心技术流失的问题。

3. 着力发展基建，完善产业链网络

产业链供应链"新基建"主要包括各类新兴技术基础设施、融合型基础设施以及创新型基础设施，这些设施的建设可以提升"新基建"投资效率及产业链供应链运行效率。一方面，以物联网、人工智能、区块链及5G建设为代表的"新基建"可以为传统产业链供应链运行提供高效便捷的沟通方式，有利于产业链有序高效地整合与发展。另一方面，具有数字化特点与整合属性的物流网络也应成为重点关注对象。物流是产业链供应链运行的"生命线"，虽然我国物流网络发展快速，但与之匹配的软性管理运营体系较为落后，需要进一步构建高水平、数字化的物流体系，形成多方协同管理、全面发展的产业链供应链物流网络。

（二）推动数字化转型，推进产业链升级

1. 突破数字技术瓶颈，提升产业链效率

虽然我国在数字技术方面取得了较大进步，但数字化转型进程中"卡脖子"问题仍然存在且不可忽视。国外企业仍然主导了数控机床、工业软件等大量领域的核心技术，我国本土产品普遍技术水平不高，无法达到高技术产业的要求，且市场占有率长期处于较低水平。因此，应充分发挥我国5G技术优势，尤其是以5G技术为核心的互联网工业技术，加速产业链供应链数字化转型，用数字技术发展助推我国资源开发利用集约化水平的提升，并以此为基础赋能我国整体产业水平走向数字化。具体而言，上游借助大数据及云计算等数据处理技术对大量数据信息进行专业细致分析，推动产业产品研发精准化、柔性化；中游用数字技术推动市场现状展示及市场分析预期的高精度即时化，推动产品生产智能化、管理运营扁平化；下游利用海量数字信息针对不同市场进行差异化营销，针对不同类别产品开展针对性宣传，针对不同消费群体展开差异化推送，推动产品营销精准化。

2. 大力发展数字经济，优化产业链环境

在新一轮科技革命背景下，国际产业分工日益清晰，高价值环节逐渐由制造业向以服务业为代表的第三产业转移，产业链数字化日益成为驱动经济发展不可或缺的重要力量。推动数字化转型首先要把握当前发展过程中的重大机遇，如信息基础设施升级、5G网络技术发展等。其次，典型的数字经济产业，如物联网、大数据、软件开发、电子商务等领域的发展速度也亟需加快，同时数字社会、数字政府建设及提升社会公共服务的数字化水平的各类建设也应加强。最后，要紧跟数字产业化与产业数字化发展契机，推动产业技术创新，加快进行产业内及产业间的数字化改造及生态化整合，融合产业数字化与数字产业化的发展模式与发展路径，着力推进产业集群转型升级及发展进程，借助数字技术实现产业链供应链各方协同合作，促进高精尖技术深度融合创新。

3. 加快数字人才建设，培育产业链人才

在产业链数字化转型过程中，数字领域的专业人才不可或缺。要培养数字化专业性人才，首先，要不断加强数字经济专业化人才培养体系建设，加大硬件及软件的相关教育投入，精确化培养发展数字化领域的专业化领军人才，聚焦行业面临的突出问题，鼓励国内科研院所、高等院校及各相关企业联合培养，建立数字化专业人才实训基地。其次，要把握研发端和需求端的特点和需求，在供给侧及需求侧共同培养，高度重视制造业领域相关人才，特别是战略科学家、科技领军人才和创新团队的培养及引进，用好领域内高科技人才。最后，将人才战略融入产业链数字化转型中，处理好各链间的创新发展关系，推进数字生态系统融入产业链群生态系统，推进专业化人才的培育及培养，助力前沿技术的关键性突破，以人才培养战略助力产业链数字化转型，在产业链转型过程中强化高精尖人才的培养与培育。

（三）突破关键性技术，强化产业链创新

1. 组织联合性技术攻关，实现关键技术突破

首先，由政府主导打造国家级发展基地，建设产业联盟软硬件适配中心，国家级"产学研用"联合公关平台，构建运行有效的"产学研用"联动机制，加大力度，着重攻关重点领域的核心技术，充分发挥我国体制集中力量办大事的优势，调动各级部门、企业及行业协会等各方核心力量同心聚力突破核心技术，建立关键技术攻关平台，以相关高校及科研院所为主体，协调相关企业共同参与，"产学研用"结合突破关键技术。其次，设立重大攻关项目，围绕工业软件设计等存在"卡脖子"问题的技术展开重大专项攻关，筛选在相关领域基础较好，积淀深厚的高校及科研院所作为主体，吸引相关行业内龙头企业参与，联合开展核心技术攻关。与此同时，推进关键技术分类突破，一方面，要突破传统意义上受制于人的短板问题，建立完善的共性技术基础研发体系，共性技术通常存在技术研发周期较长、应用前景不甚明朗的特点，因此需要各级部门及政企科研机构通力合作，共同承担研发过程中的资金及实验风险。另一方面，不能放松对前沿技术、颠覆性创新领域的突破，力争在5G技术、量子通信、人工智能等新兴行业的前沿领域占据压制性优势，在重视传统基础工业能力提升的基础上也应加强对生产性服务业发展的重视程度，对基础软件、工业云服务、大数据应用等的发展倾注精力与资源。此外，还应加强对不成熟技术的监管体系建设及监管实施，对技术发展过程中的安全风险精准管控，高度防范。

2. 鼓励企业专业化发展，推动国产产品发展

我国产业发展"大而不强"，企业发展"不专、不精、不细"，不少企业选择多元化发展方向，但通常存在主业不明晰的问题，在发展过程中也存在产品质量水平低、存活时间短、影响力有限的问题。为此，首先，应坚持树立支持企业向专业化方向发展的价值导向，着力培育一批核心主营业务鲜明、竞争力强的"专精特新"的中小企业，培育出一批专注于专业领域的核心技术突破的创新型企业，形成在领域内的细分市场、技术、服务、市场及客户认可度等方面均较为出色的"单项冠军"。其次，集中各方资源支持一批在行业内持续坚守本领域、技术攻关能力强且长期发展潜力较好的"隐形冠军"及"独角兽"企业。同时，推动各类创新要素不断向类似"单项冠军""独角兽"及"隐形冠军"的专业化发展企业集聚，支持创新技术研发的龙头企业对产业内"卡脖子"的重点问题展开产业化突破。最后，逐渐实现各领域国产化产品替代，推动国产产品在重点核心领域的典型示范应用，打造一批优秀核心产业解决方案，促进一批重大项目立项和建设，逐步推进国产产品在更多领域内的拓展应用。

3. 加大基础性研究投入，加快科技成果转化

基础研究是产业发展的奠基石。一方面，鼓励高校及科研院所积极参与高等学校科技成果转化及技术转移基地建设，建立科技成果评估机制，逐步建立健全技术转化体制体系，优化科技转化流程。另一方面，提高市场化运行效率，持续完善奖惩分配政策，以制度保障调动科研人员的积极性，加快高校科研成果的转化速度，使高校及科研院所的研究成果成为产业发展的有效推动力。

（四）培育特色化企业，增强产业链韧性

1. 做大做强"链主"企业，实现产业自主可控

"链主"企业具有产业控制力、治理把控力、利益分配及协同能力较强的特点，需要培育壮大一批核心竞争力较强、能带动其他企业发展，且具有一定国际影响力的"链主"企业。一方面，将"链主"企业作为核心主体，实现产业链上下游及相关产业配套产业资源的集聚，以各产业链内的核心优势产业为抓手，以主要龙头企业为引领，借助相应产业链内核心企业的主导力，打造一批联系紧

密、功能互补的产业集群，促进产业链向上下游不断延伸发展。另一方面，发挥"链主"企业在市场与技术方面同时驱动的优势，驱动产业链中的各企业集群化协同发展，提升整个产业链的生产力及技术水平，借助全球产业链重构的重要契机，推动企业在研发、创新、生产、管理、营销、服务等各方面取得重要突破，提升本土企业的竞争力，从而形成以我国企业为主导的国际产业链，提高我国在全球生产网络中的治理能力。

2. 全力发展隐形冠军，抢占产业发展高地

"隐形冠军"是企业产品研发及生产过程高度集中化、专业化且高度瞄准单一市场的优秀中小型企业。一般来说，产业链上的"隐形冠军"就是各个产业链内的基础性企业。首先，不断培育产业基础能力，使更多中小微企业在成长过程中避免"大而不强"的常规问题，发展成为在全球价值链的某环节占据关键地位的企业，对全球价值链的发展具有一定控制能力。其次，鼓励企业积极发挥企业家精神和工匠精神，努力将"专精特新"的"杀手锏"产品打造成为本产业链内的"单项冠军"。最后，根据产业特点及独特性质，激活不同产业链内可能存在的"隐形冠军"企业，让不同企业在各领域进行长期的研发、创新和突破，实现在不同领域逐个击破。

3. 积极培育全球品牌，提升产品附加价值

当下我国制造业面临"大而不强"、低附加值的问题，大部分中小企业常见业务仍然仅限于代加工，尚无企业商标及品牌，整个产业链内的高附加值产业都被国外高端品牌公司掌握，我国企业的增长空间在品牌企业侵占下受到极大限制。为此，首先，着力改进产品研发、设计、销售及服务四个方面，产业链建设应向产业上游及下游的两端逐渐靠拢，提升整个产业链内企业产品的附加价值。其次，政府应强化知识产权保护力度，鼓励产品创新，保护原创设计，打击盗版侵权行为，在产业链内打造、扶持一批有韧性、有内涵的本土原创品牌。最后，企业管理层应主动挖掘我国优秀传统文化，找准企业产品定位，重视品牌效应，秉持工匠精神，讲好中国品牌故事，充分利用我国超大规模市场优势培育品牌，使之走向世界市场。

（五）实现集群化发展，优化产业链协同

1. 强化上下游协同发展，形成产业链集群效应

首先，将产业链作为供应链的集成，推动上下游协同发展，聚焦链内技术深度更高、长度更长的新兴前沿产业，引导产业链内核心要素流向产业链的核心环节及关键产业，加速补齐产业链内的产业短板。其次，强化链条化发展模式，优化企业间协同环境，形成附加价值更高、创新性更强、安全性更高的产业链。同时应加强链内基础设施建设，在交通及人才供给方面打通壁垒，优化营商环境，实现生产要素在产业链内的高效快速流通。最后，产业链上下游要实现清晰的产业分工合作体制机制，形成价值创造等各个领域的全面协同发展，强化相关企业间的深度分工，实现供应关系与产品结构随市场相关信号及时、灵活、高效变化，不断增强价值链的价值创造能力，提升产业链内各产业的控制力及影响力。

2. 推动区域间协同发展，建设区域协同新格局

要不断推进生产力布局优化调整，根据各区域特点、产业发展的基础条件确立差异化的发展战略，提升我国产业链现代化发展的战略纵深和回旋空间。具体而言，东部地区要始终紧跟京津冀协同发展、长江经济带发展、粤港澳大湾区建设及长三角一体化发展的步伐，充分发挥国家级新区、自主创新示范区及高新区等高端要素的平台性集聚效应，通过各类核心要素的平台型集聚发展核心产业链，形成高速优质的发展态势，打造出一个在全球有影响力和竞争力的先进的高新产业集群。中西部地区则应转换思路，基于各地当前发展的基本情况，发挥其对东部地区传统产业转移的承接潜力，筛选出一批经济基础较好，交通便利、环境承载力较强的城市，由传统高污染低附加值产业向先进制造业转型发展，在技术、资金、人才、土地等多方面给予全方位持续性支持，强化区域性核心产业的同时，防止我国制造业外流问题，形成新一批国家工业基地。同时加强对革命老区、民族地区、边疆地区等承载了特殊地位及意义的欠发达地区的产业链的援助力度。东北地区则应发挥东北老工业基地在装备制造、科技攻关、技术工人等方面的传统优势，加强对核心技术突破及重大设备攻关的投入力度，带动东北老工

业区全面振兴。

3. 加强国内外协同发展，实现高水平对外开放

构建新发展格局意味着中国要充分利用自身优势吸引全球要素的聚集。首先，不断追求更高的开放程度，逐步加深我国产业链在全球产业链内的嵌入程度，并使其成为全球产业链中的关键组成部分。其次，要增强各类要素的全球化流动与要素优化配置，推动建立全球产业链应急协调管理机制，打造更加开放、融合性更强、更安全及更稳定的强竞争力国际产业链。再次，加快落实相关外资政策措施，进一步建设完善促进外商投资的专业化服务体系，建立相关奖励机制体系，鼓励各方引进外资市场化项目，推动营商环境向全球化发展，增强我国营商环境对外商的吸引力。最后，发挥海外龙头企业及海外商会的重要作用，建设跨国展示平台、国内及国外电商平台，加大对日本、韩国、欧洲等地区的招商引资力度，巩固增强与欧盟及日韩的产业供应链联系程度，提高产业链整体的安全开放程度，抓住全球产业链重构的重要机遇，占据主动权与先发优势。

（六）推动绿色化发展，促进产业链低碳

1. 加快推进产业结构调整，推动传统行业绿色发展

依法依规推动构建落后产能退出机制，主要发展战略性新兴产业及高技术产业，持续优化重点区域及相关流域的绿色产业布局情况，全面加快推进传统产业绿色低碳转型进程。严格控制高耗能行业产能新增情况，推动高碳行业节能降碳改造，推动落后产能退出，逐步建立以碳排放、污染物排放、能耗总量为依据的存量约束机制，加快能源结构由煤炭为主向多元化转变，切实提高制造业发展的"含绿量"。

2. 优化重点区域低碳布局，壮大绿色环保新兴产业

首先，在严格保护生态环境的前提下，提升能源资源相对富集地区的绿色供给能力，推动一批重点地区提高清洁能源利用率，提升资源循环利用水平，引导生态相对脆弱的地区发展与其资源环境相匹配的特色生态产业，鼓励生态产品资源相对丰富的地区努力实现生态优势向产业优势的转化。其次，加快打造以京津

冀地区、长三角地区以及粤港澳大湾区等重点区域为代表的绿色低碳发展高地，积极推动长江经济带成为我国绿色发展主战场，扎实推进黄河流域生态保护及在此前提下的高质量产业发展。最后，着力打造能源资源消耗较低、环境污染较弱、附加值较高、市场需求较为旺盛的产业发展新引擎，加快发展以新能源、新材料、绿色智能船舶、高端装备、绿色环保、能源电子等产业为代表的战略性新兴产业，并以此类产业带动整个产业链的绿色低碳发展。

3. 推动数字化绿色化融合，建设绿色低碳管理体系

第一，深化产品在研发、设计、生产、使用、回收、再利用等各个环节的数字化应用程度，加快物联网、数字孪生、云计算、人工智能、区块链等核心前沿技术在绿色制造领域的充分应用，推动绿色转型发展的效率提升和效益增大。第二，打造面向产品研发、设计、生产、使用、回收、再利用等全生命周期的数字孪生系统，以数据为核心驱动力，提升全产业链绿色低碳技术创新、绿色制造和运营维护服务水平，推进绿色技术软件化封装，推动成熟绿色制造技术的创新应用。第三，鼓励产业链内各企业开展绿色制造承诺机制，倡导产业链上游供应商生产绿色产品，建设绿色工厂，创新绿色制造工艺，实行绿色包装，进行绿色运输，最后做好废弃物的回收处理工作，形成一条完整的绿色供应链。第四，推动绿色产业链与绿色供应链协同发展，鼓励生产汽车、机械、家电的相关企业尽快构建拥有数据支撑，能够网络共享、智能协作的绿色供应链管理体系，提升资源利用效率及供应链绿色化水平。

（七）强化政策性支撑，完善产业链政策

1. 合理使用政策工具，完善政策内容

第一，在政策工具层面，加强政策工具的合理使用，进一步推动产业链现代化建设。当前我国产业链政策大多为环境型政策工具，在需求型政策工具方面的使用明显不足，尤其是政府采购等方面未有涉及。因此，在未来制定政策时，应加大政府采购等需求型政策工具和人才培育等供给型政策工具的运用。同时还应修订相关法律法规优化产业链现代化建设的政策制度环境。第二，在政策性质层

面，需要丰富政策性质，充分发挥政策作用。当前我国产业链政策的性质主要为预测、建议、引导和描述，缺乏监管等方面的内容，政策监管能够保障产业链政策中的激励措施得到有效实施，监管措施的缺失会对政策的实施效果产生较大影响，因此在政策内容的制定过程中，需要增加监管相关内容。第三，在政策领域层面，需要延伸政策制定领域，在多领域共同推进产业链现代化建设。我国产业链政策涉足的领域主要为经济、社会服务和技术水平领域，涉及政治和环境领域的政策较少。虽然政策中绿色产业链建设的内容较多，但真正涉及环境保护的政策内容较少，在推进产业链现代化的过程中，环境保护不能缺失，要在各领域齐头并进推进产业链现代化水平的提升。第四，在政策客体层面，需要扩大政策参与对象的范围，引导各组织和机构参与产业链现代化的建设工作。产业链现代化建设是一个需要多方参与共同建设的长期战略工程，应鼓励社会全体积极参与这一工程的建设。当前我国产业链政策作用的对象主要为政府、企业和金融机构，作用于科研单位和高校较少，因此产业链政策在制定时应尽可能考虑所有参与对象，调动各个对象的力量积极推进产业链现代化的建设。此外，政策的参与对象和政策的制定部门之间应加强联系，参与对象要积极反馈政策实施的效果，政策制定部门也需要主动了解参与对象的情况，保证政策的实施效果达到预期。第五，在政策激励层面，完善激励保障措施，营造良好的产业链建设环境，调动各个参与对象的建设积极性。当前我国产业链政策采用的激励措施主要为金融支持和基础服务，人才激励、财政补贴和税收优惠等激励措施的实施较少。税收优惠和财政补贴作为最直接减少企业负担的激励手段，在促进产业链现代化和供应链稳定方面发挥着重要作用，因此在政策制定的过程中，需要完善政策激励措施。此外，激励措施的制定需要与作用对象的实际情况相适应，避免"一刀切"的激励标准。

2. 持续优化制度供给，加强政策保障

首先，针对各产业链内存在的前期投入较大、进入门槛较高、技术突破较难等一系列核心问题，完善针对性较强的产业基础发展导向机制，营造有利于各产业基础能力提升及产业链现代化发展的制度环境，鼓励以"揭榜挂帅"、众包众筹等多种多样的方式推进"卡脖子"产业的技术攻关，进一步拓展研发费用加计扣除政策的适用范围，将外购研究成果、技术知识、专利费用等技术攻关必需费用纳入抵扣范畴，不断完善科技成果转化的体制机制。其次，加快形成产业链供应链的针对性安全政策，充分发挥我国产业链供应链已有的传统产业优势，拉长长板，补齐短板，突破核心技术领域的产业政策制定困局，制定完善面向全产业链的创新政策，鼓励上下游企业结合基础创新与应用创新确立公平竞争的市场化政策，促进产业链供应链合作有序、良性竞争的发展态势。最后，实施"链长制"，推动政府建立精准化、长效化、系统化的政策供给机制，倒逼政府贴近市场，强化顶层设计和政策引导，充分发挥市场在资源配置中不可替代的作用。

3. 强化产业要素支持，深化体制改革

首先，积极引导市场进行产业链要素集中投入，以核心技术研发、关键材料与核心零部件攻关、工艺优化、试验验证能力建设、产业化应用的"一条龙"应用示范为抓手，解决"下游不信任上游、上游找不到下游"的难题，点线面联动推进，打好产业链内基础产业高级化攻坚战。其次，充分发挥市场对资源配置的决定性作用，合理运用知识、创新、数字技术等核心要素。同时强化人才引进培育，加快产业技术领军人才队伍建设，通过薪酬制度改进、评价制度改革等体制机制的创新，充分赋予科研人员在研究过程中的决策权，贯彻落实科研经费管理制度，不断完善人才评价体系，用全方位的体制机制改革支持科研人员在充分的自由支配权力体系下更加心无旁骛地投身于科研工作之中。针对优秀技工建立合理的津贴补助制度，在收入制度与荣誉制度设计上向一线技术工人适当倾斜，着力打造一批新时代大国工匠和高素质技能人才。最后，构建与实体经济部门发展相适应的、纵横交错、持续循环的金融体系，使金融体制内生于实体产业，将金融活动内置于产业链中。

三、研究展望

本书以产业经济学和统计学为指导，以产业分工理论、产业关联理论、产业聚集理论、高质量发展理论为基础，基于政策文本数据、省级经济面板数据，利用文本分析、综合评价分析、机器学习算法和计量模型等多种方法从多个视角描述中国产业链现代化的现状，测度中国产业链现代化水平，刻画中国产业链现代化的发展差异和动态演进，探索中国产业链现代化的优化路径。但由于时间有限，本书的研究内容仍存在一定局限性，具体如下：

本书将产业链现代化看作一个综合性的系统，采用多指标的方式综合测度地区层面的产业链现代化水平，考虑到产业链是一个将不同行业链接起来的链式结构，属于一个行业层面的概念，因此可以进一步从行业视角切入研究测度产业链现代化水平。此外，我国产业链体系较为健全和完备，包含众多的产业链，那么具体到某一条产业链如何实现现代化也是重要的研究课题，例如，数字经济产业链、5G 产业链、人工智能产业链是时下社会各界关注的热点，可以进一步从单个产业链的视角对典型产业链的现代化问题展开讨论和研究。

参 考 文 献

[1] 柏培文，张云．数字经济、人口红利下降与中低技能劳动者权益 [J]．经济研究，2021，56（05）：91-108．

[2] 蔡卫星，倪骁然，赵盼，杨亭亭．企业集团对创新产出的影响：来自制造业上市公司的经验证据 [J]．中国工业经济，2019（01）：137-155．

[3] 曹群，姜振寰．产业链的内涵及特性分析 [J]．商业研究，2008（11）：133-136．

[4] 曹玉娟．数字化驱动下区域科技创新的框架变化与范式重构 [J]．学术论坛，2019，42（01）：110-116．

[5] 曾楚宏，王斌．产业链整合、机制调整与信息化驱动 [J]．改革，2010（10）：62-67．

[6] 曾祥炎，李姣，曾小明．要素禀赋与中西部地区数字经济可持续发展——基于机器学习方法 [J]．湖南科技大学学报（社会科学版），2021，24（06）：80-89．

[7] 车明佳．中国工业高质量发展生态的统计研究 [D]．北京：中国人民大学，2021．

[8] 陈国亮，陈建军．产业关联、空间地理与二三产业共同集聚——来自中国212个城市的经验考察 [J]．管理世界，2012（04）：82-100．

[9] 陈红霞，雷佳，郭文文．生产性服务业的内部差异及比较优势研究——基于六大类生产性服务业细分行业的投入产出分析 [J]．中国软科学，2020（S1）：50-57．

［10］陈立敏，周材荣，倪艳霞．全球价值链嵌入、制度质量与产业国际竞争力——基于贸易增加值视角的跨国面板数据分析［J］．中南财经政法大学学报，2016（05）：118-126，160.

［11］陈明华，刘玉鑫，刘文斐，王山．中国城市民生发展的区域差异测度、来源分解与形成机理［J］．统计研究，2020，37（05）：54-67.

［12］陈晓东，刘洋，周柯．数字经济提升我国产业链韧性的路径研究［J］．经济体制改革，2022（01）：95-102.

［13］陈晓东，杨晓霞．数字经济可以实现产业链的最优强度吗？——基于1987—2017年中国投入产出表面板数据［J］．南京社会科学，2021（02）：17-26.

［14］成德宁．我国农业产业链整合模式的比较与选择［J］．经济学家，2012（08）：52-57.

［15］成全，董佳，陈雅兰．创新型国家战略背景下的原始性创新政策评价［J］．科学学研究，2021，39（12）：2281-2293.

［16］戴双兴．数据要素：主要特征、推动效应及发展路径［J］．马克思主义与现实，2020（06）：171-177.

［17］戴翔，杨双至．数字赋能、数字投入来源与制造业绿色化转型［J］．中国工业经济，2022（09）：83-101.

［18］邓慧慧，杨露鑫．雾霾治理、地方竞争与工业绿色转型［J］．中国工业经济，2019（10）：118-136.

［19］费越，张勇，丁仙，吴波．数字经济促进我国全球价值链地位升级——来自中国制造业的理论与证据［J］．中国软科学，2021（S1）：68-75.

［20］冯沛．投入产出视角下的中国全产业链研究［J］．统计与信息论坛，2014，29（08）：74-79.

［21］甘宇慧，侯胜超，邹立君．政策工具视角下我国科技人才评价政策文本分析［J］．科研管理，2022，43（03）：55-62.

［22］干春晖，郑若谷，余典范．中国产业结构变迁对经济增长和波动的影响

[J].经济研究,2011,46(05):4-16,31.

[23] 高翔,黄建忠,袁凯华.价值链嵌入位置与出口国内增加值率[J].数量经济技术经济研究,2019,36(06):41-61.

[24] 高运胜,杨阳.全球价值链重构背景下我国制造业高质量发展目标与路径研究[J].经济学家,2020(10):65-74.

[25] 龚勤林.区域产业链研究[D].成都:四川大学,2004.

[26] 郭峰,王靖一,王芳,等.测度中国数字普惠金融发展:指数编制与空间特征[J].经济学(季刊),2020,19(04):1401-1418.

[27] 郭亚军.一种新的动态综合评价方法[J].管理科学学报,2002(02):49-54.

[28] 郭周明,裘莹.数字经济时代全球价值链的重构:典型事实、理论机制与中国策略[J].改革,2020(10):73-85.

[29] 韩兆安,吴海珍,赵景峰.数字经济驱动创新发展——知识流动的中介作用[J].科学学研究,2022,40(11):2055-2064,2101.

[30] 洪银兴,李文辉.基于新发展格局的产业链现代化[J].马克思主义与现实,2022(01):119-125,204.

[31] 胡俊,杜传忠.人工智能推动产业转型升级的机制、路径及对策[J].经济纵横,2020(03):94-101.

[32] 胡秋阳.投入产出分析:理论、应用和操作[M].北京:清华大学出版社,2019.

[33] 华鹏,赵学民.ARIMA模型在广东省GDP预测中的应用[J].统计与决策,2010(12):166-167.

[34] 黄群慧,贺俊.中国制造业的核心能力、功能定位与发展战略——兼评《中国制造2025》[J].中国工业经济,2015(06):5-17.

[35] 黄群慧,倪红福.基于价值链理论的产业基础能力与产业链水平提升研究[J].经济体制改革,2020(05):11-21.

[36] 黄群慧,余泳泽,张松林.互联网发展与制造业生产率提升:内在机制与

中国经验 [J]. 中国工业经济, 2019 (08): 5-23.

[37] 黄群慧. 以产业链供应链现代化水平提升推动经济体系优化升级 [J]. 马克思主义与现实, 2020 (06): 38-42.

[38] 黄先海, 韦畅. 中国制造业出口垂直专业化程度的测度与分析 [J]. 管理世界, 2007 (04): 158-159.

[39] 黄修杰, 蔡勋, 储霞玲, 等. 我国农业高质量发展评价指标体系构建与评估 [J]. 中国农业资源与区划, 2020, 41 (04): 124-133.

[40] 黄祖南, 郑正喜. 复杂产业网络度中心性研究 [J]. 统计研究, 2021, 38 (05): 147-160.

[41] 姬志恒. 中国农业农村高质量发展的空间差异及驱动机制 [J]. 数量经济技术经济研究, 2021, 38 (12): 25-44.

[42] 蹇令香, 苏宇凌, 曹珊珊. 数字经济驱动沿海地区海洋产业高质量发展研究 [J]. 统计与信息论坛, 2021, 36 (11): 28-40.

[43] 江小国, 何建波, 方蕾. 制造业高质量发展水平测度、区域差异与提升路径 [J]. 上海经济研究, 2019 (07): 70-78.

[44] 姜南, 李鹏媛, 欧忠辉. 知识产权保护、数字经济与区域创业活跃度 [J]. 中国软科学, 2021 (10): 171-181.

[45] 姜泽华, 白艳. 产业结构升级的内涵与影响因素分析 [J]. 当代经济研究, 2006 (10): 53-56.

[46] 蒋国俊, 蒋明新. 产业链理论及其稳定机制研究 [J]. 重庆大学学报 (社会科学版), 2004 (01): 36-38.

[47] 金环, 于立宏. 数字经济、城市创新与区域收敛 [J]. 南方经济, 2021 (12): 21-36.

[48] 黎新伍, 徐书彬. 基于新发展理念的农业高质量发展水平测度及其空间分布特征研究 [J]. 江西财经大学学报, 2020 (06): 78-94.

[49] 李春发, 李冬冬, 周驰. 数字经济驱动制造业转型升级的作用机理——基于产业链视角的分析 [J]. 商业研究, 2020 (02): 73-82.

［50］李刚，迟国泰，程砚秋．基于熵权 TOPSIS 的人的全面发展评价模型及实证
［J］．系统工程学报，2011，26（03）：400-407.

［51］李华，董艳玲．基本公共服务均等化是否缩小了经济增长质量的地区差距？
［J］．数量经济技术经济研究，2020，37（07）：48-70.

［52］李辉，梁丹丹．企业数字化转型的机制、路径与对策［J］．贵州社会科学，
2020（10）：120-125.

［53］李金华．中国战略性新兴产业论［M］．北京：中国社会科学出版社，2017.

［54］李敬，陈澍，万广华，付陈梅．中国区域经济增长的空间关联及其解
释——基于网络分析方法［J］．经济研究，2014，49（11）：4-16.

［55］李树青，孙颖．基于加权关键词共现时间元的个性化学术研究时序路径发
现及其可视化呈现方法［J］．情报学报，2014，33（01）：55-67.

［56］李晓华，王怡帆．数据价值链与价值创造机制研究［J］．经济纵横，2020
（11）：54-62，2.

［57］李心芹，李仕明，兰永．产业链结构类型研究［J］．电子科技大学学报
（社科版），2004（04）：60-63.

［58］李雪，刘传江．新冠疫情下中国产业链的风险、重构及现代化［J］．经济
评论，2020（04）：55-61.

［59］梁继文，杨建林，王伟．政策对科研选题的影响——基于政策文本量化方
法的研究［J］．现代情报，2021，41（08）：109-118.

［60］廖重斌．环境与经济协调发展的定量评判及其分类体系——以珠江三角洲
城市群为例［J］．热带地理，1999（02）：76-82.

［61］刘翠花．数字经济对产业结构升级和创业增长的影响［J］．中国人口科学，
2022（02）：112-125，128.

［62］刘大可．产业链中企业与其供应商的权力关系分析［J］．江苏社会科学，
2001（03）：10-13.

［63］刘贵富．产业链基本理论研究［D］．长春：吉林大学，2006.

［64］刘贵富．产业链的基本内涵研究［J］．工业技术经济，2007（08）：92-96.

［65］刘贵富．产业链形成机理的理论模型［J］．河南社会科学，2009，17
（01）：49-52.

［66］刘海云，毛海欧．制造业 OFDI 对出口增加值的影响［J］．中国工业经济，
2016（07）：91-108.

［67］刘华军，彭莹，裴延峰，贾文星．全要素生产率是否已经成为中国地区经
济差距的决定力量？［J］．财经研究，2018，44（06）：50-63.

［68］刘明宇，翁瑾．产业链的分工结构及其知识整合路径［J］．科学学与科学
技术管理，2007（07）：92-96.

［69］刘胜，陈秀英．生产性服务业与制造业协同集聚对全球价值链分工地位的
影响——基于中国工业企业数据和贸易上游度视角［J］．当代经济管理，
2020，42（11）：17-23.

［70］刘思明，张世瑾，朱惠东．国家创新驱动力测度及其经济高质量发展效应
研究［J］．数量经济技术经济研究，2019，36（04）：3-23.

［71］刘涛，杜思梦．基于新发展理念的农业高质量发展评价指标体系构建［J］．
中国农业资源与区划，2021，42（04）：1-9.

［72］刘洋，陈晓东．中国数字经济发展对产业结构升级的影响［J］．经济与管
理研究，2021，42（08）：15-29.

［73］刘云，黄雨歆，叶选挺．基于政策工具视角的中国国家创新体系国际化政
策量化分析［J］．科研管理，2017，38（S1）：470-478.

［74］刘志彪．产业链现代化的产业经济学分析［J］．经济学家，2019（12）：5-
13.

［75］刘忠宇，热孜燕·瓦卡斯．中国农业高质量发展的地区差异及分布动态演
进［J］．数量经济技术经济研究，2021，38（06）：28-44.

［76］罗仲伟，孟艳华．"十四五"时期区域产业基础高级化和产业链现代化
［J］．区域经济评论，2020（01）：32-38.

［77］马朝良．产业链现代化下的企业协同创新研究［J］．技术经济，2019，38
（12）：42-50.

［78］ 马士华，华林勇，陈志祥. 供应链管理［M］. 北京：机械工业出版社，2000.

［79］ 苗圩. 提升产业链供应链现代化水平［J］. 中国经济评论，2021（02）：10-13.

［80］ 倪克金，刘修岩. 数字化转型与企业成长：理论逻辑与中国实践［J］. 经济管理，2021，43（12）：79-97.

［81］ 聂长飞，简新华. 中国高质量发展的测度及省际现状的分析比较［J］. 数量经济技术经济研究，2020，37（02）：26-47.

［82］ 牛晓健，凌飞. 基于组合学习的个人信用风险评估模型研究［J］. 复旦学报（自然科学版），2021，60（06）：703-719.

［83］ 欧阳志刚，陈普. 要素禀赋、地方工业行业发展与行业选择［J］. 经济研究，2020，55（01）：82-98.

［84］ 潘成云. 解读产业价值链——兼析我国新兴产业价值链基本特征［J］. 当代财经，2001（09）：7-11，15.

［85］ 皮建才，宋大强. 中国制造业与房地产业协调发展的测度与判断［J］. 金融研究，2021（09）：72-90.

［86］ 戚聿东，蔡呈伟. 数字化对制造业企业绩效的多重影响及其机理研究［J］. 学习与探索，2020（07）：108-119.

［87］ 戚聿东，刘翠花，丁述磊. 数字经济发展、就业结构优化与就业质量提升［J］. 经济学动态，2020（11）：17-35.

［88］ 齐俊妍，任奕达. 数字经济发展、制度质量与全球价值链上游度［J］. 国际经贸探索，2022，38（01）：51-67.

［89］ 邱子迅，周亚虹. 数字经济发展与地区全要素生产率——基于国家级大数据综合试验区的分析［J］. 财经研究，2021，47（07）：4-17.

［90］ 屈小娥. 1990—2009 年中国省际环境污染综合评价［J］. 中国人口・资源与环境，2012，22（05）：158-163.

［91］ 曲立，王璐，季桓永. 中国区域制造业高质量发展测度分析［J］. 数量经

济技术经济研究，2021，38（09）：45-61.

［92］曲盛恩．供应链绩效评价的系统研究［D］．哈尔滨：哈尔滨工程大学，
2006.

［93］任保平，豆渊博．"十四五"时期新经济推进我国产业结构升级的路径与
政策［J］．经济与管理评论，2021，37（01）：10-22.

［94］任栋，曹改改，龙思瑞．基于人类发展指数框架的中国各地社会发展协调
度分析［J］．数量经济技术经济研究，2021，38（06）：88-106.

［95］芮明杰，刘明宇．产业链整合理论述评［J］．产业经济研究，2006（03）：
60-66.

［96］邵晓峰，季建华，黄培清．供应链中供应商选择方法的研究［J］．数量经
济技术经济研究，2001（08）：80-83.

［97］沈国兵，张鑫．开放程度和经济增长对中国省级工业污染排放的影响［J］．
世界经济，2015，38（04）：99-125.

［98］盛斌，马涛．中国工业部门垂直专业化与国内技术含量的关系研究［J］．
世界经济研究，2008（08）：61-67，89.

［99］盛朝迅．推进我国产业链现代化的思路与方略［J］．改革，2019（10）：
45-56.

［100］盛朝迅．新发展格局下推动产业链供应链安全稳定发展的思路与策略
［J］．改革，2021（02）：1-13.

［101］史丹，李鹏．中国工业70年发展质量演进及其现状评价［J］．中国工业
经济，2019（09）：5-23.

［102］世界银行．世界发展报告：数字红利（2016年）［M］．北京：清华大学
出版社，2017：24-27.

［103］宋华，杨雨东．中国产业链供应链现代化的内涵与发展路径探析［J］．中
国人民大学学报，2022，36（01）：120-134.

［104］苏庆义，高凌云．全球价值链分工位置及其演进规律［J］．统计研究，
2015，32（12）：38-45.

[105] 孙黎，许唯聪．数字经济对地区全球价值链嵌入的影响——基于空间溢出效应视角的分析 [J]．经济管理，2021，43（11）：16-34．

[106] 孙灵希，曹琳琳．中国装备制造业价值链地位的影响因素研究 [J]．宏观经济研究，2016（11）：59-71，166．

[107] 孙伟增，郭冬梅．信息基础设施建设对企业劳动力需求的影响：需求规模、结构变化及影响路径 [J]．中国工业经济，2021（11）：78-96．

[108] 孙正，杨素，刘瑾瑜．我国生产性服务业与制造业协同融合程度测算及其决定因素研究 [J]．中国软科学，2021（07）：31-39．

[109] 唐松，伍旭川，祝佳．数字金融与企业技术创新——结构特征、机制识别与金融监管下的效应差异 [J]．管理世界，2020，36（05）：52-66，9．

[110] 唐宜红，张鹏杨．中国企业嵌入全球生产链的位置及变动机制研究 [J]．管理世界，2018，34（05）：28-46．

[111] 田秀娟，李睿．数字技术赋能实体经济转型发展——基于熊彼特内生增长理论的分析框架 [J]．管理世界，2022，38（05）：56-74．

[112] 汪彬，阳镇．双循环新发展格局下产业链供应链现代化：功能定位、风险及应对 [J]．社会科学，2022（01）：73-81．

[113] 汪芳，石鑫．中国制造业高质量发展水平的测度及影响因素研究 [J]．中国软科学，2022（02）：22-31．

[114] 王聪，周羽，房超．科技创新举国体制的辩证研究 [J]．科学学研究，2023，41（01）：3-10．

[115] 王静．提升产业链供应链现代化水平的共融路径研究 [J]．中南财经政法大学学报，2021（03）：144-156．

[116] 王静．我国农业高质量发展测度及评价分析 [J]．江西财经大学学报，2021（02）：93-106．

[117] 王军，朱杰，罗茜．中国数字经济发展水平及演变测度 [J]．数量经济技术经济研究，2021，38（07）：26-42．

[118] 王岚，李宏艳．中国制造业融入全球价值链路径研究——嵌入位置和增值

能力的视角 [J]. 中国工业经济, 2015 (02): 76-88.

[119] 王岚. 融入全球价值链对中国制造业国际分工地位的影响 [J]. 统计研究, 2014, 31 (05): 17-23.

[120] 王然, 燕波, 邓伟根. FDI 对我国工业自主创新能力的影响及机制——基于产业关联的视角 [J]. 中国工业经济, 2010 (11): 16-25.

[121] 王婷婷, 韩满, 王宇. 基于 "21 世纪海上丝绸之路" 文献的文本挖掘研究 [J]. 统计与信息论坛, 2017, 32 (11): 84-91.

[122] 王霆, 刘玉. 农民工就业政策量化评价 [J]. 华南农业大学学报 (社会科学版), 2021, 20 (01): 71-83.

[123] 王小鲁, 樊纲, 胡李鹏. 中国分省份市场化指数报告 (2018) [M]. 北京: 社会科学文献出版社, 2019.

[124] 王一鸣. 百年大变局、高质量发展与构建新发展格局 [J]. 管理世界, 2020, 36 (12): 1-13.

[125] 王云霞, 李国平. 产业链现状研究综述 [J]. 工业技术经济, 2006 (10): 59-63.

[126] 韦庄禹. 数字经济发展对制造业企业资源配置效率的影响研究 [J]. 数量经济技术经济研究, 2022, 39 (03): 66-85.

[127] 魏然. 产业链的理论渊源与研究现状综述 [J]. 技术经济与管理研究, 2010 (06): 140-143.

[128] 魏如青, 郑乐凯, 程大中. 中国参与全球价值链研究——基于生产分解模型 [J]. 上海经济研究, 2018 (04): 107-117.

[129] 吴非, 胡慧芷, 林慧妍, 任晓怡. 企业数字化转型与资本市场表现——来自股票流动性的经验证据 [J]. 管理世界, 2021, 37 (07): 130-144, 10.

[130] 吴金明, 邵昶. 产业链形成机制研究—— "4+4+4" 模型 [J]. 中国工业经济, 2006 (04): 36-43.

[131] 吴金明, 钟键能, 黄进良. "龙头企业"、"产业七寸" 与产业链培育

［J］. 中国工业经济，2007（01）：53-60.

［132］吴卫红，盛丽莹，唐方成，张爱美. 基于特征分析的制造业创新政策量化评价［J］. 科学学研究，2020，38（12）：2246-2257.

［133］吴彦艳. 产业链的构建整合及升级研究［D］. 天津：天津大学，2009.

［134］吴翌琳，王天琪. 数字经济的统计界定和产业分类研究［J］. 统计研究，2021，38（06）：18-29.

［135］夏晓圣，陈菁菁，王佳佳，等. 基于随机森林模型的中国$PM_{2.5}$浓度影响因素分析［J］. 环境科学，2020，41（05）：2057-2065.

［136］肖皓，朱俏. 影响力系数与感应度系数的评价与改进——考虑增加值和节能减排效果［J］. 管理评论，2015，27（03）：57-66.

［137］谢伏瞻，刘伟，王国刚，等. 奋进新时代开启新征程——学习贯彻党的十九届五中全会精神笔谈（上）［J］. 经济研究，2020，55（12）：4-45.

［138］辛岭，安晓宁. 我国农业高质量发展评价体系构建与测度分析［J］. 经济纵横，2019（05）：109-118.

［139］邢华. 文化创意产业价值链整合及其发展路径探析［J］. 经济管理，2009，31（02）：37-41.

［140］熊志斌. ARIMA融合神经网络的人民币汇率预测模型研究［J］. 数量经济技术经济研究，2011，28（06）：64-76.

［141］徐珊，罗帆. 政策工具视角下的中国科技创新政策［J］. 科学学研究，2020，38（05）：826-833.

［142］许立平，罗明志. 基于ARIMA模型的黄金价格短期分析预测［J］. 财经科学，2011（01）：26-34.

［143］许宪春，张美慧. 中国数字经济规模测算研究——基于国际比较的视角［J］. 中国工业经济，2020（05）：23-41.

［144］杨爱青，马秀峰，张风燕，薛卫双. g指数在共词分析主题词选取中的应用研究［J］. 情报杂志，2012，31（02）：52-55，74.

［145］杨丹辉，戴魁早，赵西三，等. 推动中国全产业链优化升级［J］. 区域经

济评论，2021（02）：5-16.

[146] 杨慧，杨建林．融合 LDA 模型的政策文本量化分析——基于国际气候领域的实证 [J]．现代情报，2016，36（05）：71-81.

[147] 杨慧梅，江璐．数字经济、空间效应与全要素生产率 [J]．统计研究，2021，38（04）：3-15.

[148] 杨蕙馨，纪玉俊，吕萍．产业链纵向关系与分工制度安排的选择及整合 [J]．中国工业经济，2007（09）：14-22.

[149] 杨建芳，龚六堂，张庆华．人力资本形成及其对经济增长的影响———一个包含教育和健康投入的内生增长模型及其检验 [J]．管理世界，2006（05）：10-18，34，171.

[150] 叶春蕾，冷伏海．基于词汇链的路线图关键词抽取方法研究 [J]．现代图书情报技术，2013（01）：50-56.

[151] 余东华，李云汉．数字经济时代的产业组织创新——以数字技术驱动的产业链群生态体系为例 [J]．改革，2021（07）：24-43.

[152] 余文涛，吴士炜．互联网平台经济与正在缓解的市场扭曲 [J]．财贸经济，2020，41（05）：146-160.

[153] 余泳泽，胡山．中国经济高质量发展的现实困境与基本路径：文献综述 [J]．宏观质量研究，2018，6（04）：1-17.

[154] 余泳泽，张少辉．城市房价、限购政策与技术创新 [J]．中国工业经济，2017（06）：98-116.

[155] 郁义鸿．产业链类型与产业链效率基准 [J]．中国工业经济，2005（11）：35-42.

[156] 袁淳，肖土盛，耿春晓，盛誉．数字化转型与企业分工：专业化还是纵向一体化 [J]．中国工业经济，2021（09）：137-155.

[157] 张宏翔，王铭槿．公众环保诉求的溢出效应——基于省际环境规制互动的视角 [J]．统计研究，2020，37（10）：29-38.

[158] 张虎，韩爱华，杨青龙．中国制造业与生产性服务业协同集聚的空间效应

分析 [J]. 数量经济技术经济研究, 2017, 34 (02): 3-20.

[159] 张虎, 韩爱华. 制造业与生产性服务业耦合能否促进空间协调——基于 285 个城市数据的检验 [J]. 统计研究, 2019, 36 (01): 39-50.

[160] 张虎, 张毅, 韩爱华. 我国产业链现代化的测度研究 [J]. 统计研究, 2022, 39 (11): 3-18.

[161] 张辉. 全球价值链理论与我国产业发展研究 [J]. 中国工业经济, 2004 (05): 38-46.

[162] 张会清, 翟孝强. 中国参与全球价值链的特征与启示——基于生产分解模型的研究 [J]. 数量经济技术经济研究, 2018, 35 (01): 3-22.

[163] 张军扩, 侯永志, 刘培林, 等. 高质量发展的目标要求和战略路径 [J]. 管理世界, 2019, 35 (07): 1-7.

[164] 张来武. 科技创新驱动经济发展方式转变 [J]. 中国软科学, 2011 (12): 1-5.

[165] 张其仔. 产业链供应链现代化新进展、新挑战、新路径 [J]. 山东大学学报 (哲学社会科学版), 2022 (01): 131-140.

[166] 张铁男, 罗晓梅. 产业链分析及其战略环节的确定研究 [J]. 工业技术经济, 2005 (06): 77-78.

[167] 张昕蔚. 数字经济条件下的创新模式演化研究 [J]. 经济学家, 2019 (07): 32-39.

[168] 张雪玲, 焦月霞. 中国数字经济发展指数及其应用初探 [J]. 浙江社会科学, 2017 (04): 32-40, 157.

[169] 张艳萍, 凌丹, 刘慧岭. 数字经济是否促进中国制造业全球价值链升级? [J]. 科学学研究, 2022, 40 (01): 57-68.

[170] 张永安, 郄海拓. "大众创业、万众创新" 政策量化评价研究——以 2017 的 10 项双创政策情报为例 [J]. 情报杂志, 2018, 37 (03): 158-164, 186.

[171] 赵宸宇, 王文春, 李雪松. 数字化转型如何影响企业全要素生产率 [J].

财贸经济，2021，42（07）：114-129.

［172］赵磊，方成. 中国省际新型城镇化发展水平地区差异及驱动机制［J］. 数量经济技术经济研究，2019，36（05）：44-64.

［173］赵立祥，汤静. 中国碳减排政策的量化评价［J］. 中国科技论坛，2018（01）：116-122，172.

［174］赵涛，张智，梁上坤. 数字经济、创业活跃度与高质量发展——来自中国城市的经验证据［J］. 管理世界，2020，36（10）：65-76.

［175］郑大庆，张赞，于俊府. 产业链整合理论探讨［J］. 科技进步与对策，2011，28（02）：64-68.

［176］郑晶，宋建晓. 闽台农业产业链整合的模式研究［J］. 福建农林大学学报（哲学社会科学版），2010，13（01）：17-22.

［177］郑莉，段冬梅，陆凤彬，等. 我国猪肉消费需求量集成预测——基于ARIMA、VAR和VEC模型的实证［J］. 系统工程理论与实践，2013，33（04）：918-925.

［178］中国社会科学院工业经济研究所课题组，张其仔. 提升产业链供应链现代化水平路径研究［J］. 中国工业经济，2021（02）：80-97.

［179］中国投入产出学会课题组，许宪春，齐舒畅，杨翠红，赵同录. 我国目前产业关联度分析——2002年投入产出表系列分析报告之一［J］. 统计研究，2006（11）：3-8.

［180］中国信息通信研究院. 中国数字经济发展白皮书（2021）［R］. http：//m. caict. ac. cn/yjcg/202104/P020210424737615413306. pdf.

［181］Acemoglu D, Restrepo P. The race between man and machine：Implications of technology for growth, factor shares, and employment［J］. American Economic Review, 2018, 108（6）：1488-1542.

［182］Antràs P, Chor D, Fally T, et al. Measuring the upstreamness of production and trade flows［J］. American Economic Review, 2012, 102（3）：412-16.

［183］Arthur W B. The structure of invention［J］. Research policy, 2007, 36（2）：

274-287.

[184] Barnett G A. Encyclopedia of Social Networks [M]. London: Sage Publications, 2011.

[185] Baron R M, Kenny D A. The moderator-mediator variable distinction in social psychological research: Conceptual, strategic, and statistical considerations [J]. Journal of personality and social psychology, 1986, 51 (6): 1173-1182.

[186] Beck T, Levine R, Levkov A. Big bad banks? The winners and losers from bank deregulation in the United States [J]. The Journal of Finance, 2010, 65 (5): 1637-1667.

[187] Blei D M, Lafferty J D. Dynamic topic models [C]. Proceedings of the 23rd International Conference on Machine Learning, 2006: 113-120.

[188] Blei D M, Ng A Y, Jordan M I. Latent Dirichlet Allocation [J]. Journal of Machine Learning Research, 2003, 3: 993-1022.

[189] Borgatti S P, Everett M G, Freeman L C. Ucinet for Windows: Software for social network analysis [J]. Harvard, MA: Analytic technologies, 2002, 6: 12-15.

[190] Burris V. Interlockingdirectorates and political cohesion among corporate elites [J]. American Journal of Sociology, 2005, 111 (1): 249-283.

[191] Choi J, Yi S, Lee K C. Analysis of keyword networks in MIS researchand implications for predicting knowledge evolution [J]. Information & Management, 2011, 48 (8): 371-381.

[192] Chor D, Manova K, Yu Z. Growing like China: Firm performance and global production line position [J]. University of Oxford, 2017.

[193] Christopher M. Logistics & supply chain management [M]. London: Pitman Publish, 1998.

[194] Dagum C. A new approach to the decomposition of the Gini Income Inequality Ratio [J]. Empirical Economics, 1997, 22 (4): 515-531.

[195] Daudin G, Rifflart C, Schweisguth D. Who produces for whom in the world economy? [J]. Canadian Journal of Economics/Revue canadienne d'économique, 2011, 44 (4): 1403-1437.

[196] Dietzenbacher E, Romero I R, Bosma, N S. Using average propagation lengths to identify production chains in the Andalusian economy [J]. Estudios de Economía Aplicada, 2005 (23): 405-422.

[197] Ebert C, Duarte C H C. Digital transformation [J]. IEEE Softw. , 2018, 35 (4): 16-21.

[198] Escaith H, Inomata S. Geometry of global value chains in East Asia: The role of industrial networks and trade policies [J]. Social Science Electronic Publishing, 2013: 135-159.

[199] Estrada M. The policy modeling research consistency index [J]. Social Science Electronic Publishing, 2010.

[200] Fally T. Production staging: measurement and facts [J]. University of Colorado Boulder, 2012: 155-168.

[201] Farboodi M, Veldkamp L. A growth model of the data economy [R]. National Bureau of Economic Research, 2021.

[202] Forrester J W. Industrial dynamics [M]. Cambridge: MIT Press, 1961.

[203] Friedman J H. Greedy function approximation: A gradient boosting machine [J]. Annals of Statistics, 2001, 29 (5): 1189-1232.

[204] Gereffi G, Lee J. Economic and Social Upgrading in Global Value Chains and Industrial Clusters: Why Governance Matters [J]. Journal of Business Ethics, 2016, 133 (1): 25-38.

[205] Gereffi G, Kaplinsky R. Introduction: Globalisation, value chains and development [J]. IDS bulletin, 2001, 32 (3): 1-8.

[206] Gereffi G. International trade and industrial upgrading in the apparel commodity chain [J]. Journal of international economics, 1999, 48 (1): 37-70.

[207] Ghosh A, Bugurnbe P K. Computation of an optimal ordering for an input-output matrix by an application of dynamic programming [J]. Economics of Planning, 1981, 17 (1): 20-22.

[208] Goldfarb A, Tucker C. Digital Economics [J]. Journal of Economic Literature, 2019, 57 (1): 3-43.

[209] Hansen B E. Threshold effects in non-dynamic panels: Estimation, testing, and inference [J]. Journal of econometrics, 1999, 93 (2): 345-368.

[210] Hastie T, Tibshirani R, Friedman J. The elements of statistical learning: Data mining, inference and prediction-springer [J]. Mathematical Inteligencer, 2009, 27 (2): 83-85.

[211] Hausmann R, Hwang J, Rodrik D. What you export matters [J]. Journal of Economic Growth, 2007, 12 (1): 1-25.

[212] He Z L, Tong T W, Zhang Y, et al. Constructing a Chinese patent database of listed firms in China: Descriptions, lessons, and insights [J]. Journal of Economics & Management Strategy, 2018, 27 (3): 579-606.

[213] Hummels D, Ishii J, Yi K M. The nature and growth of vertical specialization in world trade [J]. Journal of International Economics, 2001, 54 (1): 75-96.

[214] Inomata S. A new measurementfor international fragmentation of the production process: An international input-output approach [J]. IDE Discussion Papers, 2008.

[215] Johnson R C, Noguera G. Accounting for intermediates: Production sharing and trade in value added [J]. Journal of International Economics, 2012, 86 (2): 224-236.

[216] Jones K. Index term weighting [J]. Information Storage and Retrieval, 1973: 619-633.

[217] Ju J, Yu X. Productivity, profitability, production and export structures along the value chain in China [J]. Journal of Comparative Economics, 2015, 43

(1): 33-54.

[218] Koenker R. Quantile regression for longitudinal data [J]. Journal of Multivariate Analysis, 2004, 91 (1): 74-89.

[219] Kogut B. Designing global strategies: Comparative and competitive value-added chains [J]. Sloan Management Review, 1985, 26 (4): 15-28.

[220] Koopman R, Powers W, Wang Z, et al. Give credit where credit is due: Tracing value added in global production chains [R]. National Bureau of Economic Research, 2010.

[221] Koopman R, Wang Z, Wei S J. Estimating domestic content in exports when processing trade is pervasive [J]. Journal of Development Economics, 2012, 99 (1): 178-189.

[222] Koopman R, Wang Z, Wei S J. How much of Chinese exports is really made in China? Assessing domestic value-added when processing trade is pervasive [R]. National Bureau of Economic Research, 2008.

[223] Koopman R, Wang Z, Wei S J. Tracing value-added and double counting in gross exports [J]. American Economic Review, 2014, 104 (2): 459-494.

[224] Krackhardt D. Predicting with networks: Nonparametric multiple regression analysis of dyadic data [J]. Social Networks, 1988, 10 (4): 359-381.

[225] Krugman P. Increasing returns and economic geography [J]. Journal of political economy, 1991, 99 (3): 483-499.

[226] Kuang B, Han J, Lu X, et al. Quantitative evaluation of China's cultivated land protection policies based on the PMC-Index model [J]. Land Use Policy, 2020, 99.

[227] Lall S, Weiss J, Zhang J. The "sophistication" of exports: A new trade measure [J]. World Development, 2006, 34 (2): 222-237.

[228] Lee H L, Billington C. Managing supply chain inventory: pitfalls and opportunities [J]. Sloan Management Review, 1992, 33 (3): 65-73.

[229] Lee L, Yu J. A spatial dynamic panel data model with both time and individual fixed effects [J]. Econometric Theory, 2010, 26 (2): 564-597.

[230] Leontief W. Quantitative input and output relations in the economic systems of the United States [J]. The Review of Economic Statistics, 1936, 18 (3): 105-125.

[231] LeSage J, Pace R K. Introduction to Spatial Econometrics [M]. Boca Raton: Chapman and Hall/CRC, 2009.

[232] Li Y, He R, Liu J, et al. Quantitative Evaluation of China's Pork Industry Policy: A PMC Index Model Approach [J]. Agriculture, 2021, 11 (2).

[233] Marshall A. Principles of economics [M]. London: Ma-cmillan Press, 1890.

[234] Miller R E, Blai P D. Input-output analysis: Foundations and extensions [M]. Cambridge: Cambridge University Press, 1985.

[235] Miller R E, Temurshoev U. Output upstreamness and input downstreamness of industries/countries in world production [J]. International Regional Science Review, 2017, 40 (5): 443-475.

[236] Nunn N, Qian N. US Food Aid and Civil Conflict [J]. American Economic Review, 2014, 104 (6): 1630-1666.

[237] Moser P, Voena A. Compulsory licensing: Evidence from the trading with the enemy act [J]. American Economic Review, 2012, 102 (1): 396-427.

[238] Porter M E. Competitive advantage: creating and sustaining superior performance [M]. New York: Free Press, 1985.

[239] Porter M. The Competitive advantage of nations [J]. Harvard business review, 1900: 68-110.

[240] Röder M, Both A, Hinneburg A. Exploring the space of topic coherence measures [C] //Proceedings of the eighth ACM international conference on Web search and data mining, 2015: 399-408.

[241] Rothwell R, Zegveld W. Reindusdalization and technology [M]. London:

Longman Group Limited, 1985: 83-104.

[242] Scott J P. Social Network Analysis (4th edition) [M]. London: Sage Publications, 2017.

[243] Stanton M A, Mann J. Social Network Analysis: Applications to Primate and Cetacean Societies [M]. Japan: Springer Press, 2014.

[244] Stevens G C. Integrating the supply chain [J]. International Journal of physical distribution & Materials Management, 1989, 19 (8): 3-8.

[245] Tapscott, D. The Digital Economy: Promise and Peril in the Age of Networked Intelligence [M]. New York: Mc Graw-Hill, 1996.

[246] Varian H R. Computer mediated transactions [J]. American Economic Review, 2010, 100 (2): 1-10.

[247] Vial G. Understanding digital transformation: A review and a research agenda [J]. he Journal of Strategic Information Systems, 2019, 28 (2): 118-144.

[248] Wang Z, Wei S J, Yu X, et al. Characterizing global value chains: production length and upstreamness [R]. National Bureau of Economic Research, 2017b.

[249] Wang Z, Wei S J, Yu X, et al. Measures of participation in global value chains and global business cycles [R]. National Bureau of Economic Research, 2017a.

[250] Weber A. Theory of industrial location [M]. Chicago: The university of Chicago press, 1909.

[251] Westerman G, Bonnet D, McAfee A. The nine elements of digital transformation [J]. MIT Sloan Management Review, 2014, 55 (3): 1-6.

[252] Zagenczyk T J, Purvis Z L, Shoss M K, et al. Social influence and leader perceptions: Multiplex social network ties and similarity in leader-member exchange [J]. Journal of Business and Psychology, 2015, 30 (1): 105-117.

[253] Zhu W, Guan J. A bibliometric study of service innovation research: based on complex network analysis [J]. Scientometrics, 2013, 94 (3): 1195-1216.